JN087227

大規模災害リスクと地域企業の事業継続計画

中小企業の強靱化と地域金融機関による支援

家森信善・浜口伸明・野田健太郎 ● 編著

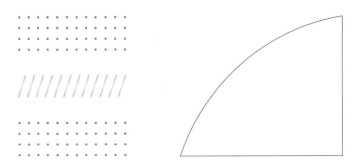

中央経済社

はしがき

　日本社会は大規模な自然災害に頻繁に見舞われている。最近の震度7レベルの大きな地震に限っても，兵庫県南部地震（阪神・淡路大震災）(1995年)，新潟中越地震（2004年)，東北地方太平洋沖地震（東日本大震災）(2011年)，熊本地震（2016年)，北海道胆振東部地震（2018年）などによって大きな災害が発生している。そのほかにも，火山爆発，台風や豪雨，豪雪による被害が毎年のように発生している。さらに，2020年には，新型コロナウイルスによって深刻な事態に見舞われている。

　こうした災害が起こると，そこからの復旧・復興に多くの中小企業が苦しむことになる。人的な被害，工場・店舗の被害などの直接的な損害はもちろんのこと，仕入れ先の休業によって生産・販売ができなくなったり，休業する間にサプライチェーンから外されてしまい販路を失ってしまったりといった，二次的な損害も大きい。

　災害への対応を大別すると，被災後の復旧にかかる負担を最小化するように，事前に考えられるリスクを可能な限り減らす準備をするという方法と，リスクをコントロールすることに資源を投入するよりも被災後の復旧費用を準備することを優先する方法とがある。前者は事業継続計画（BCP）を中心とした対応であり，後者は保険や貯蓄等のリスクファイナンスを中心とした対応である。もちろん，このどちらかということではなく，2つを適切に組み合わせて対処することが必要であり，自然災害に対する事前および事後の対応への備えの重要性は広く認識されている。

　しかし，現実には，中小企業の対策は十分に進んでいない。たとえば，第5章で紹介するが，中小企業庁によると，中小企業のBCP策定率は15.5％であり，策定中や策定計画を含めても3社に1社程度にとどまっている。

　こうした状況に危機感をいだく政府は，中小企業のBCP策定を支援するためにさまざまな施策を実施してきた。たとえば，2017年度補正予算では，「中小企業BCP策定支援事業」が予算措置（7.0億円）され，「事業継続計画の策

定や，平時に行うべき活動，緊急非常時における事業継続のための取組（サプライチェーンや業務体制の見直し，資金調達計画の立案，重要商品の検討等）を支援するため，専門家の派遣」を行うための費用が補助された。

　また，金融面からBCP策定を支援するために，たとえば，日本政策金融公庫には「社会環境対応施設整備資金（BCP関連）」という融資スキームが用意されており，中小企業庁が公表するBCP策定運用指針に則り策定したBCPに基づき，防災に資する施設等の整備を行う中小企業者に対して優遇した条件で融資ができるような施策も実施されている。また，日本政策投資銀行や商工中金においてもBCP支援を目的とした融資メニューが用意されている。

　信用保証制度を使った取り組みも行われている。たとえば，静岡県信用保証協会の「災害時発動型予約保証（BCP特別保証）」は，中小企業BCP策定運用指針や静岡県事業継続計画モデルプランなどに則って事業継続計画（BCP）を策定している中小企業者に対して災害発生時の信用保証による借入をあらかじめ（コストなしで）予約しておける制度である。

　さらに，2019年5月に成立した「中小企業の事業活動の継続に資するための中小企業等経営強化法等の一部を改正する法律」（中小企業強靱化法）では，中小企業・小規模事業者の事業継続力の強化の観点から，中小企業が「事業継続力強化計画」を策定し経済産業大臣の認定を受けることにより，信用保証枠の追加，低利融資，防災・減災設備への税制優遇，補助金の優先採択，等の支援が提供される。事業継続力強化の内容の1つに「損害保険契約の締結その他の事業活動を継続するための資金の調達手段の確保に関する事項」が含まれており，「中小企業者の事業継続力強化に資するため，中小企業者の行う事業継続力強化に関する助言，研修，情報の提供その他の必要な措置を講ずるよう努める」関係者に金融機関が含まれている。自然災害に対する中小企業の事業継続力強化の面で金融機関に対する期待が非常に大きいことがわかる。

　こうした中で，独立行政法人経済産業研究所（RIETI）のもとに設置された2つの研究プロジェクト，すなわち，①「人口減少下における地域経済の安定的発展の研究」プロジェクト（プロジェクトリーダー：浜口伸明，担当メンバー：野田健太郎，家森信善）および，②「地域経済と地域連携の核としての地域金融機関の役割」プロジェクト（プロジェクトリーダー：家森信善，担当

メンバー：小川　光，柳原光芳，播磨谷浩三，津布久将史，尾﨑泰文，相澤朋子，海野晋悟，浅井義裕，浜口伸明，橋本理博）は，中小企業にBCP策定が普及するには何が必要なのかを，中小企業に対する調査と，中小企業を支援する金融機関に対する調査によって明らかにしようと考えた。

　まず，「人口減少下における地域経済の安定的発展の研究」プロジェクトが2018年10月に「事業継続計画（BCP）に関する企業意識調査」を実施した。この調査の対象は，大企業を含む企業である。この調査では，企業におけるBCPおよびリスクファイナンスの捉え方，BCP導入を遅らせる企業固有の要因，情報開示の促進等の制度的取り組みの効果，地域金融機関や地域の産業支援機関との関係を含む地域要因を明らかにしている。これが，本書の第Ⅱ部で紹介・分析される。

　「地域経済と地域連携の核としての地域金融機関の役割」プロジェクトは2019年5月に地域金融機関の支店長に対して「自然災害に対する中小企業の備えと地域金融機関による支援についての調査」を実施した。この調査では，支援機関としての金融機関のBCP支援の取り組み状況，BCP面での支援姿勢と金融機関の事業性評価の取り組みとの関連性，さらに，近年の地域金融機関の人事評価や地域連携の状況などを明らかにしている。これが，本書の第Ⅲ部で紹介・分析される。

　さらに，本書の第Ⅳ部では，こうした2つの実態調査に関連して，研究会のメンバー以外の外部有識者や実務家にもコメントを寄稿してもらうこととした。これにより，われわれの調査の意義がより多角的に評価していただけると期待している。

　以上のように，本書は，経済産業研究所の「人口減少下における地域経済の安定的発展の研究」プロジェクト，および「地域経済と地域連携の核としての地域金融機関の役割」プロジェクトの研究成果である。費用と手間のかかる実態調査を2つも実施することを認めていただいたことを含めて，経済産業研究所からはさまざまな支援を受けた。中島厚志理事長（当時），矢野誠所長（現理事長），森川正之副所長（現 所長），そして，経済産業研究所のスタッフの方々に深く感謝したい。もちろん，本書に述べられている見解は執筆者個人の責任で発表するものであり，経済産業研究所としての見解を示すものではない。

iv

　研究会のメンバーはもちろんであるが，第Ⅳ部に寄稿していただいた外部有識者や実務家の皆さんには，タイトなスケジュールでのお願いにもかかわらず，それぞれに有意義な論考を寄稿していただいた。中央経済社の納見伸之氏にはいつものように編者の希望通りの本をつくっていただいた。協力していただいた皆様に，心より感謝したい。

　残念ながら，大きな地震の発生頻度が高まっているようであるし，台風や豪雨・豪雪などによる被害も頻繁に起こっている。さらに感染症のリスクが深刻であることも痛感されるようになり，大規模災害への備えの必要性はますます高まっている。本書で提起した諸提言を参考にしていただき，地域企業，地域金融機関，地方自治体，地域の各種の支援機関，政府などのさまざまな主体がそれぞれの役割を果たせば，地域企業の経営持続力を高め，地域経済の強靱化を成し遂げていけるものと期待している。

　2020年7月

編者を代表して

神戸大学経済経営研究所教授　**家森　信善**

目　次

|第 3 章|

企業経営に資する BCP の効果 ————————— 40

|第 4 章|

ステークホルダーとの連携による
BCP の発展可能性 ————————————— 63

第5章

企業アンケートからみた 金融機関の BCP 策定支援の現状と課題 ———— 89

第 III 部　自然災害に対する中小企業の備えと 地域金融機関による支援についての調査

第6章

地域金融機関の事業性評価と BCP 支援 ———— 110

第 Ⅰ 部

中小企業の災害対応力向上と
事業継続の取り組み

第1章

中小企業の災害対応と事業継続計画

1 はじめに

　近年，度重なる自然災害の発生などによって，企業の危機管理に関するさまざまな課題があらためて問われている。今後，発生の可能性が指摘されている首都直下地震や南海トラフ地震さらに大型化している台風などの巨大災害に備えて，企業の対応力を向上させることは大きな課題である。

　複雑に形成されたサプライチェーンに依存する企業にとって，予期せぬ事態に遭遇した場合においても，企業の存続を図るための適切な事業継続計画（Business Continuity Plan：BCP）を持つことは長期的な企業戦略として重要な意味を持っている。

　しかしながら，特に中小企業においてはBCP策定・導入が遅れていることが今までの調査により明らかになっており，中小企業が主要な雇用の源泉となっている地域経済の安定的な発展のために克服すべき課題となっている。第1〜4章では企業の防災とBCPに関する意識調査を行うことによって，企業におけるBCPおよびリスクファイナンスの捉え方，BCP導入を遅らせる企業固有の要因，情報開示の促進等の制度的取り組みの効果，地域金融機関や地域の産業支援機関との関係を含む地域要因を探りたい。

　中小企業庁［2019a］によれば，中小企業において自然災害への備えは必ずしも重視されておらず，6割強が自然災害に関して抱えるリスクを把握せず，ハザードマップをみたことがある事業者は4割程度にとどまっている。

　特に企業にとって，想定を超えるような災害などが及ぼす影響を予測することは難しく，低頻度で測定が容易でないリスクへの対応は経営者の主観による

ところが大きい。第 1 ～ 4 章では，こうした経営者の主観（マインド）レベル
まで，さかのぼって企業の対応の選択肢に及ぼす要因を分析する。さらに，事
業継続には個社のレベルを超える対応が必要となることが多い。複雑なサプラ
イチェーンに組み込まれている多くの企業においては，自社が健全であっても，
外部の影響により活動が停止する可能性がある。なかでもリソースの少ない中
小企業においては，そのリスクが高く，企業が内部化できない外部性の影響は，
BCP への投資を社会的に望ましいレベル以下に抑えてしまう可能性が高い。
そこで本来望ましい水準と個別企業の取り組みのギャップを埋めるためのイン
センティブについても本章では考察する。

　今までの BCP に関する調査・分析においては，次の点で大きな課題が残さ
れている。①上場企業など有価証券報告書や CSR 報告書などの公開資料で一
定程度内容が確認できる大企業に比べ，中小企業の取り組み状況に関するデー
タは少ない。そのため具体的な企業行動まで踏み込んだ分析ができていない。
②経営者の意識レベルまでさかのぼった分析や，大企業・中小企業それぞれの
BCP 策定・改善に対するインセンティブを明確にした分析が少ないため，効
果的な政策誘導につながっていない可能性がある。③ BCP の中でもリスク
ファイナンス面での情報が少ないため，事業継続の重要な観点であるファイナ
ンス面での対応策が十分に検討できていない。④地域，取引先などのステーク
ホルダーとの関係性が，BCP にどのような影響を及ぼしているのかに関する
分析を行う必要がある。大企業においては株主や取引先との関係性のために，
中小企業においては自社での代替が比較的難しいために，自治体，地域金融機
関などとの連携によってリソースを補完する必要があるからである。

　経済産業省や内閣府によって BCP に関するガイドラインの策定が行われ，
中小企業向けとしても，2006年 2 月に「中小企業 BCP 策定運用指針」が公表
された。その後，自治体や業界団体などにおいても BCP の策定が進められた。
一定の策定率は達成されたものの，業種や規模によって策定にばらつきがあり，
さらにその実効性には多くの課題が残されている。

　こうした状況の中で，2019年 5 月に成立した「中小企業の事業活動の継続に
資するための中小企業等経営強化法等の一部を改正する法律」（中小企業強靱
化法）において，中小企業が防災・減災対策に関する取り組みを「事業継続力

強化計画」として取りまとめ，国が当該計画を認定する制度を創設した。認定を取得した企業には後述のとおり，事業継続力の強化を図るためにさまざまな支援策が講じられている。こうした支援策を背景としつつ，本章では中小企業の強靭化に向けて何が必要なのかを考察していきたい。

2 災害への対応策

　第1節でみてきたように，災害に対する中小企業の対応力向上が必要となるが，その背景についてみておこう。国は中小企業に対する考え方を中小企業基本法第3条において記述している。その中では，中小企業には新たな産業を創出し，就業の機会を増大させ，市場における競争を促進し，地域における経済の活性化を促進する等の役割が期待されている。

　しかしながら中小企業庁［2017］によれば，中小企業や小規模事業者は，経済的社会的な変化の影響を受けやすい存在であるが，その中でも自然災害は極めて深刻な影響を中小企業に及ぼすものである。災害時においては中小企業をめぐる「市場の失敗」が一層深刻な形で現れることになる。このように，より深刻な「市場の失敗」に対応する観点から，災害時においては，その度合いに応じて，より手厚い集中的な支援を実施することが適当と考えられる，と指摘されている。

　具体的なステージとしては，事前対策，復旧対策，復興対策のそれぞれの段階における対応策があげられる。その中で，まず実際の災害などが起きた後の復旧対策と復興対策をみる。

　中小企業庁［2018］によれば，経済産業省は災害によって被害を受けた中小企業を支援するため，災害救助法の適用を受けた災害においては，特別相談窓口の設置，災害復旧貸付の実施，保証枠の拡大（セーフティネット保証4号の実施），既存債務の返済条件の緩和，小規模企業共済災害時貸付の適用といった措置をとっている。さらに，激甚災害法に基づく指定基準を満たす地域では，激甚災害法による災害関係保証（特例）の実施や，政府系金融機関の災害復旧貸付の金利引下げを実施している。

　東日本大震災の際には中小企業に対する支援として，①金融支援，②雇用支

援，③仮設店舗，仮設工場等の整備，④地域経済の核となる企業グループ支援，⑤商店街の復旧支援，⑥災害復興アドバイス等支援事業が実施された（中小企業庁［2011］）。

　災害が発生した際には，迅速な状況の把握と支援が必要になり，地元の自治体は被災者の支援のため，国と連携して対応する必要がある。そのため，国のさまざまな支援策に加えて自治体でも独自の支援策を講じている。例えば，中小企業庁［2018］によれば，岩手県では2016年台風第10号の際に，被災事業者の早期再生等を支援するため，自由度の高い交付金を創設して被災中小企業支援を実施している。これ以外に，2017年九州北部豪雨および台風第18号における大分県，2017年九州北部豪雨における福岡県，2017年台風第21号における和歌山県においても自治体独自の支援策を講じている。

　国や自治体の支援以外に，被災企業が地銀などのメインバンクからの支援を受けて復旧を成し遂げる事例がある。工場再建の資金以外にも事業停止期間の資金繰り支援などで復旧を後押ししている。しかしながら中小企業においては，現預金の準備が十分でない企業も多く，復旧・復興に向けた融資を受けたとしても再建を図ることは容易ではない。そのため，被災した場合には保険や共済を活用した対策が有効である。

　中小企業庁［2019c］をみると，被災した中小企業が復興する際に活用した支援策では「損害保険」と回答した割合が最も高い結果となった（三菱UFJリサーチ＆コンサルティング［2018］）。一方で，保険に関しては，中小企業庁［2019a］によれば，水災対応の損害保険・火災共済には多くの事業者が加入しているが，それらの補償割合は必ずしも十分でない場合があること，事業停止に際して固定費の支出をカバーする休業補償保険への加入率が低いこと，企業向けの地震保険について加入率が低いことの3点の課題が指摘されている。

　上記のようなさまざまな対策があげられるものの，自然災害リスクは確実に高まっている。内閣府［2019］によれば，2018年の土砂災害発生件数は2017年の2倍以上の3,459件であり，集計を開始した1982年以降で最多件数を記録した。さらに，損害保険会社による保険金の支払状況は2018年の台風第21号によるものが約7,478億円で火災保険等で歴代1位となっており，地震保険では大阪府北部地震によるものが歴代3位，北海道胆振東部地震によるものが歴代5位と

なっている。

　こうした状況を勘案した場合，中小企業の事業継続力を高めるためには事後の対応だけでは限界があり，事前対策を講じることにより経営への影響を軽減させ，保険などによる金銭的なカバーを併用することで復旧を効果的に実施できる可能性が高まる。その具体的な方策としては，BCPの策定，それに伴うハードの対策，リスクファイナンスなどがある。次節でまずBCPについて概説したい。

3 事業継続計画（BCP）について

(1) BCPの概要

　内閣府が発行している「事業継続ガイドライン（第3版）」によれば，事業継続計画（BCP）は次のように定義されている。「大地震等の自然災害，感染症のまん延，テロ等の事件，大事故，サプライチェーン（供給網）の途絶，突発的な経営環境の変化など不測の事態が発生しても，重要な事業を中断させない，または中断しても可能な限り短い期間で復旧させるための方針，体制，手順等を示した計画のことを事業継続計画（Business Continuity Plan：BCP）と呼ぶ」。

　典型的な内容としては，バックアップのシステムやオフィスの確保，即応するための要員の確保，迅速な安否確認など事業を継続するための対策が含まれ，事故や災害が生じた場合の事業への影響を許容レベル以下に抑える企業の経営戦略の意味を持つ（**図表1-1**）。

　BCPは当初，防災対策の一環として扱われた。しかし，重要業務の選定や目標復旧時間とレベル設定など経営的な判断が入ることから，最近では経営戦略として取り組む企業も増加している。BCPの特徴としては，その企業の存続を危うくする事態が想定されていることから一定の発動基準が対象となる。さらに，企業には損失の未然防止，被害の極小化を図り，企業の活動自体を見直すことで，経営資源の効率的な配分を可能にし，企業価値が向上する可能性がある。また，BCPを通じて経営の効率化や改善が図れるとしても，一般的

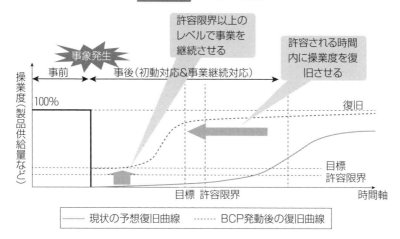

図表 1 - 1　BCP の概念

（出所）内閣府防災担当「事業継続ガイドライン―あらゆる危機的事象を乗り越えるための戦略と対応―」2013年 8 月改定を，簡略化して引用。

にはその効果の実現には時間がかかることから，長期的な経営戦略や，企業の社会的責任との親和性が高い。

(2)　BCP の課題

　中小企業の取り組みについては第 2 章～第 4 章のアンケート調査結果の中で詳述するが，内閣府が実施している調査によれば（内閣府［2018］），大企業の策定率は 6 割を超えているのに対して，中堅企業の策定率は約 3 割にとどまっている（**図表 1 - 2**）。こうした策定率に加え，策定した BCP の実効性についても議論の余地が大きいことが指摘できる。そこで，本章では BCP における課題について最初に整理しておきたい。

①　経営との連動

　BCP において重要業務の選定やリソースの配分について，現実に即した計画を作成しないと実効性が低い。そのため経営層の関与が薄いと，どうしても中途半端な計画で終わってしまうことになる。さらに BCP が防災の範疇にとどまっていると，経営との連動がなされず，BCP の効用が十分に活かされな

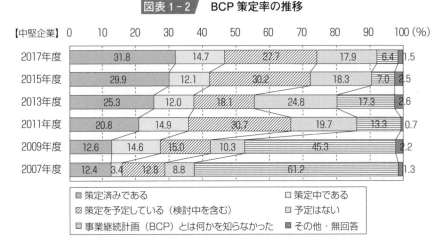

図表1-2 BCP策定率の推移

（出所）内閣府「2017年度 企業の事業継続及び防災の取組に関する実態調査」2018年3月。

いことになる。

② BCPの本質の理解

　BCPの策定に関しては，自治体をはじめとしたセミナーや策定講習会など
を通じて進められてきた。しかし企業によっては必ずしも想定される形式には
合致しないケースも多い。むしろ，形式的な文章を作成することに重点が置か
れ，何のためにBCPを策定するのかという本質の理解が進んでいない。さら
に文章の作成に重点が置かれると，その後の改善に手が回らない事態に陥る。
企業のビジネスモデルの変化が非常に速くなってきているので，BCPの見直
しも半歩先を見越して対応を行う必要がある。

③ リソースの不足

　中小企業者においては，BCPの重要性については，一定の理解はしていても，
ノウハウや人手の点で策定のためのリソースが不足しているケースが多い。さ
らに，BCPの中で重要な要素である代替戦略に関しては，中小企業の場合，
拠点が1つしかないケースも多い。そのため，現場での復旧という考えにとど
まってしまう傾向がある。さらに，BCPを実効的なものにするには，自社の

範囲を超えたサプライチェーンについても把握する必要がある。仕入先，販売先，重要なサービスの提供先などであるが，中小企業の場合，自社で対応できる範囲やレベルが大企業に比べて相対的に劣っている。加えて企業にとって重要な資産であるデータの管理が不十分であるケースも多い。データを外部の業者に委託した場合であっても，大規模な災害時にはその会社に対してサービスの提供が必要な時間内になされるかどうかは確実ではない。その点を踏まえて業者との関係を確認し，対策を講じておかないと実際には機能しない可能性がある。

④　教育・訓練

　BCP の効果については，訓練を実施することによってはじめて，その実効性を確認することができる。しかしながら，多くの企業では訓練の内容が防災訓練にとどまっていたり，訓練を通じて課題を収集し次につなげるような設計になっていなかったり，一番確認しなければならない行動自体が含まれていなかったりするものが散見される。訓練においては，問題がなく終了することが目的ではなく，訓練を通じて多くの課題を抽出することが目的となる。さらに訓練の範囲は**図表 1 - 3**のように幅広い種類がある。すべての訓練を実施することは難しいため，個々の訓練の目的を明確にして必要な訓練を実施しないと効果が半減してしまう。

⑤　継続的な見直し

　策定を実施した企業に関しても，策定後見直しが実施されていない企業が多くみられる。内閣府の調査では，毎年，見直しを実施している企業は全体の 3 割程度にとどまっている（**図表 1 - 4**）。人事異動などで策定した本人がいなくなると，そのまま放置されてしまうケースが見受けられる。BCP はビジネスの変更や人事体制を反映させておかないと，有事での運用が困難となる。さらに，さまざまなイベントでの教訓を踏まえ，アップデートを図ることも実効性を高める上で重要である。

図表 1-3　主要な訓練内容

主な種類	内容の例	概要
消防訓練	• 初期消火活動 • 119番通報	• 特に，消火器の操作，放水等は実体験が大切。 • 消防署に依頼すれば，訓練の評価を受けられる。
避難訓練	• 職員の避難 • 来客等の避難誘導	• 施設外への職員の避難訓練。 • 来客等が敷地内にいる場合には，避難誘導も必須。
連絡訓練	• 緊急連絡先への連絡 • 緊急連絡網での連絡	• 緊急連絡（安否確認）で災害伝言ダイヤル171やweb171を利用する場合には，毎月1日や防災週間等に体験が可能。
参集訓練	• 就業時間外の参集 • 就業時間の参集	• 近隣の職員の徒歩登庁及び代替場所への参集訓練 • 徒歩帰宅や代替拠点への移動訓練
図上訓練 （シナリオ提示型）	• 防災対策の手順確認	• 対応手順の確認に主眼が置かれ，決められた手順通りに対応を行う訓練。
図上訓練 （シナリオ非提示型）	• 防災対策の意思決定 （災害対策本部等）	• 訓練シナリオを事前に提示しない形式の訓練で，事前又は訓練中に付与される情報に基づき判断し行動する

（出所）内閣府防災担当「中央省庁業務継続ガイドライン第1版～首都直下地震への対応を中心として～」2007年6月。

図表 1-4　BCP の見直し状況

（単位：％）

	毎年必ず見直している	毎年ではないが定期的に見直している	見直したことはある（不定期）	見直していない	その他	無回答
大企業	38.0	36.1	18.6	2.7	1.4	3.1
中堅企業	23.8	37.6	23.5	8.3	4.0	2.8
その他企業	25.0	33.7	28.8	7.3	2.7	2.5
全体	27.9	35.2	25.1	6.4	2.7	2.7

（出所）内閣府「2017年度　企業の事業継続及び防災の取組に関する実態調査」2018年3月。

⑥　ファイナンス面での対応

　企業が事業継続を行うためには，オペレーショナルな対策に加え，資金繰り，損益，バランスシートを含めたファイナンス面での対応が求められる。オペレーショナルな対策と連動させて検討している企業の割合は十分ではない。大規模災害のような緊急時においては，金融機関との連携，保険などの商品の活用などファイナンス面も含めた対応を検討しておく必要性は高い。

(3)　BCPのメリット

　次にBCPのメリットについて整理しておこう。BCPが防災や事業継続に資することがまず最初にあげられる。しかしながらBCPの効果はこれにとどまらない。野田［2017］ではオペレーショナルな効果，レピュテーションの向上，経済的な効果の3つの分野の効果があげられている。

　1つ目のオペレーショナルな効果については，サプライチェーンでの効果があげられる。自動車産業や電機産業などにおいては，取引先に対してBCPの取り組みを確認する動きがある。こうした動きは，取引先のBCPの策定やレベルアップを促すものである。BCPの情報を開示したところ，顧客との関係が良好になり，取引の拡大につながった例もある。BCPへの取り組みを丁寧に説明することで供給責任を明確にし，信頼を高めることが期待できる。さらにBCPの取り組みの推進は有事だけでなく平時の効果も期待できる。BCPのためにプロセスの「見える化」を図ることで，業務プロセスの改善につながることや，被災時に備えた多能工化は，柔軟な受注を可能にすることにつながる。

　2つ目はレピュテーションの向上があげられる。BCPへの取り組みを説明することで，IR（Investor Relations：投資家向け広報）にプラスであり，銀行やアナリストの評価の向上，取引先の拡大へとつながる。

　3つ目は経済的な効果である。BCPを策定することで，業務プロセスの可視化が図られ，早い段階でのリスクへの対応が可能になる。それによって予期せぬ損失の発生を防ぐことができ，業績の見通しが正確になると考えられる。さらにリスクが低減することで，資金の調達コストを削減できる効果が期待される。加えて，災害などの大きなイベントが発生した際に，マイナスのイメージを抑えて，上場企業であれば株価の急落を緩和する効果が考えられる。大き

な災害時には情報が少なく，外部の投資家をはじめとしたステークホルダーは詳細な判断を行うことが困難となる。そのため BCP の有無が，数少ない判断材料としてプラスに働く。

　以上のように BCP にはさまざまなメリットがあるにもかかわらず，その効果は十分には認識されてはいない。

4 政策的な支援

(1) 政策的な支援

　第 3 節では BCP の話を中心に進めてきたが，第 4 節では中小企業の取り組みに対する政策的な支援などを紹介する。

　BCP に関して，内閣府，経済産業省，中小企業庁などからガイドラインが発行されてきた。中小企業向けとしては，中小企業庁より「中小企業 BCP 策定運用指針」が出されており，入門コースから基本，中級，上級と企業のレベルに応じて策定が進められる内容になっている。いまだ多くの中小企業が未策定である現状を鑑みると，こうした策定支援は重要である。さらに，近時は多くの自治体や商工会議所などで BCP の策定支援講習や訓練が実施されており，啓発や教育という観点では対応が図られている。中小企業庁［2019a］によれば，普及・啓発セミナーを実施している都道府県は31に達し，BCP 策定や防災・減災対策に向けた取り組みに制度融資を実施している都道県は22となっている。すでに多くの自治体で取り組みが実施されており，取り組みの一層の周知と，他の自治体への展開が必要であろう。

　自然災害によって地域が被災し，企業の活動が停滞した場合，地域経済や雇用に大きな影響を与える。そのため，地域防災計画の策定やハザードマップの策定などの対策を打つとともに，一歩踏み込んで地域企業の事業継続力の強化を支援する事例も出ている。

　香川県は，従来自然災害が少ない地域と考えられていたが，2004年 8 月に同県を襲った台風では県内で 2 万棟を超える家屋が浸水するという被害がもたらされた。これらを契機に，市町村の首長を巻き込んだ連携の仕組みを構築して

いる（磯打［2015］）。BCPを策定した中小企業の事業所のうち，優れた取り組みを行っている事業所を県がBCP優良取組事業所として認定することにより，その取り組みが他の事業所へ波及することを通じて，BCP策定の機運を高め，BCP策定や優良な取り組みの普及を図っている（香川県中小企業BCP優良取組事業所認定制度）。また，中小企業庁［2019a］によれば，三重県が三重大学と共同で「三重県・三重大学みえ防災・減災センター」を設置し，行政職員と大学教員が一体となって人材育成，地域・企業支援，情報収集・啓発等の取り組みを実施している。

　加えて業界団体におけるガイドライン策定も進んでおり，日本建設業連合会，不動産協会，日本製薬工業協会，日本自動車部品工業会などがガイドラインを発行している。各業界団体のガイドラインには，全体のガイドラインには書かれていない業界ごとの固有の事情を加味することで各企業に気づきを与えるとともに，業界団体に属する各企業が概ね目指すべき水準をお互いに確認できるメリットがある。

　認証，評価の取り組みとして，政府の内閣官房国土強靱化推進室では，2016年4月に国土強靱化の趣旨に賛同し，事業継続に関する取り組みを積極的に行っている事業者を「国土強靱化貢献団体」として認証する制度を創設した（図表1-5）。認証を受けた団体は，自らの事業継続に関する取り組みを専門家の目で評価してもらうことにより，事業継続のさらなる改善へのヒントを得ることが期待できる。交付を受けたレジリエンス認証マークを社員の名刺や広告等に付して，自社の事業継続のための積極的な姿勢を，顧客や市場あるいは世間一般に対してアピールすることができるほか，金融機関等から融資の優遇や保証が受けられるメリットを有している。

　以上のような支援措置に加えて，事前対策に対する総合的な支援措置を後押しする法制度として，中小企業強靱化法が2019年5月に成立した。本法では，中小企業が防災・減災対策に関する取り組みを「事業継続力強化計画」として取りまとめ，国が当該計画を認定する制度を創設した。認定を取得した企業には後述のとおり，事業継続力の強化を図るためにさまざまな支援策を講じている。また事業継続力強化計画は，BCPの重要な要素のみを抽出した計画となっており，計画策定に向けたハードルは低いものであるといえる（図表1-6）。

図表1-5　国土強靱化貢献団体認証「レジリエンス認証」制度のフレームワーク

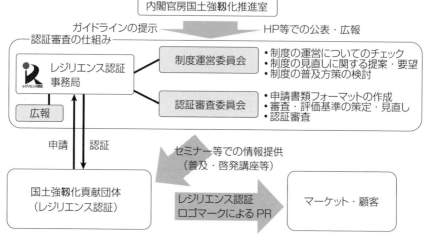

（出所）一般社団法人レジリエンスジャパン推進協議会ホームページ。

　法律施行から3カ月半が経過した2019年10月末日現在で，すでに2,200件を超える計画が認定されている。

　中小企業庁［2019b］によれば，事業継続力強化計画の主な記載内容は，事業継続力強化の目標，自然災害リスクの認知，発災時の初動対応手順，「人」「モノ」「カネ」「情報」等における事前対策，訓練等の実効性の確保に向けた取り組み等となっており，事業継続力の獲得，BCP作成に向けての第1段階という位置づけである。

　計画の認定にかかるインセンティブの内容を中小企業庁［2019b］に沿って整理すると，1つ目は中小企業防災・減災投資促進税制であり，事業継続力強化計画の認定を受けた中小企業・小規模事業者の設備投資に対する特別償却（20％）が認められている。対象設備は自家発電設備，排水ホンプなどの機械装置，制振・免振ラック，衛星電話等の器具備品，止水板，防火シャッター，排煙設備等の建物附属設備となっている。

　2つ目は金融支援であり，事業継続力強化計画の認定を受けた中小企業において信用保険の普通保険等とは別に保証枠を追加または拡大する。さらに政府系金融機関による融資において，津波，水害および土砂災害にかかる要対策地

図表1-6　中小企業強靱化法の概要

中小企業の防災・減災対策の強化（中小企業等経営強化法の改正）

（1）国による**基本方針**の策定

①中小企業が行う事前対策の内容

②中小企業を取り巻く関係者に期待される協力

（2）経産大臣による防災・減災対策に関する**計画**の認定

①中小企業が単独で行う「事業継続力強化計画」

②複数の中小企業が連携して行う「連携事業継続力強化計画」

（3）認定計画に基づく取組に対する**支援策**

①税制優遇（防災・減災設備への税制優遇の創設）

②補助金採択に当たっての優遇　③金融支援（信用保証，低利融資等）

（4）国，地方自治体，関係者の**協力**（努力規定）

商工会・商工会議所による支援体制の強化（小規模事業者支援法の改正）

●商工会・商工会議所の業務として普及啓発や発災時の対応を明確化（「支援計画」として策定）

（出所）中小企業庁「「中小企業強靱化法」の概要について」2019年6月。
https://www.chusho.meti.go.jp/koukai/kenkyukai/kyoujin/190614kyoujin.htm

域に所在する者の土地にかかる設備資金や，防災にかかる設備資金について，貸付金利の引き下げが認められている。

　3つ目は，事業継続力強化計画の認定を受けた中小企業・小規模事業者が補助金採択にあたって加点措置が受けられるなどの措置が検討されている点である。具体的には，ものづくり補助金などが想定されている（2018年度2次補正ものづくり補助金2次公募において加点措置）。上記に加えて，2018年度補正事業において実施された，大規模災害時等の停電に備え中小企業・小規模事業者の事業の中断を未然に阻止する体制を確保するため，石油製品等を用いる自家発電設備等の設置に要する経費の一部を補助する事業においても優先採択の対象となった。

　また，商工会・商工会議所による小規模事業者等の事業継続力強化を支援する形も用意されている。商工会・商工会議所が，地域の防災を担う市町村と連携し，事業継続力強化のための支援を行う計画（事業継続力強化支援計画）を策定し，都道府県知事が認定する。計画には管内の事業者への災害対策の普及啓発や実施支援が含まれ，それに対しては，中小企業信用保険法の特例，中小

機構の情報提供が設けられている。

(2) ファイナンス面での支援

　次にBCP策定やレベルアップのインセンティブとしては，BCPに関連した融資制度や保証予約といった制度が設けられている。日本政策金融公庫は「中小企業BCP策定運用指針」に則り策定したBCPに基づき，防災に資する施設等の整備を行う中小企業に対して低利の融資を行っている。本書第Ⅳ部で寄稿してもらっている静岡県信用保証協会では，BCPを策定している企業を対象とした事前予約型の保証制度を設けている（**図表1-7**）。事前に予約しておけば，大規模な地震など激甚災害発生の際に，事業の再建に必要な資金を迅速に手当てすることが可能となる。

　日本政策投資銀行，メガバンクに加え，静岡銀行，滋賀銀行，広島銀行をはじめいくつかの地方銀行においても，BCPへの取り組みに関連し融資金利を低減するなどの融資制度が設けられている。地域金融機関にとって，大きな災害などによって地元企業の事業継続が図れない場合は，金融機関自身のビジネスに支障をきたす可能性が高く，地元企業とはまさに共存共栄の関係にある。支援内容としては，地元企業を対象としてセミナーの実施，策定支援，BCP関連の低利融資・保証やコミットメントラインなどがあげられる。

　先進的な取り組みとして，静岡銀行では豪雨等による大規模災害の発生時において事業継続に備え，ファイナンス面での対応として，あらかじめ設定した金額を上限として機動的に融資を行うコミットメントラインでの支援を開始し

図表1-7　災害時発動型予約保証（BCP特別保証）

ご利用できる方	事業継続計画（BCP）を策定している中小企業者（災害発生時には，激甚災害保証として取り扱う）。
保証限度額	2億8,000万円　※組合は4億8,000万円
保証内容	激甚災害保証制度要綱による
有効期限	事前内定通知発送日より1年
保証料率	事前保証予約時　無料

（出所）静岡県信用保証協会ホームページ
　　　　https://www.cgc-shizuoka.or.jp/hosyo/bcp.html

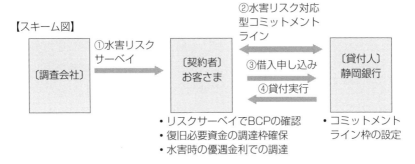

図表１-８　静岡銀行水害リスク対応型コミットメントライン概要

（出所）静岡銀行ニュースリリース資料。
https://www.shizuokabank.co.jp/pdf.php/3493/190328_NR.pdf

ている（**図表１-８**）。

　損害保険会社やその代理店ついては，損害保険契約の締結などの関係で中小企業との関係が深い。保険の販売へつなげるため BCP の策定指導やアドバイスなどの支援を行うことが多い。損害保険については，融資のような返済義務がなく，補助金よりカバーの範囲が広いことが多いため有用性が指摘されている。一方で，自然災害の保険については，第２節で述べたとおり，休業補償保険や企業向け地震保険の加入率が低いことなど課題が残っており，今後，自然災害へ対応した新たな商品の開発など事業継続につながる取り組みが期待される。

(3)　企業間の連携による支援

　政策的な支援ではないが，企業同士が連携を図ることで，事業継続力の底上げを図る例があげられる。大企業の場合，複数の拠点を保有していれば自社での代替などが比較的容易となるが，中小企業では，拠点が１つしかないなどリソースに制約が大きく自社での代替が困難なケースが多い。そのためそうした状況を補う方策として，業界や地域での連携を図ることが必要となる。業界内での連携では，同じ業界に属し立地が異なる企業同士が，代替生産を行うケースがあげられる。このためには，事前に連携先を探し，協定などを結び，さらには具体的なオペレーションの段階まで想定して内容を詰めるという順番にな

る。その場合，コスト面に加え製品の性能についても事前に調整する必要がある。

　2011年4月には，神奈川県メッキ工業組合と新潟県鍍金工業組合との間において，災害時に両組合の企業同士による代替生産などの相互連携を支援する協定が締結されている。本協定を通じて，両組合の加盟企業の情報を相互に提供し，遠隔地の企業と事前に契約することが容易となり，例えば神奈川県の企業が被災して事業の継続が困難になった場合，あらかじめ契約していた新潟県の企業が代替して生産することが可能となる（経済産業省［2012］）。

　別のタイプの連携は，地域での共有・協力である。同じ地域にある企業同士が連携し，災害時に必要となる物資や食料などを共有する。相互に融通することで管理コストを低減するとともに，災害時にはより大きな効果が期待できる。愛知県豊橋市明海地区は臨海工業地区であり，100社を超える事業所が集積している。同地区は臨海部に位置しており短期間で津波が到来することに対して対応する必要があった。個別企業のBCPでは限界があり，企業同士が連携することで，高い建物を持たない企業への避難所の提供，物資や機材の共有化，大規模な連携訓練の実施を通じて事業継続への対応力を高めている[1]。

　取引先企業同士は強靭化を図ることによって相互にWIN-WINの関係を構築することができる。サプライチェーンの関係で親会社や取引先からの支援を受ける場合も多い。サプライチェーンの中核にある企業は，取引先に対してBCPの策定支援や具体的な対策の指導といた事前対策に加え，有事には事業継続のための支援や資金面での援助を行うケースが多い。

⑷　NPO等の支援

　自治体や商工団体の支援以外に，防災や事業継続に関したNPOの活動も注目され，特に人材育成や啓蒙活動など底上げを図る観点でも期待が高い。2006年に創立されたNPOの事業継続推進機構（**図表1-10**）は，国内外の個人および企業，政府その他の団体に対して，災害，事故，事件等のリスクの発生時における事業継続の取り組みの推進に資する事業を行っている。企業および自治体の事業継続に関する担当者の知識の習得および事業継続の実務経験者の専門性向上のための資格制度を有している（資格者数1,493名，2019年3月31日現在）。

図表 1 -10　**事業継続推進機構の概要**

設立	2006年 6 月20日
目的	国内外の個人及び企業，政府その他の団体に対して，災害，事故，事件等のリスクの発生時における事業継続（BC）の取組みの推進に資する事業を行い，経済・社会的被害の軽減及び地域社会における災害・危機管理対策の充実を図り，もって，国及び各地域の安全・安心・発展に寄与することを目的とします。
事業内容	• 事業継続普及啓発セミナーの開催及び講師派遣 • 事業継続専門家育成カリキュラム・教材の開発及び事業継続専門家育成講座の開催 • 事業継続に関する標準テキスト等の発行 • 事業継続を推進している個人・企業・自治体・団体を表彰する「BC アワード」の開催 • 事業継続に関する調査・研究 • 事業継続に関する最新情報の提供
会員数	個人正会員：529名，法人正会員：42社，法人賛助会員：29社，学生会員：1 名，資格会員：910名（2019年 3 月31日現在）

（出所）事業継続推進機構ホームページ https://www.bcao.org/gaiyou/index.html より筆者作成。

◉注

1　経済産業省中部経済産業局地域経済部地域振興課「企業グループと行政等の協働による地域連携 BCP の構築に向けて：地域連携 BCP 策定の普及，支援機能の整備に向けた調査事業　報告書」（2015年 3 月）を参考にした。

◉参考文献

磯打千雅子［2015］「大学と地域の連携による地域継続マネジメント」『地域開発』610：24-28。
経済産業省［2012］「「地域連携」を活用した事業継続計画のススメ」経済産業政策局地域経済産業グループ立地環境整備課。
損保ジャパン日本興亜リスクマネジメント㈱［2014］「2013年度　中小企業事業継続計画（BCP）に関する調査報告書」。
中小企業庁［2011］『中小企業白書　2011年版』。
中小企業庁［2016］『中小企業白書　2016年版』。
中小企業庁［2017］「2016年度　自然災害時における中小企業の事業継続に関する調査事業報告書」SOMPO リスケアマネジメント㈱。
中小企業庁［2018］「中小企業の災害対応の強化に関する研究会　中間報告書～中小企業における災害対応強靱化に向けて～」。
中小企業庁［2019a］「中小企業強靱化研究会中間取りまとめ」。
中小企業庁［2019b］「「中小企業強靱化法」の概要について」。

中小企業庁［2019c］『中小企業白書 2019年版』。

内閣府［2012］「企業の事業継続の取組に関する実態調査―過去からの推移と東日本大震災の事業継続への影響―概要」。

内閣府［2016］「2015年度 企業の事業継続及び防災の取組に関する実態調査」。

内閣府［2018］「2017年度 企業の事業継続及び防災の取組に関する実態調査」。

内閣府［2019］『防災白書 2019年版』。

野田健太郎［2017］『戦略的リスクマネジメントで会社を強くする』中央経済社。

野田健太郎［2018a］「巨大災害に向けた地域防災の新たな視点」『地域開発』627：37。

野田健太郎［2018b］「「想定外」に備えて，見直すべき BCP の本質」『りそなーれ』16（12）：7-10。

野田健太郎［2019a］「大規模災害から企業経営を守るためには何が必要か」『地銀協月報』705：9-17。

野田健太郎［2019b］「事業継続計画の役割と今後の課題」『保険学雑誌』645：41-47。

野田健太郎・浜口伸明・家森信善［2019］「事業継続計画（BCP）に関する企業意識調査の結果と考察」RIETI Policy Discussion Paper Series 19-P-007。

三菱 UFJ リサーチ＆コンサルティング㈱［2018］「中小企業の災害対応に関する調査」。

第II部

事業継続計画（BCP）に関する
企業意識調査

第2章

事業継続計画（BCP）に関する
企業意識調査から見えてくる課題

1 調査の概要

　本調査は，調査業務を受託した株式会社帝国データバンクが調査対象とする企業の中から10,000社（内訳…中小企業：7,500社，大企業：2,500社）を抽出して，2018年10月に調査票を郵送した[1]。回答時点は2018年10月1日である。実施期間は，2018年10月5日〜10月26日で，一部締め切り後に回収したものを含め有効回答数2,181社（中小企業1,768社，大企業413社）を得た。有効回答率は21.81%（中小企業23.6%，大企業16.5%）であった[2]。

　調査対象の抽出にあたって次の点を考慮した。地理的範囲は北海道を除く全都道府県である[3]。業種は建設業，製造業，卸売・小売業・飲食店，不動産業，運輸・通信業，電気・ガス・水道・熱供給業，サービス業（TDB：帝国データバンク産業大分類）を対象としている[4]。データ取得の必要性から直近3年以内の12カ月決算情報を有することと，数の上では多いが，人的・物的資源制約から必然的にBCPを検討する可能性が低い企業の回答が調査結果に偏りを与えることが予想できるため，従業員数を20名以上とすることを条件に付加した。

　以下アンケート結果の分析を中心に説明を進めたい。本章では，BCPの策定状況などを示す。第3章では企業経営に資するBCPの効果を中心に分析を行い，第4章ではステークホルダーとの連携によるBCPの発展可能性について説明した後，政策へのインプリケーションを述べる。

2 BCP 策定の状況と策定レベル

　最初に全体の策定状況を確認した（Q 3 - 2 ：アンケートの質問番号）。BCP の策定については，「既に策定している」が22.6％（453社），「策定中」が5.8％（117社），「策定を予定している」が19.8％（398社）となっている。一方で「策定の予定はない」（40.2％）（807社），「BCP について知らない」（11.6％）（232社）の合計が半数を占めている（**図表 2 - 1**）。この部分への啓蒙が引き続き重要である。なお，無回答者は174社であった。

　BCP の策定は企業規模が大きいほど策定が進んでいる（**図表 2 - 2**）。この結果は他の調査結果の傾向と大きな違いはない。BCP のレベルについても概ね同様の傾向がみられる（**図表 2 - 3**）。BCP のレベルは内閣官房国土強靱化推進室が推進しているレジリエンス認証の認証項目に基づいて作成した19の質問項目に対して，いくつ実施しているかをスコアにして作成したものである（満点19点）。原則的には実施していることが必要な項目である。しかしながら，すでに策定していると回答している企業のうち，この問に回答している453社について BCP のレベルをみると，平均では6.85（ 4 割弱程度）[5]しか実施されていない結果となっている。BCP を策定済みと回答していても重要な項目が

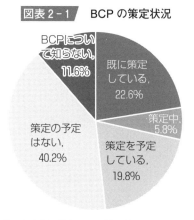

図表 2 - 1　BCP の策定状況

（注）本質問への無回答者を除いた有効回答者は2,007社である。

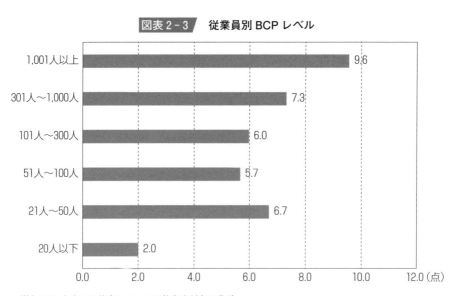

図表 2 - 2　従業員別 BCP 策定状況

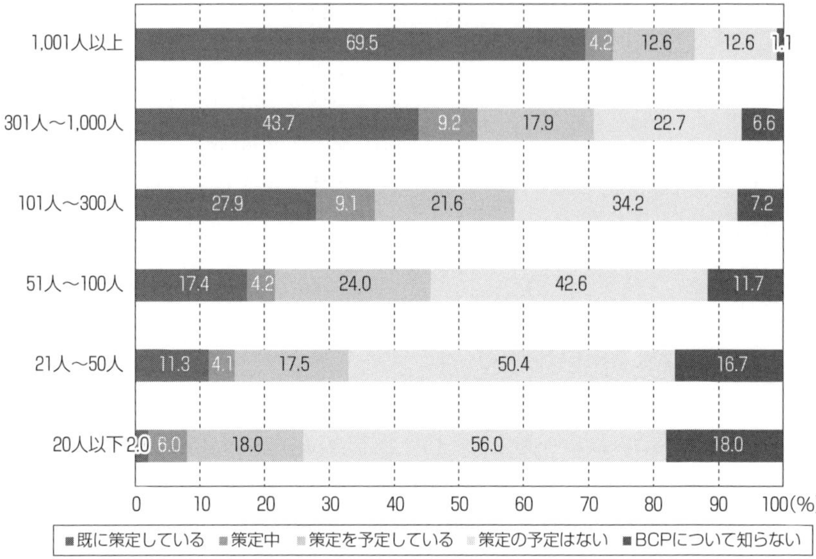

図表 2 - 3　従業員別 BCP レベル

（注）BCP をすでに策定している回答者を対象に集計。

満たされていない状況にあり，実効性の観点では大きな課題があるといえる。

　質問項目ごとの実施状況は以下のとおりである（Q3‒5，**図表2‒4**）。実施状況が低い項目は，「取引先にBCPを要求している（4.6％）」，「金融機関と有事の対応について話し合っている（7.2％）」，「BCPが経営理念の中にうたわれている（10.3％）」となっている。

　業種別の状況は以下のとおりである（**図表2‒5**）。策定率が高い上位業種は，金融業・保険業（50.0％），情報通信業（32.5％），建設業（28.1％），電気・ガ

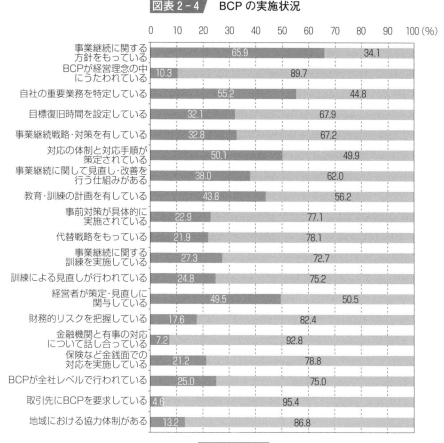

図表2‒4　BCPの実施状況

0　10　20　30　40　50　60　70　80　90　100（％）

項目	実施	未実施
事業継続に関する方針をもっている	65.9	34.1
BCPが経営理念の中にうたわれている	10.3	89.7
自社の重要業務を特定している	55.2	44.8
目標復旧時間を設定している	32.1	67.9
事業継続戦略・対策を有している	32.8	67.2
対応の体制と対応手順が策定されている	50.1	49.9
事業継続に関して見直し・改善を行う仕組みがある	38.0	62.0
教育・訓練の計画を有している	43.8	56.2
事前対策が具体的に実施されている	22.9	77.1
代替戦略をもっている	21.9	78.1
事業継続に関する訓練を実施している	27.3	72.7
訓練による見直しが行われている	24.8	75.2
経営者が策定・見直しに関与している	49.5	50.5
財務的リスクを把握している	17.6	82.4
金融機関と有事の対応について話し合っている	7.2	92.8
保険など金銭面での対応を実施している	21.2	78.8
BCPが全社レベルで行われている	25.0	75.0
取引先にBCPを要求している	4.6	95.4
地域における協力体制がある	13.2	86.8

■実施　■未実施

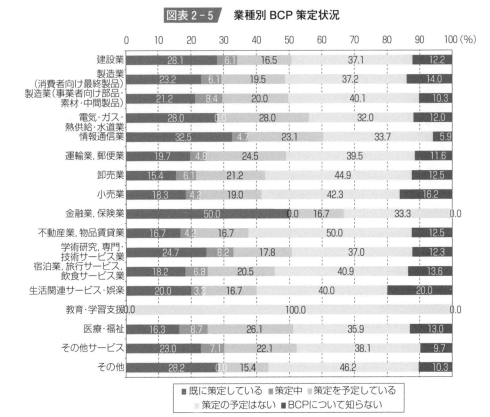

図表 2 - 5　業種別 BCP 策定状況

ス・熱供給・水道業（28.0％）である。インフラ関連や業界団体が策定促進を
制度的に推進している[6]建設業などが上位に来ている。策定率が低い業種は，
教育・学習支援（0.0％），卸売業（15.4％），医療・福祉（16.3％），不動産業・
物品賃貸業（16.7％），宿泊業，旅行サービス，飲食サービス業（18.2％）であ
る（ただし，教育・学習支援は 2 社，金融業・保険業は 6 社と，サンプル数が
少ない）。災害時において高い継続性が求められる医療・福祉分野での BCP 策
定企業の割合は低い。近時，インバウンド等での期待が高い宿泊・旅行サービ
スも策定比率が低い結果となっている。業界での対応状況や策定の容易さなど
が影響しているものと考えられる。特に策定率の低い業界では，こうした現状
を踏まえて BCP の策定やレベルの向上に向けての対応が求められる。

3 BCP の策定および非策定の理由

　BCP を策定する理由としては（Q 3 -12，**図表 2 - 6**），「企業の社会的責任，社会貢献（469社）」，「自社の被災軽減（443社）」をあげる企業が多い。次いで，「マネジメントの向上（267社）」，「過去の被災経験（199社）」が多い。

　一方で，BCP を策定しない理由としては（Q 3 - 3，**図表 2 - 7**），「策定に必要なスキル・ノウハウがない（536社）」が一番高い。次いで「法令や規則等の要請がない（457社）」，「取引先からの要請がない（422社）」，「金融機関からの要請がない（382社）」をあげる企業が多い。他には「策定する人手を確保できない（372社）」，「内容や必要性について外部からの説明を受けたことがない（371社）」があげられている。ノウハウや人材が少なく，法令上等の要請がないので策定していない，が全体の傾向である。

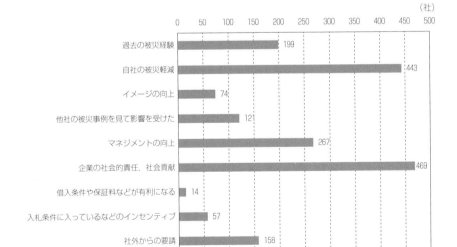

図表 2 - 6 BCP の策定理由

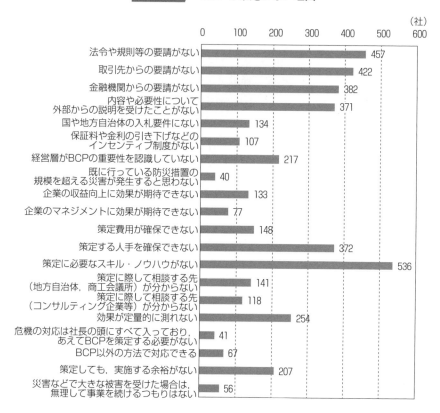

図表 2-7　BCP を策定しない理由

（社）

（法令や規則等の要請がない）457
（取引先からの要請がない）422
（金融機関からの要請がない）382
（内容や必要性について外部からの説明を受けたことがない）371
（国や地方自治体の入札要件にない）134
（保証料や金利の引き下げなどのインセンティブ制度がない）107
（経営層がBCPの重要性を認識していない）217
（既に行っている防災措置の規模を超える災害が発生すると思わない）40
（企業の収益向上に効果が期待できない）133
（企業のマネジメントに効果が期待できない）77
（策定費用が確保できない）148
（策定する人手を確保できない）372
（策定に必要なスキル・ノウハウがない）536
（策定に際して相談する先（地方自治体，商工会議所）が分からない）141
（策定に際して相談する先（コンサルティング企業等）が分からない）118
（効果が定量的に測れない）254
（危機の対応は社長の頭にすべて入っており，あえてBCPを策定する必要がない）41
（BCP以外の方法で対応できる）67
（策定しても，実施する余裕がない）207
（災害などで大きな被害を受けた場合は，無理して事業を続けるつもりはない）56

4　BCP 策定の際の参考物や利用した認証制度

　さらに BCP を策定する際に参考にしたものとしては（Q3-4，**図表2-8**），中小企業庁中小企業 BCP 策定運用指針をあげる企業が多い（359社）。

　外部評価を受けたかについては（Q3-6，**図表2-9**），現状では認証を取得した企業は少ない。「現在，準備中」，「将来，取得したいと考えている」まで含めると約2割の企業が検討している。

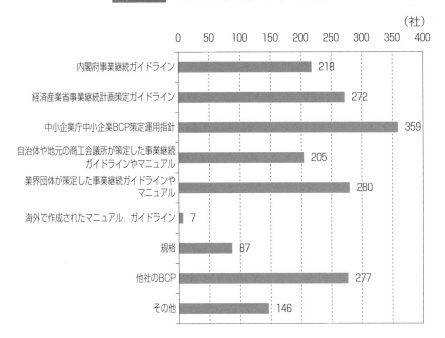

図表 2 - 8　BCP 策定の際に参考にしたもの

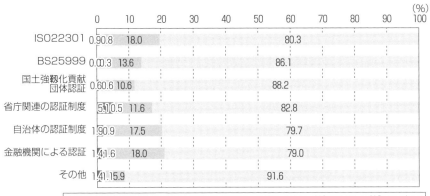

図表 2 - 9　BCP についての外部から受けた認証評価

5 BCP 策定と財務状況

　財務状況と BCP の関係をみると（**図表 2 -10**），大企業では自己資本比率による策定率に大きな差はない。一方で，中小企業では自己資本比率が低下すると策定率が低下する傾向にある。大企業の場合は，株主や金融機関などのステークホルダーの影響が大きいため，自己資本比率が低い企業でも策定している企業が多い，あるいは自己資本比率が低いことで，緊急時に余裕が少ない部分を BCP でカバーしていると考えることもできる。

　BCP のレベルとの関係では（**図表 2 -11**），大企業は債務超過，あるいは自己資本比率が 0 以上20％未満では BCP のレベルが低い。図表 2 -10と併せて考えた場合，大企業では，自己資本比率は策定率に影響を与えていないが，BCP のレベルでは影響が表れていると考えられる。一方で，中小企業では自己資本比率と BCP レベルの間に一定の傾向を読み取ることは難しい。なお，債務超過の該当数は少ない（大企業 2 社，中小企業 6 社）ことに注意が必要である。

図表 2 -10　自己資本比率別の BCP 策定の有無

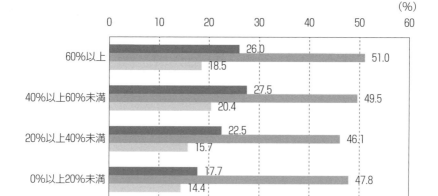

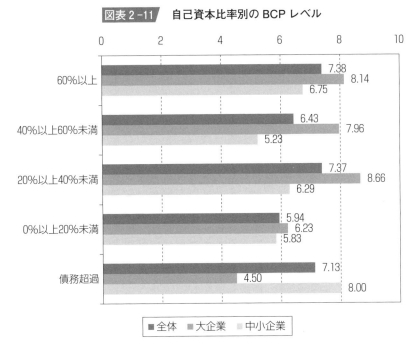

図表 2 -11　自己資本比率別の BCP レベル

■全体　■大企業　■中小企業

（注）満点は19点。

6　BCP 策定・運用の責任者

　次に BCP の策定，運用（見直し）の責任者（Q 3 - 7 ）をみたものが**図表2 -12**である。策定段階は社長（CEO）の割合が高く（45.3％），運用段階では部長が多くなっている（31.6％）。

　次に BCP の策定や運用の責任者と BCP のレベルをみたものが**図表 2 -13，図表 2 -14**である。策定段階，運用段階いずれも，社長・役員と部長以下ではレベルに大きな開きがある。これは経営層が BCP の策定・運用に関与しない場合，BCP への対応が不十分になる可能性が高いことを示している。

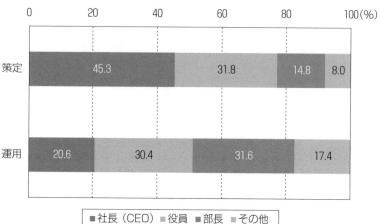

図表 2-12　BCP の策定，運用（見直し）の責任者

■社長（CEO）　■役員　■部長　■その他

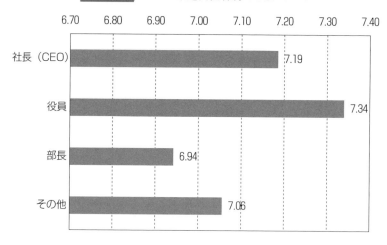

図表 2-13　BCP 策定責任者別の BCP レベル

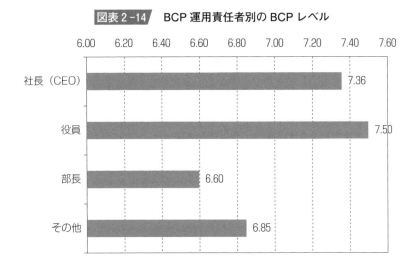

図表 2 -14　BCP 運用責任者別の BCP レベル

7 BCP の策定時期

策定の時期（Q 3 - 8 ）については**図表 2 -15**のとおりである。東日本大震災

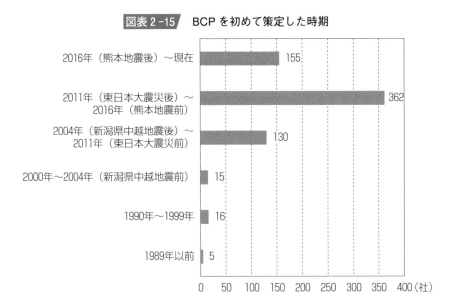

図表 2 -15　BCP を初めて策定した時期

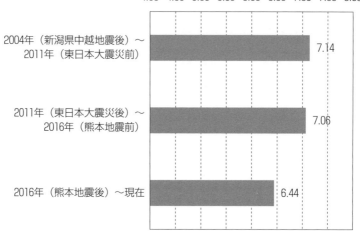

図表 2 -16　BCP の策定時期ごとの BCP レベル

のあと策定した企業が急増している。熊本地震後に策定した企業も相当数ある。
　東日本大震災以前に策定した企業の方が BCP のレベルが高い傾向にある。
東日本大震災を機に政府の BCP 対策が進み，企業の意識も向上したため，震
災以前から何らかの対策を講じていた企業においてもレベルアップが図られた
ものと考えられる（**図表 2 -16**）。

8 BCP の更新状況

　BCP は毎年，訓練などを実施することで更新がなされる必要がある。しか
しながら更新したことがない企業が62.8％も存在している（Q 3 - 9 ，**図表
2 -17**）。
　さらに更新年が2017年以前の企業も多い（**図表 2 -18**）。
　実際に BCP を更新した企業の方が BCP のレベルが高い結果となった（**図表
2 -19**）。さらに，更新年が近い企業の方が BCP のレベルが高い（**図表 2 -20**）。
策定しても，その後の更新がなされない場合は内容に問題が残り，実効性の観

図表 2 -17	BCP の更新の有無
更新した	37.2%
更新していない	62.8%

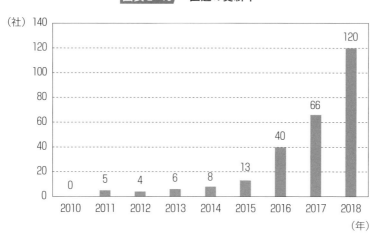

図表 2 -18　直近の更新年

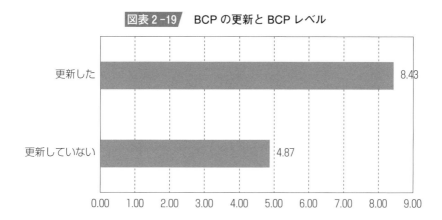

図表 2 -19　BCP の更新と BCP レベル

点からも大きな問題である。

　更新へのインセンティブとして，外部からの要請や地域との連携の影響が予想される。**図表 2 -21**は外部からの要請の影響をみたものである。ステークホ

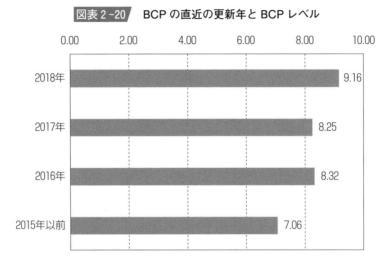

図表2-20 BCP の直近の更新年と BCP レベル

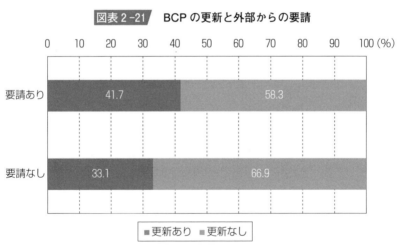

図表2-21 BCP の更新と外部からの要請

■更新あり ■更新なし

（注）要請がある企業とない企業には 5 ％レベルで有意な差がある。

ルダーからの改善の要請が BCP の更新に影響していることがうかがわれる。
さらに**図表 2 -22**からは，地域との連携を図る企業の方が BCP の更新を行って
いる傾向も示されている。人的資源などのリソースが乏しい企業では，地域と
の連携を図ることによって BCP の更新を図ることが重要であると思われる。
　次に BCP の更新と外部のステークホルダーからの要請や地域連携の関係を

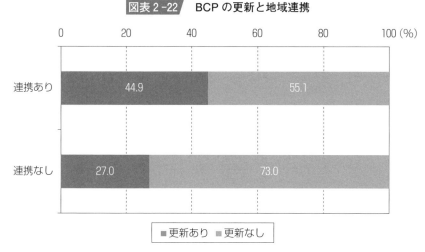

図表 2-22　BCP の更新と地域連携

（注）連携がある企業とない企業には 1 ％レベルで有意な差がある。

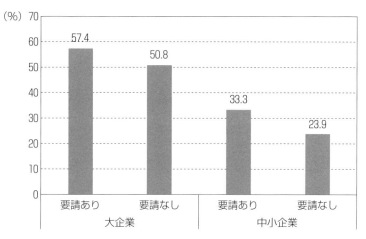

図表 2-23　BCP の更新と外部からの要請（大企業・中小企業別）

大企業，中小企業別にみたものが**図表 2-23**，**図表 2-24**である。大企業ではいずれも有意な差はない。一方で中小企業においては，外部のステークホルダーからの要請においては 5 ％水準で，地域連携においては 1 ％水準で有意な差が

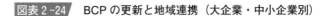

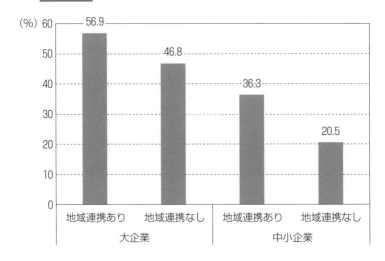

図表 2-24　BCP の更新と地域連携（大企業・中小企業別）

みられた。中小企業においては外部からの要請や地域との連携が，BCP の更新につながっていることがわかる。中小企業の BCP のレベルアップを図る観点では外部との関係性が重要であることが示唆される。

9　おわりに

　本章では BCP の策定状況などを概観した。BCP の策定については，「策定の予定はない」，「BCP について知らない」の合計が半数を占めている。この部分への啓蒙が引き続き重要である。さらに，BCP を「策定済み」と回答した企業においても，BCP の策定状況において基本的にはすべて実施していることが望ましい19項目に対して，平均では 4 割弱程度しか実施されていない。BCP を策定したと回答しているにもかかわらず，重要な要素が抜け落ちている状況にあり，実効性の観点で課題を残している。

　災害時において高い継続性が求められる医療・福祉分野や，近時，インバウンド等での期待が高い宿泊・旅行サービスでは BCP の策定比率が低い結果となっている。策定率の低い業界では，こうした現状を踏まえて BCP の策定や

レベルの向上に向けての対応が求められる。

　BCPの策定責任者，運用責任者ともに責任者が役員以上である企業の方が BCPのレベルが高い結果となった。さらにBCPを更新している企業の方が BCPのレベルが高い。また外部からの要請や地域との連携がある企業の方が 更新する企業の割合が高く，中小企業の場合はそこに有意な差があった。こう した結果はBCPの実効性の確保から重要なポイントとなる。

◉注

1　大企業（従業者500人以上）のサンプルを一定数以上確保したいと考え，回答率20％と 仮定して10,000社の調査対象のうち2,500社を大企業から抽出することにした。

2　中小企業は中小企業基本法の定義に基づき，製造業他（建設業，電気・ガス・水道・熱 供給業を含む）は資本金3億円以下または従業員数300人以下，卸売業は資本金1億円以 下または従業員数100人以下，小売業は資本金5,000万円以下または従業員数50人以下，サー ビス業は資本金5,000万円以下または従業員数100人以下の会社とする。

3　北海道胆振東部地震の発生による影響を考慮したため。

4　なお，TDBのデータベースにおいて建設業のウエイトが高い（約半数）ために，幅広 い業種の状況を知るために，調査対象先に含める建設業は全体の10％以下にすることにし た。

5　中央値は6で約3割の実施となる。

6　一例として，近畿地方整備局災害時建設業事業継続力認定制度がある。事業継続能力が 認定された企業は入札時に「企業の施工能力」または「地域・社会貢献」の項目で加点対 象となる。https://www.kkr.mlit.go.jp/plan/jigyousya/kensetubcp/index.html

＊第2章と第3章の参考文献は共通しているので，第3章の章末に一括して掲載している。

第3章

企業経営に資する BCP の効果

　本章では，第2章で取り上げた BCP に対する課題を踏まえて，企業経営との関係をみていくこととする。

1　BCP 開示の状況

　BCP の開示の状況をみてみると（Q3-10，**図表3-1**），「定期的に行っている」が8.9％，「行ったことがある」が14.6％で，76.5％の企業は開示を行っていない。

　具体的な開示媒体としては（Q3-11，**図表3-2**），「納入先への情報提供」が一番多く（9.3％），次いで「自社のホームページ」（6.5％）となっている。特定のステークホルダーへの開示が中心となっている。

　次に BCP の開示が BCP のレベルにどのような影響を与えているかをみたのが**図表3-3**である。BCP の開示を「定期的に行っている企業」は，BCP の開示を「行ったことがある企業」や「行っていない企業」に比べ，BCP のレベルが有意に高い。一方で，BCP の開示を「行ったことがある企業」と「行っていない企業」には，BCP のレベルに有意な差はみられなかった。開示の効果は継続的な開示を行ってはじめて出現することが示唆される。「継続こそ力なり」ということである。

図表3-1　BCP の開示

定期的に行っている	8.9%
行ったことがある	14.6%
行っていない	76.5%

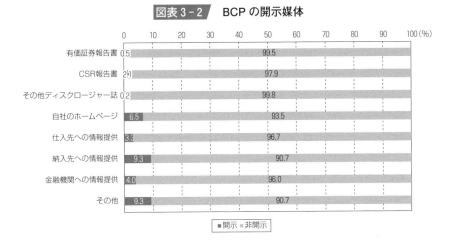

図表 3 - 2　BCP の開示媒体

図表 3 - 3　BCP の開示状況と BCP レベル

開示状況	BCP のレベル		
		うち上場企業	うち非上場企業
定期的に行っている	9.03	10.80	8.69
行ったことがある	6.74	11.50	6.28
行っていない	6.52	9.45	6.05

　さらに上場企業と非上場企業に分けてみたところ，上場企業では開示状況によって有意な差はみられなかった。一方で，非上場企業では，「定期的に行っている企業」は，「行ったことがある企業」や「行っていない企業」に比べ有意に高い結果となった。上場企業においては，BCP などの情報開示が一定程度行われているので開示効果が明確でないが，非上場企業においては，定期的に情報開示を行うことで，効果がより明確になることが示されている。

　開示方法は有価証券報告書，CSR 報告書，ホームページのような一般的な情報公開であっても，仕入先，納入先，金融機関のような特定の開示先に向けたものであっても BCP のレベルにはプラスの影響を及ぼしている（**図表 3 - 4**）。

図表 3 - 4　BCP 開示媒体と BCP レベル

開示媒体	開示・非開示	度数	平均値	標準偏差	
有価証券報告書	開示	2	13.50	0.71	**
	非開示	352	6.84	4.29	
CSR 報告書	開示	12	10.17	4.90	***
	非開示	342	6.76	4.24	
その他ディスクロージャー誌	開示	1	1.00	N.A.	
	非開示	353	6.90	4.30	
自社のホームページ	開示	34	9.82	4.51	***
	非開示	320	6.57	4.17	
仕入先への情報提供	開示	17	10.88	4.33	***
	非開示	337	6.68	4.21	
納入先への情報提供	開示	49	8.33	4.77	**
	非開示	305	6.65	4.19	
金融機関への情報提供	開示	20	9.25	5.68	*
	非開示	334	6.74	4.18	
その他	開示	46	7.07	4.41	
	非開示	308	6.85	4.29	

（注 1 ）***1 %，**5 %，*10%　で有意な差がある項目。
（注 2 ）表中の網掛けは，比較する 2 組のうち，平均値が有意に大きいものを示している。なお，以下の第 3 ， 4 章の図表では網掛けを同様の意味で使っている。ただし，数値が小さいほど影響度が強い点数の付け方をしている指標については，平均値が有意に小さい方に網掛けを付けている。

2 競争優位の要因と BCP の策定状況

　BCP の策定要因に経営者のマインドやスタンスの影響が考えられる。特に小規模企業においては，経営者（社長）のマインドが大きく影響するものと考えられる。そこでいくつかの分析をみてみたい。最初は，競争優位の要因（Q 1 - 9 ）と BCP 策定の有無をみたものである（**図表 3 - 5** ）。

　BCP 策定企業[1]と非策定企業で差があった項目が，「オンリーワンのブランド力」，「オンリーワンの技術力」，「大手サプライチェーンに属する」である。ブランドやサプライチェーンと BCP の関連が深いことがわかる。このことか

図表 3 - 5　競争優位の要因と BCP 策定の有無

競争優位の要因	策定・非策定	度数	平均値	標準偏差	
オンリーワンのブランド力	策定	441	0.22	0.41	***
	非策定	1,540	0.12	0.32	
オンリーワンの技術力	策定	441	0.26	0.44	***
	非策定	1,540	0.20	0.40	
価格優位性	策定	441	0.09	0.28	
	非策定	1,540	0.10	0.30	
顧客対応力	策定	441	0.59	0.49	
	非策定	1,540	0.57	0.50	
安定顧客の存在	策定	441	0.66	0.48	
	非策定	1,540	0.64	0.48	
長期的な取引	策定	441	0.47	0.50	
	非策定	1,540	0.43	0.50	
地域独占的なサービス	策定	441	0.11	0.31	
	非策定	1,540	0.09	0.29	
大手サプライチェーンに属する	策定	441	0.07	0.26	***
	非策定	1,540	0.04	0.19	
成長性が高い	策定	441	0.06	0.24	
	非策定	1,540	0.05	0.21	
上記以外の要因	策定	441	0.06	0.24	
	非策定	1,540	0.05	0.22	
競争優位はない	策定	441	0.02	0.13	**
	非策定	1,540	0.03	0.18	
わからない	策定	441	0.01	0.11	
	非策定	1,540	0.02	0.13	

（注1）　1：当てはまる　0：当てはまらない　の配点で平均値を計算している。
（注2）　*** 1 %，** 5 %，* 10%　で有意な差がある項目。

ら，BCP は経営者が「オンリーワン」を競争優位と自己認識する企業において，その要因を確保したり，サプライチェーンの位置づけをより確実にしたりするために策定を進めている可能性が考えられる。「オンリーワンのブランド力」，「オンリーワンの技術力」があるにもかかわらず，BCP が非策定の企業は政策上重点的に支援する対象と考えることもできる[2]。

| 図表3-6 | 従業員別の競争優位の要因とBCP策定の有無 |

競争優位の要因	21人～50人	51人～100人	101人～300人	301人～1,000人	1,001人以上
オンリーワンのブランド力		+	+		+
オンリーワンの技術力				+	
価格優位性		−		−	
顧客対応力					
安定顧客の存在					
長期的な取引					
地域独占的なサービス	+				
大手サプライチェーンに属する					+
成長性が高い（海外進出，拠点の拡大など）	−				
上記以外の要因					
競争優位はない		−	−		
わからない	−				

（注）10％水準で有意な項目，20人以下はサンプル数が少ないため除いている。

　次に従業員規模別でみると，**図表3-6**のとおりである。51人～100人，101人～300人，1,001人以上で「オンリーワンのブランド力」でBCP策定の有無に有意な差がある。301人～1,000人では「オンリーワンの技術力」で違いがあった。一方で，51人～100人，301人～1,000人の企業では「価格優位性」では逆にマイナスで有意な結果となった。価格面よりも技術やブランド維持のためにBCPを策定している傾向が強い。21人～50人の企業では「地域独占的なサービス」がBCP策定率を有意にプラスとする要因である。こうした結果から，オンリーワンの技術やブランドを持つ企業を政策的にターゲットとすることや，小規模ながら地域に必要とされるサービスを提供している企業を広義のインフラ企業として指定することで，支援を強化することも考えられる。
　競争優位の要因で策定，非策定で差があった項目に対し，策定状況別にみたものが**図表3-7**，**図表3-8**，**図表3-9**である。策定状況ごとにそれぞれの競争優位の要因があると回答した企業の割合を示している。たとえば，「オン

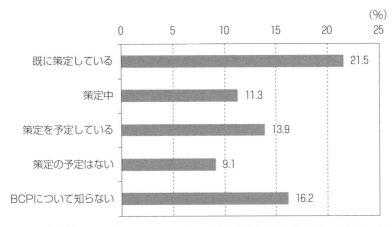

図表 3-7　オンリーワンのブランド力

(注) BCP の策定状況別に,「オンリーワンのブランド力」を競争優位の要因としてあげている企業の比率を示している。

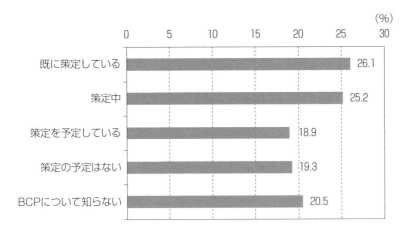

図表 3-8　オンリーワンの技術力

図表3-9　大手サプライチェーンに属する

(%)

既に策定している　7.3

策定中　6.1

策定を予定している　4.8

策定の予定はない　3.1

BCPについて知らない　2.6

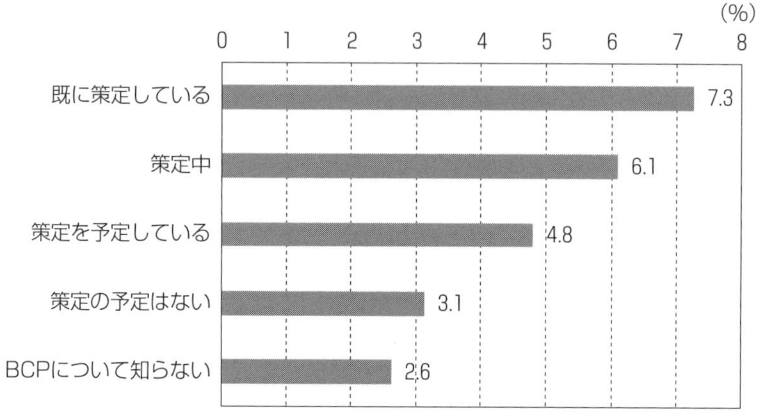

　リーワンのブランド力」では策定済みの企業の割合が高い。一方で「BCPに
ついて知らない」と回答した企業の割合が次に高い結果となった。オンリーワ
ンのブランドを持ちながら，BCPについて知らない企業に働きかけることは
政策的に大きな課題であると考えられる。

　「オンリーワンの技術力」については，「既に策定している」，「策定中」とそ
れ以外のグループでは差がある。大手サプライチェーンに属する企業は，「策
定済み」，「策定中」，「策定予定」の割合が高く，策定状況の段階に応じた結果
となった。

　では，オンリーワンの技術力などを競争優位の要因としてあげながら，BCP
を策定していない企業は，なぜ策定を行っていないのであろうか。1つの理由
はBCPを知らないことであるが，（知っていながら）「策定の予定はない」と
回答した企業の要因を確認するため，競争優位の要因としてオンリーワンの技
術力をあげながらBCPを策定する予定のない企業にしぼって，BCPを策定し
ない理由を集計した（**図表3-10**）。「取引先からの要請がない（68社）」，「法令
や規則等の要請がない（67社）」という理由とともに，「策定に必要なスキル・
ノウハウがない（70社）」，「策定する人手を確保できない（63社）」の理由が多
くあげられている。こうした要因で策定が進んでいないとすれば，この点は大
きな課題であり，策定支援を行うことで事業継続力の向上を図る必要があろう。

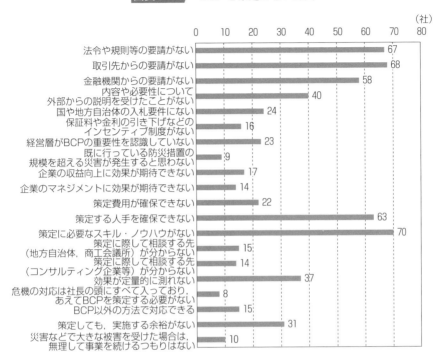

図表 3 -10　BCP を策定しない理由

(注)　オンリーワンの技術力を競争優位の要因にあげながら，BCP 策定の予定はないと回答した企業
を対象にしている。

3　経営方針と BCP 策定状況

　経営に関して実施している内容（Q 1 -10）と BCP 策定の関係を大企業・中
小企業別にみたものが**図表 3 -11，図表 3 -12**である。中小企業は経営に関する
取り組みを何も実施していないと（「上記の中に当てはまるものはない」と回
答），BCP を策定しない傾向が強い。言い換えれば，経営に関するさまざまな
取り組みをしている中小企業ほど BCP を策定する傾向にあり，BCP は経営者
の積極的なマインドとの関係が深いことがわかる。
　リスクマネジメントを行う上で，経営者が重要と思う程度（Q 2 -3）を聞

| 図表3-11 | 経営に関して行っているもの×BCP策定の有無（大企業） |

経営に関する事項	策定・非策定	度数	平均値	標準偏差	
企業理念の策定	策定	186	0.92	0.27	***
	非策定	198	0.82	0.38	
中期計画の策定	策定	186	0.87	0.34	***
	非策定	198	0.69	0.46	
長期計画の策定	策定	186	0.21	0.41	**
	非策定	198	0.13	0.33	
企業の社会的責任に関する方針の策定	策定	186	0.60	0.49	***
	非策定	198	0.35	0.48	
CSR報告書の発行	策定	186	0.38	0.49	***
	非策定	198	0.10	0.30	
NPO・NGOとの連携	策定	186	0.09	0.29	*
	非策定	198	0.05	0.21	
CSR担当部署の設置	策定	186	0.38	0.49	***
	非策定	198	0.12	0.33	
社会貢献活動，従業員の活動支援	策定	186	0.60	0.49	***
	非策定	198	0.42	0.50	
情報セキュリティに関する体制整備	策定	186	0.78	0.41	***
	非策定	198	0.55	0.50	
将来の幹部経営者・後継者の育成	策定	186	0.48	0.50	
	非策定	198	0.41	0.49	
上記の中に当てはまるものはない	策定	186	0.00	0.00	*
	非策定	198	0.02	0.12	

（注1）　1：当てはまる　0：当てはまらない　の配点で平均値を計算している。
（注2）　***1％，**5％，*10％　で有意な差がある項目。

いた質問では（**図表3-13**），「トップのリーダーシップ」を大企業，中小企業
ともに最も重要視している。リスクマネジメントにおいてはトップの関与が重
要であることが認識されているのが確認できる。なお，以下の表では平均値が
低いほど重視している程度が高いことを意味する。また，この質問では，「1：
非常に重要　2：相応に重要　3：多少重要　4：あまり重要でない　5：
まったく重要でない」の配点で平均値を計算しているため，平均値が3未満の

図表 3-12　経営に関して行っているもの × BCP 策定の有無（中小企業）

経営に関する事項	策定・非策定	度数	平均値	標準偏差	
企業理念の策定	策定	259	0.79	0.41	***
	非策定	1,337	0.66	0.47	
中期計画の策定	策定	259	0.63	0.48	***
	非策定	1,337	0.51	0.50	
長期計画の策定	策定	259	0.15	0.36	*
	非策定	1,337	0.11	0.31	
企業の社会的責任に関する方針の策定	策定	259	0.37	0.48	***
	非策定	1,337	0.20	0.40	
CSR 報告書の発行	策定	259	0.13	0.33	***
	非策定	1,337	0.03	0.17	
NPO・NGO との連携	策定	259	0.03	0.16	
	非策定	1,337	0.02	0.13	
CSR 担当部署の設置	策定	259	0.11	0.31	***
	非策定	1,337	0.03	0.16	
社会貢献活動，従業員の活動支援	策定	259	0.32	0.47	***
	非策定	1,337	0.21	0.41	
情報セキュリティに関する体制整備	策定	259	0.44	0.50	***
	非策定	1,337	0.25	0.43	
将来の幹部経営者・後継者の育成	策定	259	0.40	0.49	
	非策定	1,337	0.37	0.48	
上記の中に当てはまるものはない	策定	259	0.03	0.16	***
	非策定	1,337	0.10	0.30	

（注1）　1：当てはまる　0：当てはまらない　の配点で平均値を計算している。
（注2）　*** 1 %，** 5 %，* 10%　で有意な差がある項目。

場合に質問に対して強く同意する傾向にあるとみることができる。

　大企業と中小企業を比較した場合では，中小企業は大企業に比べて，「社長の多様なネットワーク」，「復旧と事業継続のために必要な資金調達」を重視していることがわかる。中小企業の場合，人的，資金的なリソースが少ないため，自前ですべてを調達することが難しい。そのため，社長のネットワークを使って同業他社との連携を模索している企業などが当てはまるものと思われる。

図表3-13 大企業・中小企業別の経営者が重要と思う程度

重要レベル	大企業・中小企業	度数	平均値	標準偏差	
トップのリーダーシップ	大企業	397	1.39	0.64	
	中小企業	1,729	1.40	0.67	
社長の多様なネットワーク	大企業	397	2.13	0.87	***
	中小企業	1,721	1.99	0.88	
ITの活用	大企業	397	2.00	0.81	***
	中小企業	1,721	2.24	0.87	
取引先，及び地域の事業者や行政との日頃の連携・協力関係	大企業	397	1.85	0.79	*
	中小企業	1,726	1.93	0.85	
復旧と事業継続のために必要な資金調達	大企業	397	2.23	0.94	**
	中小企業	1,721	2.13	0.92	
リスクに対応できる人材の育成	大企業	397	1.81	0.73	**
	中小企業	1,725	1.92	0.79	
リスクを想定した平時の訓練	大企業	397	2.05	0.81	***
	中小企業	1,722	2.35	0.82	
危機に際し，機敏に対応できる組織	大企業	396	1.80	0.77	***
	中小企業	1,724	1.97	0.79	
危機対応をマニュアル化し，社内で認識を共有すること	大企業	397	1.89	0.78	***
	中小企業	1,723	2.13	0.83	

（注1）1：非常に重要　2：相応に重要　3：多少重要　4：あまり重要でない　5：まったく重要でない　の配点で平均値を計算している。
（注2）***1%，**5%，*10%　で有意な差がある項目。

　次に，BCP策定の有無でみた場合（**図表3-14**），BCPを策定している企業の方が，「ITの活用」，「取引先，及び地域の事業者や行政との日頃の連携・協力関係」，「リスクに対応できる人材の育成」，「リスクを想定した平時の訓練」，「危機に際し，機敏に対応できる組織」，「危機対応をマニュアル化し，社内で認識を共有すること」の項目を重要であると考えている割合が高い。このことから，BCP策定企業は，ITの活用や地域との連携関係を重視していることがわかる。たとえば，データのバックアップ，安否確認システムの有効活用などにつながっているものと思われる。また，BCPの効果を増すためには，地域との連携が重要であることを認識している可能性がある。またリスクマネジメ

図表 3 -14　**経営者が重要と思う程度と BCP 策定の有無**

重要レベル	策定・非策定	度数	平均値	標準偏差	
トップのリーダーシップ	策定	441	1.36	0.64	
	非策定	1,532	1.41	0.66	
社長の多様なネットワーク	策定	441	2.03	0.87	
	非策定	1,525	2.01	0.87	
IT の活用	策定	440	2.03	0.82	***
	非策定	1,527	2.23	0.87	
取引先，及び地域の事業者や行政との日頃の連携・協力関係	策定	441	1.77	0.80	***
	非策定	1,531	1.95	0.84	
復旧と事業継続のために必要な資金調達	策定	440	2.11	0.94	
	非策定	1,527	2.15	0.92	
リスクに対応できる人材の育成	策定	441	1.76	0.77	***
	非策定	1,530	1.94	0.78	
リスクを想定した平時の訓練	策定	440	1.98	0.81	***
	非策定	1,529	2.39	0.80	
危機に際し，機敏に対応できる組織	策定	441	1.73	0.76	***
	非策定	1,529	2.00	0.79	
危機対応をマニュアル化し，社内で認識を共有すること	策定	441	1.84	0.78	***
	非策定	1,529	2.16	0.83	

(注1)　1：非常に重要　2：相応に重要　3：多少重要　4：あまり重要でない　5：まったく重要
　　　　でない　の配点で平均値を計算している。
(注2)　*** 1 %，** 5 %，* 10%　で有意な差がある項目。

ントに関する人材育成や組織づくりの認識の高さも BCP の策定につながって
いることがわかる。

4 リスクマネジメント方針と BCP 策定状況

　経営者が重要と思うリスクマネジメントのポイントと BCP 策定の関連を大
企業，中小企業別にみた場合（**図表 3 -15，図表 3 -16**），中小企業では IT の
活用や地域連携と BCP の関係が強いことがわかる。組織が複雑な大企業では
リスクマネジメントにトップのリーダーシップやネットワークが重要とした上

図表 3 -15　経営者が重要と思う程度と BCP 策定の有無（大企業）

重要レベル	策定・非策定	度数	平均値	標準偏差	
トップのリーダーシップ	策定	182	1.30	0.54	**
	非策定	194	1.46	0.71	
社長の多様なネットワーク	策定	182	2.04	0.81	*
	非策定	194	2.20	0.91	
IT の活用	策定	182	1.92	0.75	*
	非策定	194	2.08	0.86	
取引先，及び地域の事業者や行政との日頃の連携・協力関係	策定	182	1.75	0.76	**
	非策定	194	1.93	0.83	
復旧と事業継続のために必要な資金調達	策定	182	2.17	0.97	
	非策定	194	2.26	0.93	
リスクに対応できる人材の育成	策定	182	1.68	0.70	***
	非策定	194	1.94	0.75	
リスクを想定した平時の訓練	策定	182	1.83	0.75	***
	非策定	194	2.26	0.81	
危機に際し，機敏に対応できる組織	策定	182	1.66	0.72	***
	非策定	193	1.94	0.79	
危機対応をマニュアル化し，社内で認識を共有すること	策定	182	1.75	0.71	***
	非策定	194	2.04	0.82	

（注 1 ）　1 ：非常に重要　2 ：相応に重要　3 ：多少重要　4 ：あまり重要でない　5 ：まったく重要でない　の配点で平均値を計算している。
（注 2 ）　*** 1 %，** 5 %，* 10%　で有意な差がある項目。

で BCP を兼ね備えておくことにも意識が向かうが，中小企業ではいざというときには経営者のリーダーシップが重要と考えていれば，BCP を策定している企業と策定しない企業の間に有意な差はない。さらに，「復旧と事業継続のために必要な資金調達」については，大企業，中小企業ともに策定との関係がみられなかった。

　リスクマネジメントに関する経営者のマインドについて（Q 2 - 4 ），大企業・中小企業の違いをみると（**図表 3 -17**），強い同意を示す平均値が 2 点台以下の項目として，「リスクマネジメントが平時の経営効率化にも良い影響を与える」，「危機への対応は日頃の適切なマネジメントを通じて達成できる」があ

図表 3 -16　経営者が重要と思う程度と BCP 策定の有無（中小企業）

重要レベル	策定・非策定	度数	平均値	標準偏差	
トップのリーダーシップ	策定	259	1.41	0.71	
	非策定	1,338	1.40	0.65	
社長の多様なネットワーク	策定	259	2.02	0.92	
	非策定	1,331	1.98	0.86	
IT の活用	策定	258	2.11	0.86	**
	非策定	1,333	2.26	0.87	
取引先，及び地域の事業者や行政との日頃の連携・協力関係	策定	259	1.78	0.82	***
	非策定	1,337	1.96	0.84	
復旧と事業継続のために必要な資金調達	策定	258	2.06	0.91	
	非策定	1,333	2.14	0.91	
リスクに対応できる人材の育成	策定	259	1.82	0.81	**
	非策定	1,336	1.94	0.79	
リスクを想定した平時の訓練	策定	258	2.08	0.84	***
	非策定	1,335	2.41	0.80	
危機に際し，機敏に対応できる組織	策定	259	1.78	0.79	***
	非策定	1,336	2.01	0.79	
危機対応をマニュアル化し，社内で認識を共有すること	策定	259	1.90	0.81	***
	非策定	1,335	2.18	0.83	

（注 1 ）　1：非常に重要　2：相応に重要　3：多少重要　4：あまり重要でない　5：まったく重要でない　の配点で平均値を計算している。
（注 2 ）　*** 1 %，** 5 %，* 10%　で有意な差がある項目。

げられる。大企業，中小企業ともにリスクマネジメントを考えることが平時にも効果があると認識していることがわかる。次に，「リスクは予測できない」は中小企業のみ 2 点台となっており，中小企業はリスク予想に限界を感じているようである。一方で，「大きな危機の場合は自社だけでは対応できない」については，大企業，中小企業ともに 2 点台となっている。この結果から，大企業の場合，一定程度のリスクまではコントロールが可能であるが，それを超える災害などには中小企業と同様にコントロールが不可能であると認識していると解釈できる。首都直下地震，南海トラフ地震などによる巨大災害が発生した場合については，大企業自身も自社単位でのコントロールが困難であると考え

図表 3-17 大企業・中小企業別のリスクマネジメントに関して経営者が同意できる程度

同意レベル	大企業・中小企業	度数	平均値	標準偏差	
リスクは予測できない	大企業	393	3.12	1.03	***
	中小企業	1,703	2.89	1.04	
発生確率が低いリスクへの対応は重要でない	大企業	392	4.05	0.76	***
	中小企業	1,700	3.71	0.89	
リスクマネジメントが平時の経営効率化にも良い影響を与える	大企業	393	2.57	0.85	***
	中小企業	1,696	2.73	0.85	
危機の対策を計画することは不可能である	大企業	392	4.05	0.76	***
	中小企業	1,691	3.81	0.83	
ビジネスの経験が豊富なのでリスクマネジメントは必要ない	大企業	394	4.55	0.59	***
	中小企業	1,697	4.33	0.70	
危機への対応は日頃の適切なリスクマネジメントを通じて達成できる	大企業	394	2.62	0.91	***
	中小企業	1,694	2.90	0.92	
防災対策は十分であり、壊滅的な被害後の事業継続まで考える必要はない	大企業	394	4.24	0.70	***
	中小企業	1,696	4.13	0.75	
計画はなくても，十分対応できる企業の規模である	大企業	394	4.27	0.65	***
	中小企業	1,694	4.07	0.78	
大きな危機の場合は自社だけでは対応できない	大企業	394	2.30	0.96	
	中小企業	1,696	2.36	0.96	
災害などで大きな被害を受けた場合は無理して事業は続けない	大企業	394	3.92	0.94	***
	中小企業	1,694	3.73	0.95	
リスクを取らないとリターンは得られない	大企業	392	3.45	0.86	**
	中小企業	1,691	3.34	0.90	

（注1） 1：非常に強く同意　2：強く同意　3：同意できる　4：あまり思わない　5：まったく思わない　の配点で平均値を計算している。
（注2） ***1％，**5％，*10％　で有意な差がある項目。

ていることが示されている。

　また，中小企業では大企業に比べ，「災害などで大きな被害を受けた場合は無理して事業は続けない」と考えている企業が多い。また，大企業に比べ，「計画はなくても，十分対応できる企業の規模である」と考えている企業も多い。中小企業で，社長が指示すれば全体を動かせる規模の場合，計画を作成し

て組織立った動きをしなくても対応が可能であると考えている可能性がある。
BCP をどこまで作り込む必要があるのか，柔軟な対応をどこまで許容するの
かという議論につながる結果である。

　BCP 策定の違いから，リスクマネジメントに関する経営者のマインドをみ
てみよう（**図表 3 -18**）。「リスクを取らないとリターンは得られない」を除き
BCP 策定企業と非策定企業の間ですべて有意な差がある。BCP 策定企業では，

図表 3 -18　**BCP 策定の有無とリスクマネジメントに関して経営者が同意できる程度**

同意レベル	策定・非策定	度数	平均値	標準偏差	
リスクは予測できない	策定	436	3.13	1.07	***
	非策定	1,511	2.87	1.03	
発生確率が低いリスクへの対応は重要でない	策定	435	4.07	0.85	***
	非策定	1,510	3.69	0.86	
リスクマネジメントが平時の経営効率化にも良い影響を与える	策定	434	2.51	0.89	***
	非策定	1,508	2.75	0.83	
危機の対策を計画することは不可能である	策定	434	4.10	0.82	***
	非策定	1,504	3.79	0.81	
ビジネスの経験が豊富なのでリスクマネジメントは必要ない	策定	436	4.54	0.68	***
	非策定	1,511	4.34	0.67	
危機への対応は日頃の適切なリスクマネジメントを通じて達成できる	策定	436	2.64	0.99	***
	非策定	1,507	2.91	0.90	
防災対策は十分であり、壊滅的な被害後の事業継続まで考える必要はない	策定	435	4.26	0.75	***
	非策定	1,511	4.13	0.72	
計画はなくても，十分対応できる企業の規模である	策定	435	4.28	0.71	***
	非策定	1,508	4.07	0.76	
大きな危機の場合は自社だけでは対応できない	策定	435	2.24	0.94	**
	非策定	1,510	2.37	0.96	
災害などで大きな被害を受けた場合は無理して事業は続けない	策定	436	3.91	0.98	***
	非策定	1,509	3.73	0.93	
リスクを取らないとリターンは得られない	策定	435	3.38	0.89	
	非策定	1,505	3.36	0.89	

（注1）　1：非常に強く同意　2：強く同意　3：同意できる　4：あまり思わない　5：まったく思わない　の配点で平均値を計算している。
（注2）　*** 1 %，** 5 %，* 10%　で有意な差がある項目。

「リスクは予測できない」と回答した企業の比率が低い。BCP の策定を通じて
リスクへの予見可能性が高まると認識している企業が多いと考えられる。さら
に，「平時の経営効率化にも良い影響を与える」と回答している企業が多い。
災害時の被害軽減など有事の効果のみでは，対策が実施しにくい状況にあって
も，経営効率化といった平時の効果についても認識することで，より柔軟な対
策を実施できる環境につながっている。BCP がもたらすプラスの効果とみる
ことができる。

5 企業規模からみた BCP 策定の状況

　BCP 策定理由（Q 3 -12）を大企業・中小企業別にみたのが**図表 3 -19**である。
大企業，中小企業とも平均が50％以上の項目は，「自社の被災軽減」と「企業
の社会的責任，社会貢献」となった。大企業の策定理由が中小企業より有意に
高い項目は「過去の被災経験」，「自社の被災軽減」，「マネジメントの向上」，
「企業の社会的責任，社会貢献」である。

　BCP が有効であると考える点（Q 3 -17）についてみてみよう（**図表 3 -20**）。
全体の水準でみた場合，「強く感じる」の 2 点台以上は「防災対策になる」，
「事業継続が出来る」という直接的な理由があげられている。一方で，「補助金
が獲得しやすくなる」，「公共事業の受注に有利になる」，「公的融資，保証が受
けやすくなる」は 4 点前後（あまり感じない）で，全体的には有効性を強く感
じていない。さらに「金融機関からの信頼性が増す」も 3 点台後半であり，金
融機関とのつながりが明確にはなっていない。

　大企業と中小企業の差をみた場合，大企業は，CSR，株主からの評価，内部
管理などの要因が大きいのに対して，中小企業は，補助金，金融機関からの信
頼性，資金繰りなどの実利的な要因が多い。大企業と中小企業では有効性の認
識に違いがある。BCP の策定支援については考慮すべき点であると考えられる。

　次に策定しない要因（Q 3 - 3 ）についてみると（**図表 3 -21**），まず，全体
の水準としては，「法令や規則等の要請がない」，「取引先からの要請がない」
といった項目の値が高い。さらに「金融機関からの要請がない」という項目も
高く，今後，金融機関が BCP の策定に積極的に関与するようになれば改善の

図表3-19　大企業・中小企業別の BCP の策定理由

策定理由	大企業・中小企業	度数	平均値	標準偏差	
過去の被災経験	大企業	270	0.36	0.48	***
	中小企業	545	0.19	0.39	
自社の被災軽減	大企業	270	0.64	0.48	***
	中小企業	545	0.50	0.50	
イメージの向上	大企業	270	0.08	0.27	
	中小企業	545	0.10	0.29	
他社の被災事例を見て影響を受けた	大企業	270	0.12	0.33	
	中小企業	545	0.16	0.37	
マネジメントの向上	大企業	270	0.38	0.49	**
	中小企業	545	0.30	0.46	
企業の社会的責任，社会貢献	大企業	270	0.67	0.47	***
	中小企業	545	0.53	0.50	
借入条件や保証料などが有利になる	大企業	270	0.01	0.11	
	中小企業	545	0.02	0.14	
入札条件に入っているなどのインセンティブ	大企業	270	0.08	0.27	
	中小企業	545	0.07	0.25	
社外からの要請	大企業	270	0.20	0.40	
	中小企業	545	0.19	0.39	
その他	大企業	270	0.05	0.21	
	中小企業	545	0.06	0.24	

(注1)　1：当てはまる　0：当てはまらない　の配点で平均値を計算している。
(注2)　*** 1 %，** 5 %，* 10%　で有意な差がある項目。

余地があることになる。また，「策定する人手を確保できない」，「策定に必要なスキル・ノウハウがない」との回答も高い。「策定する人手を確保できない」については，大企業と中小企業の間に差がないことから，大企業，中小企業を問わず外部からの支援が必要だと考えられる。

　大企業と中小企業を比較した場合，中小企業が大企業に比べて策定しない理由として多いのは，「取引先からの要請がない」，「金融機関からの要請がない」，「内容や必要性について外部からの説明を受けたことがない」，「策定費用が確保できない」，「策定に必要なスキル・ノウハウがない」，「策定に際して相談す

図表 3 -20 大企業・中小企業別の BCP の有効性

BCP の有効性	大企業・中小企業	度数	平均値	標準偏差	
防災対策になる	大企業	277	1.92	0.86	***
	中小企業	609	2.16	0.91	
事業継続が出来る	大企業	276	2.07	0.90	***
	中小企業	610	2.27	0.92	
補助金などが獲得しやすくなる	大企業	262	4.04	0.78	***
	中小企業	601	3.74	0.92	
公共事業の受注に有利になる	大企業	261	3.99	0.94	
	中小企業	597	3.93	0.98	
公的融資，保証が受けやすくなる	大企業	263	4.06	0.80	***
	中小企業	596	3.86	0.92	
金融機関からの信頼性が増す	大企業	263	3.73	0.90	**
	中小企業	603	3.56	0.99	
資金繰りが好転する	大企業	260	4.10	0.79	**
	中小企業	598	3.96	0.86	
取引先の信頼が厚くなる	大企業	269	3.07	1.01	
	中小企業	607	3.07	0.98	
取引先が拡大する	大企業	265	3.82	0.86	
	中小企業	602	3.72	0.91	
売上高や利益が増加する	大企業	264	4.01	0.80	
	中小企業	603	3.92	0.84	
業務が効率化する	大企業	266	3.56	0.92	
	中小企業	604	3.63	0.92	
内部管理が向上する	大企業	272	2.96	0.89	***
	中小企業	603	3.14	0.90	
経営者が会社全体の状況を把握しやすくなる	大企業	263	3.14	0.89	
	中小企業	605	3.16	0.95	
従業員の間の信頼関係が良くなる	大企業	265	3.32	0.83	
	中小企業	605	3.38	0.90	
無形資産として重要	大企業	264	3.34	0.90	*
	中小企業	598	3.47	0.94	
投資家への情報提供にとってプラス	大企業	264	3.64	0.98	***
	中小企業	591	4.00	0.93	
株主からの評価が向上する	大企業	263	3.52	1.03	***
	中小企業	590	3.85	0.97	
CSR としてレピュテーションが向上する	大企業	263	3.33	1.01	***
	中小企業	589	3.63	0.97	

（注1） 1：非常に強く感じる　2：強く感じる　3：相応に感じる　4：あまり感じない　5：まったく感じない　の配点で平均値を計算している。

（注2）***1 %，**5 %，*10%　で有意な差がある項目。

図表 3 -21　大企業・中小企業別の BCP を策定しない理由

策定しない理由	大企業・中小企業	度数	平均値	標準偏差	
法令や規則等の要請がない	大企業	92	0.39	0.49	
	中小企業	928	0.45	0.50	
取引先からの要請がない	大企業	92	0.27	0.45	***
	中小企業	928	0.43	0.50	
金融機関からの要請がない	大企業	92	0.23	0.42	***
	中小企業	928	0.39	0.49	
内容や必要性について外部からの説明を受けたことがない	大企業	92	0.25	0.44	**
	中小企業	928	0.38	0.48	
国や地方自治体の入札要件にない	大企業	92	0.09	0.28	
	中小企業	928	0.14	0.34	
保証料や金利の引き下げなどのインセンティブ制度がない	大企業	92	0.07	0.25	
	中小企業	928	0.11	0.31	
経営層が BCP の重要性を認識していない	大企業	92	0.17	0.38	
	中小企業	928	0.22	0.41	
既に行っている防災措置の規模を超える災害が発生すると思わない	大企業	92	0.04	0.21	
	中小企業	928	0.04	0.19	
企業の収益向上に効果が期待できない	大企業	92	0.11	0.31	
	中小企業	928	0.13	0.34	
企業のマネジメントに効果が期待できない	大企業	92	0.07	0.25	
	中小企業	928	0.08	0.27	
策定費用が確保できない	大企業	92	0.09	0.28	**
	中小企業	928	0.15	0.36	
策定する人手を確保できない	大企業	92	0.32	0.47	
	中小企業	928	0.37	0.48	
策定に必要なスキル・ノウハウがない	大企業	92	0.43	0.50	*
	中小企業	928	0.53	0.50	
策定に際して相談する先（地方自治体，商工会議所）が分からない	大企業	92	0.05	0.23	***
	中小企業	928	0.15	0.35	
策定に際して相談する先（コンサルティング企業等）が分からない	大企業	92	0.04	0.21	***
	中小企業	928	0.12	0.33	
効果が定量的に測れない	大企業	92	0.28	0.45	
	中小企業	928	0.25	0.43	
危機の対応は社長の頭にすべて入っており、あえて BCP を策定する必要がない	大企業	92	0.01	0.10	**
	中小企業	928	0.04	0.20	
BCP 以外の方法で対応できる	大企業	92	0.14	0.35	**
	中小企業	928	0.06	0.23	
策定しても，実施する余裕がない	大企業	92	0.13	0.34	**
	中小企業	928	0.21	0.41	
災害などで大きな被害を受けた場合は，無理して事業を続けるつもりはない	大企業	92	0.01	0.10	***
	中小企業	928	0.06	0.24	

（注 1）　1：当てはまる　0：当てはまらない　の配点で平均値を計算している。

（注 2）　*** 1 %，** 5 %，*10%　で有意な差がある項目。

る先（地方自治体，商工会議所）が分からない」，「策定に際して相談する先（コンサルティング企業等）が分からない」，「危機の対応は社長の頭にすべて入っており，あえてBCPを策定する必要がない」，「策定しても，実施する余裕がない」，「災害などで大きな被害を受けた場合は，無理して事業を続けるつもりはない」で，これらには有意な差がある。大企業が策定しない理由としては「BCP以外の方法で対応できる」があげられている。

中小企業は費用やスキルの面，さらに策定しても運用する余裕がない状況にあり，より手厚い支援が必要になると考えられる。加えて，中小企業では余裕がないという要因も大きいが，「災害などで大きな被害を受けた場合は，無理して事業を続けるつもりはない」との回答が，中小企業の実態を表している面もあり[3]，BCPの普及の際には考慮すべき事項と思われる。

BCPの実施状況（Q3-5）について，大企業・中小企業別にみたのが**図表3-22**である。大企業の方が全般的に対策は実施されているが，「BCPが経営理念の中にうたわれている」，「財務的リスクを把握している」，「金融機関と有事の対応について話し合っている」，「保険など金銭面での対応を実施している」，「地域における協力体制がある」の5項目では両者の間で差がない。大企業においてもファイナンス面での対応は必ずしも十分でない可能性がある。

6 おわりに

本章では，企業経営とBCPの関係をみてきたが，BCPを継続的に開示している企業はBCPのレベルが高いことが明らかになった。継続的な開示はBCPを進めていく上で企業としての方向性を示していると考えられる。また，BCPの策定と「オンリーワンのブランド力」，「オンリーワンの技術力」といった企業の競争優位の要因には，つながりがあることがわかった。さらに経営者のマインドとBCPの関係から，BCP策定企業は，リスクの予測可能性（への認識）が高く，平時についてもプラスの影響を意識していることが示された。このことはBCPを災害対応などのレベルにとどまらず，経営戦略とも結びつけて議論する必要性を示している。小規模企業にとって，事業継続の対策を進めるより，従来からなじみが深い防災対策を促進する方が容易であると考えられるが，

図表 3 -22　大企業・中小企業別の策定した BCP の内容および，実施状況

BCP への実施内容	大企業・中小企業	度数	平均値	標準偏差	
事業継続に関する方針をもっている	大企業	245	0.80	0.40	***
	中小企業	490	0.59	0.49	
BCP が経営理念の中にうたわれている	大企業	245	0.11	0.31	
	中小企業	490	0.10	0.30	
自社の重要業務を特定している	大企業	245	0.65	0.48	***
	中小企業	490	0.50	0.50	
目標復旧時間を設定している	大企業	245	0.51	0.50	***
	中小企業	490	0.23	0.42	
事業継続戦略・対策を有している	大企業	245	0.42	0.50	***
	中小企業	490	0.28	0.45	
対応の体制と対応手順が策定されている	大企業	245	0.66	0.48	***
	中小企業	490	0.42	0.49	
事業継続に関して見直し・改善を行う仕組みがある	大企業	245	0.50	0.50	***
	中小企業	490	0.32	0.47	
教育・訓練の計画を有している	大企業	245	0.53	0.50	***
	中小企業	490	0.39	0.49	
事前対策が具体的に実施されている	大企業	245	0.32	0.47	***
	中小企業	490	0.18	0.39	
代替戦略をもっている（現地復旧が困難な場合について検討しているなど）	大企業	245	0.32	0.47	***
	中小企業	490	0.17	0.38	
事業継続に関する訓練を実施している	大企業	245	0.42	0.49	***
	中小企業	490	0.20	0.40	
訓練による見直しが行われている	大企業	245	0.39	0.49	***
	中小企業	490	0.18	0.38	
経営者が策定・見直しに関与している	大企業	245	0.54	0.50	*
	中小企業	490	0.47	0.50	
財務的リスクを把握している	大企業	245	0.16	0.37	
	中小企業	490	0.18	0.39	
金融機関と有事の対応について話し合っている	大企業	245	0.08	0.27	
	中小企業	490	0.07	0.25	
保険など金銭面での対応を実施している	大企業	245	0.18	0.38	
	中小企業	490	0.23	0.42	
BCP が全社レベルで行われている	大企業	245	0.37	0.48	***
	中小企業	490	0.19	0.39	
取引先に BCP を要求している	大企業	245	0.09	0.28	***
	中小企業	490	0.03	0.16	
地域における協力体制がある	大企業	245	0.12	0.33	
	中小企業	490	0.14	0.34	

（注1）　1：当てはまる　0：当てはまらない　の配点で平均値を計算している。
（注2）　*** 1 %，** 5 %，*10%　で有意な差がある項目。

次の段階として経営戦略へ進める必要性が示されている。

　BCP が有効と考えられる要因として，大企業では，CSR，株主からの評価，内部管理などの要因が大きいのに対して，中小企業では，補助金，金融機関からの信頼性，資金繰りなどの実利的な要因が多い。大企業と中小企業では有効性の認識に違いがあるため，策定支援を効果的に進めるためには，やみくもに BCP の策定支援を進めるのではなく，こうした点を考慮すべきであると考えられる。

◉注

1　図表2-1で，「既に策定している」を策定とし，それ以外（策定中，策定を予定しているを含む）を非策定としている。
2　従業員数，株式公開状況，業種，自己資本比率をコントロールした場合においても，「オンリーワンのブランド力」は1％水準で，「オンリーワンの技術力」，「大手サプライチェーンに属する」は10％水準で，それぞれ同様の結果である。
3　同様の考えとして，跡継ぎがいないので，廃業を検討したい企業などがあげられる。

◉参考文献

野田健太郎・浜口伸明・家森信善［2019］「事業継続計画（BCP）に関する企業意識調査の結果と考察」RIETI Policy Discussion Paper Series 19-P-007。
RIETI［2017］調査委託依頼書「人口減少下における地域経済の安定的発展の研究」。

第4章

ステークホルダーとの連携による
BCP の発展可能性

　本章ではさまざまなステークホルダーとの関係をみることで，BCP のレベル向上につながる要因についてみていきたい。

1 BCP に関する外部要請先

　BCP の策定要因やレベルは外部との関係性が大きく影響していると思われる。策定の要請などがある環境下に置かれている企業の方が策定を進める可能性が高い。**図表4-1**はステークホルダーからの策定や改善の要請（Q3-13）と BCP 策定の関係をみたものである。BCP の策定状況については，策定済み企業と策定中・策定予定企業の2つに分類した。株主からの要請がある企業ほどBCP を策定している。一方で，取引金融機関（メインバンク），顧問税理士から要請がある企業では，BCP 策定中・策定予定の企業が多い。株主からの要請が策定につながっていることは示された。一方で，取引金融機関（メインバンク），顧問税理士については，BCP 策定の要請を行っている段階で，策定には至っていない企業が多い[1]。

　次に BCP のレベルとの関係をみたものが**図表4-2**である。取引先（契約条件に入っている），取引先（一般的な要請），保険会社，業界団体や商工会議所などの経済団体からの要請がある企業の方が BCP のレベルが高い結果となった。取引先からのプレッシャーは BCP のレベルとつながりがある。なかでも契約条件に入っている企業の方が，一般的な要請を受けているだけの企業に比べ，より明確な結果となっている。契約条件に入っていることにより，より強いプレッシャーになっているものと思われる。外国の企業からは契約内容への反映や詳細なアンケートの依頼が多いと言われており，この部分に該当すると

図表 4-1　BCP に関してステークホルダーからの策定や改善の要請と BCP 策定の状況

要請先	策定状況	度数	平均値	標準偏差	
取引先（契約条件に入っている）	策定	424	0.06	0.24	
	策定中・策定予定	372	0.06	0.23	
取引先（一般的な要請）	策定	424	0.26	0.44	
	策定中・策定予定	372	0.22	0.41	
取引金融機関（メインバンク）	策定	424	0.02	0.15	**
	策定中・策定予定	372	0.06	0.23	
取引金融機関（メインバンク以外）	策定	424	0.01	0.12	
	策定中・策定予定	372	0.01	0.10	
株主	策定	424	0.13	0.34	***
	策定中・策定予定	372	0.07	0.26	
保険会社	策定	424	0.01	0.10	
	策定中・策定予定	372	0.02	0.13	
業界団体や商工会議所などの経済団体	策定	424	0.05	0.22	
	策定中・策定予定	372	0.04	0.19	
顧問税理士	策定	424	0.01	0.08	**
	策定中・策定予定	372	0.03	0.16	
公認会計士	策定	424	0.01	0.08	
	策定中・策定予定	372	0.01	0.09	
中小企業診断士	策定	424	0.00	0.00	
	策定中・策定予定	372	0.01	0.07	
自治体	策定	424	0.04	0.21	
	策定中・策定予定	372	0.04	0.20	
地域のコミュニティ	策定	424	0.01	0.10	
	策定中・策定予定	372	0.00	0.05	
その他	策定	424	0.05	0.23	
	策定中・策定予定	372	0.04	0.20	
外部から要請を受けたことはない	策定	424	0.47	0.50	*
	策定中・策定予定	372	0.53	0.50	

（注1）1：要請あり　0：要請なし　の配点で平均値を計算している。
（注2）***1％，**5％，*10％　で有意な差がある項目。

図表 4 - 2　BCP に関してステークホルダーからの策定や改善の要請と BCP のレベル

要請先	有・無	度数	平均値	標準偏差	
取引先（契約条件に入っている）	有	26	9.69	4.39	***
	無	398	6.78	4.25	
取引先（一般的な要請）	有	109	7.83	4.50	**
	無	315	6.65	4.20	
取引金融機関（メインバンク）	有	10	6.50	4.97	
	無	414	6.97	4.30	
取引金融機関（メインバンク以外）	有	6	7.00	6.32	
	無	418	6.95	4.28	
株主	有	55	6.76	4.56	
	無	369	6.98	4.27	
保険会社	有	4	11.25	5.85	**
	無	420	6.91	4.28	
業界団体や商工会議所などの経済団体	有	21	8.86	5.15	**
	無	403	6.86	4.24	
顧問税理士	有	3	5.67	1.53	
	無	421	6.96	4.32	
公認会計士	有	3	10.33	4.04	
	無	421	6.93	4.30	
中小企業診断士	有	0	N.A.	N.A.	
	無	424	6.96	4.31	
自治体	有	19	8.11	5.76	
	無	405	6.90	4.23	
地域のコミュニティ	有	4	6.50	5.07	
	無	420	6.96	4.31	
その他	有	23	5.83	4.24	
	無	401	7.02	4.31	

（注）*** 1 %，** 5 %，* 10%　で有意な差がある項目。

推測される。

　BCP のレベルについては，業界団体や商工会議所などの経済団体の効果が認められた。策定については有意な差はみられなかった一方で，レベルについては，これまでの策定支援が一定の効果をあげていることが考えられる。策定までたどり着いた企業に対しては，支援事業の有効性があると解釈できる。

2 BCP に関する連携先

　さらに，BCP に関して連携を図っている先をみていきたい。BCP に関する連携・相談先は**図表4-3**のとおりで（Q3-15），親会社（174社），取引先（111社），同業者（95社）が多い。

　次に**図表4-4**は，BCP に関して連携を図っている先と BCP 策定の状況をみたものである。BCP 策定企業と策定中・策定予定企業の2つに分類した。親会社，自治体，コンサルティング会社，認証機関と相談している企業の方が策定率が有意に高い。一方で，商工会議所などの経済団体，税理士・公認会計士・中小企業診断士等と連携していると答えている企業では，策定率が有意に

図表4-3　BCP に関する連携・相談先

連携・相談先	社数
親会社	174
金融機関	61
保険会社	65
自治体	53
商工会議所など経済団体	53
同業者	95
取引先	111
地域コミュニティ	15
コンサルティング会社	93
認証機関	37
税理士・公認会計士・中小企業診断士等	61
NPO	3
その他	97

図表 4 - 4　BCP に関して連携を図っている先と BCP 策定の状況

連携先	策定状況	度数	平均値	標準偏差	
親会社	策定	359	0.30	0.46	*
	策定中・策定予定	296	0.23	0.42	
金融機関	策定	359	0.08	0.27	
	策定中・策定予定	296	0.11	0.32	
保険会社	策定	359	0.08	0.28	
	策定中・策定予定	296	0.12	0.32	
自治体	策定	359	0.10	0.30	*
	策定中・策定予定	296	0.06	0.24	
商工会議所など経済団体	策定	359	0.05	0.22	***
	策定中・策定予定	296	0.11	0.32	
同業者	策定	359	0.15	0.36	
	策定中・策定予定	296	0.14	0.34	
取引先	策定	359	0.19	0.39	
	策定中・策定予定	296	0.15	0.35	
地域コミュニティ	策定	359	0.03	0.16	
	策定中・策定予定	296	0.02	0.13	
コンサルティング会社	策定	359	0.17	0.38	**
	策定中・策定予定	296	0.11	0.31	
認証機関	策定	359	0.08	0.27	***
	策定中・策定予定	296	0.03	0.17	
税理士・公認会計士・中小企業診断士等	策定	359	0.04	0.19	***
	策定中・策定予定	296	0.16	0.37	
NPO	策定	359	0.00	0.05	
	策定中・策定予定	296	0.01	0.08	
その他	策定	359	0.13	0.34	
	策定中・策定予定	296	0.17	0.37	

（注 1 ）　1：連携を図っている　0：連携を図っていない　の配点で平均値を計算している。
（注 2 ）　*** 1 %，** 5 %，*10%　で有意な差がある項目。
（注 3 ）　策定の回答者数が359社になっているのは，「策定済み」の453社のうち，94社が本問に無回答であったためである。

低い結果となっている。商工会議所などの経済団体，税理士・公認会計士・中小企業診断士等は，策定にいたらない企業に対し，働きかけを行っている段階と考えられ，こうした機関の取り組みに向けての機運が生まれてきている可能

性がある。

　図表4-5はBCPに関して連携している先別にBCPレベルの差をみたもの
である。保険会社，自治体，同業者，取引先，コンサルティング会社，認証機
関と相談している企業の方がBCPのレベルが有意に高い。一方で，親会社と

　図表4-5　　BCPに関して連携を図っている先とBCPのレベル

連携先	有・無	度数	平均値	標準偏差	
親会社	有	106	6.44	3.89	**
	無	253	7.46	4.49	
金融機関	有	28	6.43	5.22	
	無	331	7.22	4.27	
保険会社	有	30	9.47	4.56	***
	無	329	6.95	4.27	
自治体	有	35	9.40	4.36	***
	無	324	6.92	4.28	
商工会議所など経済団体	有	19	6.53	4.49	
	無	340	7.19	4.34	
同業者	有	55	8.53	4.60	**
	無	304	6.91	4.26	
取引先	有	68	8.59	4.55	***
	無	291	6.82	4.23	
地域コミュニティ	有	10	9.10	4.46	
	無	349	7.10	4.33	
コンサルティング会社	有	61	8.77	4.90	***
	無	298	6.83	4.15	
認証機関	有	28	8.75	5.23	*
	無	331	7.02	4.24	
税理士・公認会計士・中小企業診断士等	有	13	6.31	3.57	
	無	346	7.19	4.37	
NPO	有	1	11.00	N.A.	
	無	358	7.15	4.35	
その他	有	48	6.67	4.12	
	無	311	7.23	4.38	

（注）*** 1 %，** 5 %，*10%　で有意な差がある項目。

の連携の場合BCPレベルが有意に低い結果となった。BCPのレベルに関しては，同業者，取引先などの影響が大きいとみられる。親会社については，グループ内で調整が図られている可能性が考えられる。自治体については，BCPレベルの向上に効果を発揮していると思われる。

3 サプライチェーンにおける事業継続の課題認識

　次に，サプライチェーンにおける事業継続上の課題についてみた（Q3-18，図表4-6）。全体としては，「取引関係上，BCPを相手に要請することが難しい」（49.0％），「直接の取引先以降に対してBCPを要請することが難しい」（41.4％）を課題としてあげる企業が多い。次いで，32.3％の企業が「同業他社に代替生産を依頼する場合，品質の確保が難しい」を，25.3％の企業が「同業他社に代替生産を依頼すると，秘密・ノウハウが流失する可能性がある」をあげている。

　大企業・中小企業別にみたところ（図表4-7），大企業では直接の取引先以降への働きかけが困難であると考えている。これは東日本大震災で明らかに

図表4-6　サプライチェーンにおける事業継続上の課題

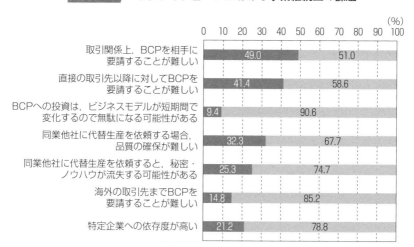

図表 4 - 7　大企業・中小企業別のサプライチェーンにおける事業継続上の課題

サプライチェーンにおける 事業継続上の課題	大企業・ 中小企業	度数	平均値	標準偏差	
取引関係上，BCP を相手に要請する ことが難しい	大企業	225	0.53	0.50	
	中小企業	497	0.47	0.50	
直接の取引先以降に対して BCP を要 請することが難しい	大企業	225	0.56	0.50	***
	中小企業	497	0.35	0.48	
BCP への対応のために投資を行って も，ビジネスモデルが短期間で変化す るので無駄になる可能性がある	大企業	225	0.10	0.30	
	中小企業	497	0.09	0.29	
同業他社に代替生産を依頼する場合， 品質の確保が難しい	大企業	225	0.32	0.47	
	中小企業	497	0.32	0.47	
同業他社に代替生産を依頼すると，秘 密・ノウハウが流失する可能性がある	大企業	225	0.21	0.41	*
	中小企業	497	0.27	0.45	
海外の取引先まで BCP を要請するこ とが難しい	大企業	225	0.17	0.38	
	中小企業	497	0.14	0.35	
特定企業への依存度が高い	大企業	225	0.20	0.40	
	中小企業	497	0.22	0.41	

（注1）　1：当てはまる　0：当てはまらない　の配点で平均値を計算している。
（注2）　*** 1 ％，** 5 ％，* 10％　で有意な差がある項目。

なったサプライチェーンの問題（ダイヤモンド構造：直接の取引先以降の取引
先が重なっていたため，部品の供給がストップした現象）を示していると考え
られる。

　中小企業においては，代替生産時のノウハウの流失を懸念している。同業他
社への代替生産の依頼は中小企業にとって重要な戦略であることから，こうし
た点への懸念を払拭する必要があると考えられる。

　次に策定済みと策定中および策定予定を分けてみた場合，大企業では（**図表
4 - 8**），策定中および策定予定の企業は BCP 策定済みの企業に比べ，「BCP
への対応のために投資を行っても，ビジネスモデルが短期間で変化するので無
駄になる可能性がある」と考えている企業の割合が高い（有意水準までは達し
ていないが）。ビジネスモデルの変化が激しい企業などが BCP の投資に躊躇し
ている可能性が考えられる。

図表4-8　BCP策定状況別サプライチェーンにおける事業継続上の課題（大企業）

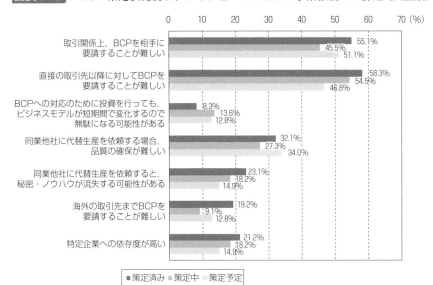

図表4-9　BCP策定状況別サプライチェーンにおける事業継続上の課題（中小企業）

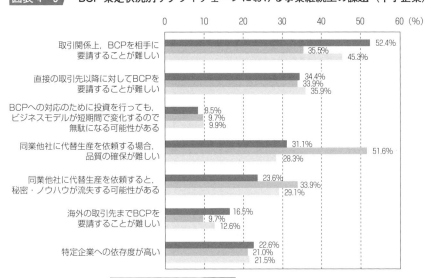

　中小企業においては（**図表4-9**），BCP策定済みの企業は，策定中および策定予定の企業に比べ，「取引関係上，BCPを相手に要請することが難しい」と回答する企業の割合が高い。すなわちBCPを策定しても，サプライチェーンを維持するために相手先との調整を行うことに困難を感じていることが考えられる。逆に，「同業他社に代替生産を依頼すると，秘密・ノウハウが流失する可能性がある」と回答している企業の割合は低い。策定中，策定予定の企業では秘密・ノウハウの流失が策定に向けての足かせになっている可能性がある。さらに，BCP策定済みの企業は，策定中および策定予定の企業に比べ，「海外の取引先までBCPを要請することが難しい」と回答している企業の割合が高い（有意水準までは達していないが）。中小企業でも策定済みの企業は，海外取引まで検討していることが考えられる。

　BCP策定中の企業は「同業他社に代替生産を依頼する場合，品質の確保が難しい」と回答する企業の割合が高い。代替生産における品質確保の問題が策定に向けてのネックになっている可能性が指摘できる。

　効率性の観点が重視されているサプライチェーンマネジメントにおいて，今後，事業継続性の観点を取り入れ，サプライチェーンの再構築を図る必要があるが，そのためには，上記のような課題の克服が必要となろう。

4　地域連携の状況

　地域との連携状況をみると（Q5-1，**図表4-10**），「自治体等が開催する講演会，避難訓練等に参加している」（16.5％），「災害時における協定を締結している」（13.4％），「災害時に物資（資機材や製品・サービス）の提供を行うことにしている」（10.9％），「平常時からの地域に連絡体制がある」（10.5％）が上位に来ている。一方で，「連携していない」が58.5％を占めている。

　従業員数別にみた場合（**図表4-11**），21～50人などの小規模企業には地域連携とBCP策定の有無に明確な関係が見受けられた。大企業と違い，代替拠点が確保しにくい小規模企業にとって，BCPの策定に地域とのつながりは重要であると考えられる。小規模企業が雇用の源泉となっている地域経済にとって，企業の事業継続力をアップすることは重要であり，そのために地域との密接な

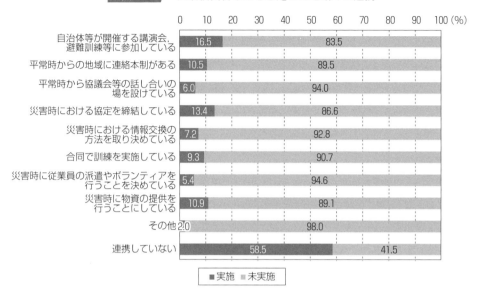

図表 4 -10　大規模災害などを想定した地域での連携

（注）10％水準で有意な項目。20人以下はサンプル数が少ないため除いている。

図表 4 -11　大規模災害などを想定した地域での連携と BCP 策定の有無（従業員数別）

連携している内容	21人〜 50人	51人〜 100人	101人〜 300人	301人〜 1,000人	1,001人 以上
自治体等が開催する講演会，避難訓練等に参加している	+	+			
平常時からの地域に連絡体制がある	+		+		
平常時から協議会等の話し合いの場を設けている	+				
災害時における協定を締結している	+		+		+
災害時における情報交換の方法を取り決めている	+		+		
合同で訓練を実施している	+			+	
災害時に従業員の派遣やボランティアを行うことを決めている			+		
災害時に物資（資機材や製品・サービス）の提供を行うことにしている		+			+
その他	-			-	+
連携していない	-	-	-		

（注）10％水準で有意な項目。20人以下はサンプル数が少ないため除いている。

関係が大切であることがわかる。

　図表４-10で連携している内容があった企業に対して[2]，地域と連携している理由を聞いたところ（Q５-２，**図表４-12**），連携している理由として割合が高い項目は，「地域に協力することで事業継続力が向上する」，「自社の社会貢献活動，CSRのため」があげられている。

　大企業，中小企業別では（**図表４-13**），大企業はCSRの要因，中小企業はリクルートや行政との関係が，より強い理由となっている。

　さらに，地域連携を進めるために必要な点では（Q５-３，**図表４-14**），「自治体や商工会議所の指導」（49.7％），「訓練等のイベントの実施」（35.8％），「地域の状況」（35.7％）が上位となっている。

　大企業，中小企業別に聞いた項目では（**図表４-15**），大企業は訓練実施や地域の情報への要請が強い。一方で，中小企業は自治体・商工会議所の指導，わ

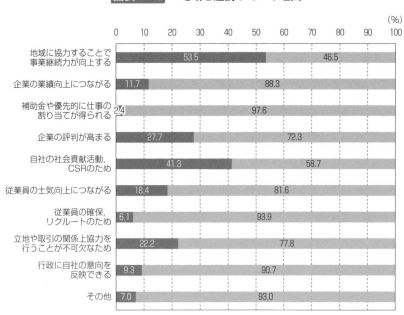

図表 4 -12　地域と連携している理由

項目	あてはまる	あてはまらない
地域に協力することで事業継続力が向上する	53.5	46.5
企業の業績向上につながる	11.7	88.3
補助金や優先的に仕事の割り当てが得られる	2.4	97.6
企業の評判が高まる	27.7	72.3
自社の社会貢献活動，CSRのため	41.3	58.7
従業員の士気向上につながる	18.4	81.6
従業員の確保，リクルートのため	6.1	93.9
立地や取引の関係上協力を行うことが不可欠なため	22.2	77.8
行政に自社の意向を反映できる	9.3	90.7
その他	7.0	93.0

かりやすい目標の設定，人材紹介や金融機関によるインセンティブの付与の要望が強い結果となった。BCPの策定を効果的に進めるためには，こうした要因を踏まえて進めることが重要であろう。

図表4-13　大企業・中小企業別の地域と連携している理由

地域と連携している理由	大企業・中小企業	度数	平均値	標準偏差	
地域に協力することで事業継続力が向上する	大企業	227	0.59	0.49	
	中小企業	577	0.56	0.50	
企業の業績向上につながる	大企業	227	0.09	0.29	
	中小企業	577	0.13	0.34	
補助金や優先的に仕事の割り当てが得られる	大企業	227	0.01	0.11	
	中小企業	577	0.03	0.16	
企業の評判が高まる	大企業	227	0.26	0.44	
	中小企業	577	0.30	0.46	
自社の社会貢献活動，CSRのため	大企業	227	0.55	0.50	***
	中小企業	577	0.41	0.49	
従業員の士気向上につながる	大企業	227	0.17	0.38	
	中小企業	577	0.20	0.40	
従業員の確保，リクルートのため	大企業	227	0.03	0.17	**
	中小企業	577	0.07	0.25	
立地や取引の関係上協力を行うことが不可欠なため	大企業	227	0.21	0.41	
	中小企業	577	0.25	0.44	
行政に自社の意向を反映できる	大企業	227	0.06	0.23	***
	中小企業	577	0.12	0.32	
その他	大企業	227	0.05	0.22	
	中小企業	577	0.03	0.17	

（注1）1：当てはまる　0：当てはまらない　の配点で平均値を計算している。
（注2）*** 1％，** 5％，*10％で有意な差がある項目。

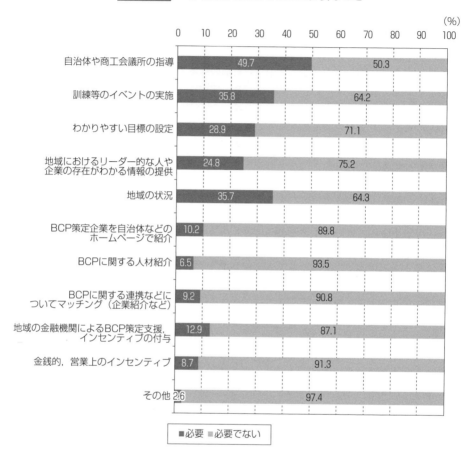

図表 4 -14 地域連携を進めるために必要なこと

図表4-15　**大企業・中小企業別の地域連携を進めるために必要なこと**

地域連携を進めるために必要なこと	大企業・中小企業	度数	平均値	標準偏差	
自治体や商工会議所の指導	大企業	348	0.44	0.50	**
	中小企業	1,401	0.51	0.50	
訓練等のイベントの実施	大企業	348	0.48	0.50	***
	中小企業	1,401	0.33	0.47	
わかりやすい目標の設定	大企業	348	0.24	0.43	**
	中小企業	1,401	0.30	0.46	
地域におけるリーダー的な人や企業の存在がわかる情報（ハザード情報など）の提供	大企業	348	0.28	0.45	
	中小企業	1,401	0.24	0.43	
地域の状況	大企業	348	0.42	0.49	***
	中小企業	1,401	0.34	0.47	
BCP策定企業を自治体などのホームページで紹介	大企業	348	0.10	0.30	
	中小企業	1,401	0.10	0.30	
BCPに関する人材紹介	大企業	348	0.05	0.21	*
	中小企業	1,401	0.07	0.26	
BCPに関する連携などについてマッチング（企業紹介など）	大企業	348	0.07	0.26	
	中小企業	1,401	0.10	0.30	
地域の金融機関によるBCP策定支援，インセテンティブの付与	大企業	348	0.07	0.26	***
	中小企業	1,401	0.14	0.35	
金銭的，営業上のインセテンティブ	大企業	348	0.08	0.28	
	中小企業	1,401	0.09	0.28	
その他	大企業	348	0.01	0.09	***
	中小企業	1,401	0.03	0.17	

（注1）1：当てはまる　0：当てはまらない　の配点で平均値を計算している。
（注2）***1％，**5％，*10％　で有意な差がある項目。

5　企業の投資行動との関係

　次に企業行動と BCP 策定の関係をみることにする。なかでも投資や緊急時の資金確保は重要なポイントである。最初に自然災害への心配が投資額に与える影響（Q2-1）と BCP 策定の関係は以下のとおりである（**図表 4-16**）。BCP を策定している企業（策定済み企業）の方が自然災害への心配が投資額に与える影響が大きい。BCP を策定している企業の方が自然災害への意識が強いため，それが投資行動にも影響していると考えられる。自然災害への心配が投資を抑制しているという意識が明確である企業ほど，BCP を策定する傾向が強まるという逆の因果関係も想定できる。

　次に大企業，中小企業別にみてみると（**図表 4-17**），大企業では BCP 策定による差が投資額に影響していない。一方で中小企業は BCP の策定が投資額に影響している。中小企業においては，自然災害の心配が投資行動に影響して

図表 4-16　自然災害への心配が投資額に与える影響と BCP 策定の有無

	策定の有無	度数	平均値	標準偏差
自然災害への心配が投資額に与える影響	策定	441	2.61	1.05
	非策定	1520	2.94	1.11

（注1）　1：強く影響している　2：ある程度影響している　3：少し影響している　4：ほとんど影響していない　5：全く影響していない　の配点で平均値を計算している。
（注2）　1％水準でマイナス有意。

図表 4-17　自然災害への心配が投資額に与える影響と BCP 策定の有無（大企業・中小企業別）

大企業・中小企業	策定・非策定	度数	平均値	標準偏差	
大企業	策定	184	2.52	1.07	
	非策定	195	2.65	1.06	
中小企業	策定	257	2.68	1.03	***
	非策定	1325	2.98	1.11	

（注1）　1：強く影響している　2：ある程度影響している　3：少し影響している　4：ほとんど影響していない　5：全く影響していない　の配点で平均値を計算している。
（注2）　***1％，**5％，*10％　で有意な差がある項目。

図表 4 -18　自然災害への心配が投資額に与える影響と BCP 策定の状況

	策定の状況	度数	平均値	標準偏差
自然災害への心配が投資額与える影響	策定済み, 策定中, 策定予定	945	2.69	1.06
	非策定 (策定の予定 はない, 知らない)	1,016	3.03	1.12

(注1)　1：強く影響している　2：ある程度影響している　3：少し影響している　4：ほとんど影
　　　　響していない　5：全く影響していない　の配点で平均値を計算している。
(注2)　1％水準でマイナス有意。

いる企業が BCP を策定することで，影響を抑えるように行動している可能性
がある。

　BCP 策定済みの企業に加えて，策定中や策定予定の企業を含めてみた場合
は**図表 4 -18**のとおりである。策定中や策定予定の企業を含めると投資への影
響はやや低下するものの，非策定の企業との差は依然として大きい。

　BCP 策定済みの企業に策定中や策定予定の企業を含めたケースを大企業，
中小企業別にみると（**図表 4 -19**），大企業では，策定中や策定予定の企業を含

図表 4 -19　自然災害への心配が投資額に与える影響と BCP 策定の状況
　　　　　　　　（大企業・中小企業別）

大企業・中小企業	策定の状況	度数	平均値	標準偏差	
大企業	策定済み, 策定中, 策定予定	285	2.53	1.07	*
	非策定 (策定の予定はない, 知らない)	94	2.76	1.03	
中小企業	策定済み, 策定中, 策定予定	660	2.76	1.04	***
	非策定 (策定の予定はない, 知らない)	922	3.05	1.12	

(注1)　1：強く影響している　2：ある程度影響している　3：少し影響している　4：ほとんど影
　　　　響していない　5：全く影響していない　の配点で平均値を計算している。
(注2)　*** 1 ％，** 5 ％，*10％　で有意な差がある項目。

めても平均値はほぼ変わらない。非策定（策定の予定がない，知らない）企業
との間ではやや意識の違いが出ている。中小企業では，策定済みの企業に策定
中や策定予定を含めた企業グループと，非策定（策定の予定がない，知らな
い）のグループの影響の違いは，策定済みとそれ以外のケースと同様に大きい。

6　企業の資金調達との関係

　次に復旧資金の重要性（Q4-1）についてみた結果が**図表4-20**である。非
常に重要と回答した割合は，保険（56.7％），会社の自己資金（45.6％），公的
支援（39.9％）金融機関からの融資（38.3％）の順番となった。
　策定企業，非策定企業別にみた場合（**図表4-21**），BCP策定企業にとって，
保険，金融機関からの融資，経営者やその親族などの資金，公的支援の重要性
は非策定企業と比べて低い。一方で，BCP策定企業は親会社，グループ会社
からの支援を重要と考えている。
　リスクマネジメントはリスクコントロールとリスクファイナンスから構成さ
れるが，BCPによって保険，金融機関からの融資などの資金確保の必要性が

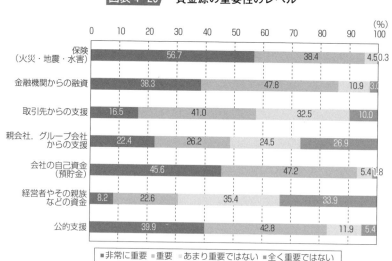

図表4-20　資金源の重要性のレベル

図表4-21　復旧させるための資金源の重要性とBCP策定の有無

資金源	策定・非策定	度数	平均値	標準偏差	
保険（火災・地震・水害）	策定	439	1.54	0.61	**
	非策定	1,498	1.47	0.60	
金融機関からの融資	策定	436	1.91	0.80	***
	非策定	1,500	1.75	0.74	
取引先からの支援	策定	430	2.32	0.89	
	非策定	1,458	2.38	0.87	
親会社，グループ会社からの支援	策定	412	2.34	1.11	***
	非策定	1,361	2.63	1.11	
会社の自己資金（預貯金）	策定	432	1.61	0.66	
	非策定	1,492	1.63	0.67	
経営者やその親族などの資金	策定	422	3.27	0.90	***
	非策定	1,448	2.87	0.93	
公的支援	策定	429	1.96	0.88	***
	非策定	1,485	1.79	0.82	

（注1）1：非常に重要　2：重要　3：あまり重要ではない　4：全く重要ではない　の配点で平均
　　　　値を計算している。
（注2）*** 1％，** 5％，*10％　で有意な差がある項目。

非策定企業に比べて相対的に低いことは，BCPによってリスクコントロール
が進んだ分，リスクファイナンスの必要性が低下するという代替性を示してい
るとも考えられる。保険（地震保険）に関しては，リスクが減少した分，保険
料を下げることができる[3]ものの，地震保険には地震リスクを評価することの
設計上の難しさや，地震保険マーケットの限界といった問題がある[4]。地震保
険のマーケットの拡大や保険カバーの増加は望ましいことであるものの，本章
の結果からは，地震保険によるカバーを単純に増加させるというよりは，BCP
によるリスクコントロールとのバランスをとって有効な部分で保険を活用し，
その先に地震保険（保険的な商品を含む）を拡大する方が現実的であるとも考
えられる。
　経営者やその親族からの資金がある場合は，資金そのもので企業を守るやり
方で，BCPという一種の外部ガバナンスを利用したやり方との違いが考えら

れる。

　公的資金が重要だと思っている企業はBCPを策定していない。公的支援の評価①から④別に，BCP策定率を計算してみると，①19.2％，②22.3％，③31.0％，④28.4％となり，公的支援について①と②（依存する企業）と，③と④（あまり依存しない企業）で策定率には顕著な差異がみられた（①＋②のグループと③＋④のグループは1％水準で有意な差がある）。もし，公的資金での復旧に依存して，事前にBCPの策定が進んでいないとしたら大きな問題といえる。

　その一方で，親会社，グループ会社からの支援はグループ全体の事業継続の関連で重要な手段としてみられている。他の資金源に比べ，機動性（すぐに使える）などの点が優れていると評価されている可能性もある。

7 本章のまとめ

　この第4章では，各ステークホルダーとの関係を分析してきたが，1つは株主からの要請が策定につながっていることが示された。自治体の関与も一定程度の効果が認められた。一方で，取引金融機関（メインバンク），顧問税理士については，BCP策定済みより策定中・策定予定の企業の方が多い結果となった。小規模企業では地域連携とBCP策定の有無に明確な関係がある。代替戦略が比較的容易な大企業に比べ，小規模企業においては，地域のステークホルダーとの関係を構築していくことが重要である。その際に，単なる啓蒙だけでなく，経営者のマインド，策定のインセンティブを踏まえるとともに，地域のステークホルダーと相互にメリットがある関係を構築する必要がある。たとえば，自治体が地元企業の対応力を向上させることは，双方にとってメリットがある。地域金融機関においても同様である。逆に相互にメリットがある関係を構築することが難しい場合は，効果が薄い可能性がある。

　資金調達の関係では，BCPを策定している企業（策定済み企業）の方が自然災害への心配が投資額に与える影響が大きい。その中で大企業ではBCP策定による差が投資額に影響していない一方で，中小企業はBCPの策定が投資額に影響している結果となった。資金の重要性については，非策定企業と比べ

てBCP策定企業にとって，保険，金融機関からの融資，経営者やその親族などの資金，公的支援の重要性は低い。BCPによってリスクコントロールが進んだ分，リスクファイナンスの必要性が低下するという代替性を示しているとも考えられる。

　ここまでをまとめると，BCPについては，啓蒙段階にとどまることなく，実効性を向上させるため，経営者のマインドを考慮した上で，外部とのWIN-WINの関係性構築（大企業は株主などのステークホルダー，中小企業は地域など）を通じて推進を図ることが大切なこととなる。

8 企業意識調査の主要なインプリケーションと政策提言

(1)　企業意識調査から明らかになったBCPに関連した企業行動

　最後に，第2章から第4章までで得られたインプリケーションとそこから得られる政策提言について言及したい。

　第2章ではBCPの策定の状況から，「策定の予定はない」，「BCPについて知らない」の合計が半数を占めている実態が明らかになった。さらにBCPの策定状況において基本的にはすべて実施されていることが望ましい19項目に対して，平均では4割弱程度しか実施されていないことから実効性の観点で大きな課題を残している。そのため，評価機関，自治体，取引先，金融機関などがBCPの評価を行うことで，BCPのレベル向上につながる流れを作り出すことの必要性を指摘できる。

　第3章では，BCPと企業の競争優位の要因には，つながりがあることがわかった。さらに経営者のマインドとBCPの関係から，BCP策定企業は，リスクの予測可能性（への認識）が高く，平時についてもプラスの影響を意識していることが示された。これはBCPの潜在的な価値を認識する必要性を示している。一方で，大企業と中小企業においては有効性への認識に違いがあることが示されたことから，BCPの普及・高度化に向けてはインセンティブの付与などの観点で工夫が必要であることがわかる。

　第4章では，BCPの策定と外部のステークホルダーとの関係では，株主か

らの要請が策定につながっていることが示された。自治体の関与も一定程度の効果が認められた。一方で，取引金融機関（メインバンク），顧問税理士については，BCP 策定済みより策定中・策定予定の企業の方が多い結果となった。お互いにメリットのある関係を作り出すことで，今まで関与が十分でないステークホルダーとの関係を強化することが BCP 策定を進める鍵となる。

⑵　BCP 研究へのインプリケーション

　以上のとおり BCP に関連した企業行動について概観した。一般的な企業行動に対しては，通常はエージェンシー理論（Jensen and Meckling［1976］）やステークホルダー理論（古賀［2012］）による説明がなされることが多い。しかしながら，数量的な把握が困難なリスクの開示効果の解明は，より難しい問題となる（Kravet and Muslu［2013］）。すなわち，自然災害などの低頻度で大きな影響を及ぼすリスクに対しては，企業が対策を実施してもその効果が不透明なため，通常のエージェンシー理論やステークホルダー理論による効果が実現しにくい状況にあるといえる。その状況を解消するためには BCP を通じて企業の取り組み内容を可視化することが大切である。さらに企業の BCP の状況を評価し，インセンティブを与えることで，そのレベルがさらに上昇する好循環を作り出すことができる。

　経営者の業績予想精度と CSR の関係をみたものとしては，Lee［2017］がある。その中で CSR に積極的な企業は経営者の業績予想精度が向上することが主張されている。その理由として，ステークホルダー理論に基づき，評判を気にしてより精度の高い予想を発表するからであるとしている。さらに，内部の情報収集体制が整備されることで，経営者の業績予想精度が向上する可能性が考えられる。こうした考えを BCP にも応用した場合，BCP を策定している企業は，自社の取り組みの把握が進み，将来起こるべき事態への備えが進捗すると考えられる。アンケートの中で，BCP 策定企業の方がリスクの予想に自信を持っていることや，平時の効果を評価している点と整合的である。

　BCP の具体的な内容に関しては，サプライチェーンに関連する対策がより困難である結果が示された。小規模企業の場合，この点を補うために地域や同業者との（ゆるやかな，バーチャルなものでも）連携を今後さらに進めていく

必要がある。

　Gunasekaran *et al.* [2011] においては，中小企業のレジリエンス（柔軟な耐久力）と競争力に影響を与える 8 つの重要な要素（組織の構造，経営者，テクノロジー，資本，グローバリゼーション，サプライチェーン・フレクシビリティ，ロケーション・マーケティング，マネジメントなどの質）があげられている。これらの要素と本アンケートによる BCP の策定やレベルの関係をみたところ（レジリエンスモデル）[5]，ロケーション・マーケティング（地域連携），組織の構造（危機の際に機敏に対応できる組織）がレジリエンスにつながっている可能性が示された。レジリエンスに関するモデルに対しては，今後，さらなる検討が必要となろう。

(3)　政策提言

　最後に今後の方向性として以下の点をあげておきたい。

　① BCP の評価を適切に実施し，レベルアップへの指導を経済団体や地域の関係機関で進める。これにより開示→評価→インセンティブ→指導のサイクルを確立する。CSR に関する評価である米国 SASB[6] のような業界別の評価基準を設定することも有効であろう。

　大企業においては，策定済みの企業が半数を超えている。BCP コンサルティング企業へのニーズも，策定支援にかわって，訓練や評価のニーズが高まっているといわれている。策定した企業において，本当に効果があるのか，また取引先からの要請に本当に応えられるのか，その回答を得たいという企業のニーズは存在する。

　②各企業の BCP への取り組みが社会的にみて望ましいレベルに引き上げられるためには，啓蒙，レベルアップ，戦略的取り組み（企業価値向上）へのそれぞれの段階での支援が効果的である。大企業では，企業価値との関係や CSR としての認識を強めることが推進に向けて有効となる。さらに BCP に取り組むことで，取引関係を深化させ，市場からの理解も得られるという外部のガバナンスにつなげることも大切である。一方で，小規模企業においては，時限的にでも実際的なインセンティブを与え，まずは始めてもらい，実効性を高めた上で戦略的な取り組みに進んでもらうステップも必要となる。

　BCP に関しては，網羅的にさまざまな対策を実施しているレベルの高い企業が多く現れることは望ましいが，一番弱いところに引きずられる特徴を持っている。すなわちサプライチェーンでも地域の関係においても，一番弱い企業に足を引っぱられる可能性が高い。さらに，多くの地域の中核企業は地域経済・雇用にとって不可欠な存在となっており，BCP への投資は，その企業が継続できることによって，社会的な便益が大きいものとなる。加えて，実際に大きな災害が起こった後の災害復旧のためのコストを考えた場合，事前の対策を実施したとしても，トータルでの社会的なコストを削減できる可能性がある。ここに非策定の企業やレベルの低い企業の底上げを，法令やインセンティブによって政策的に行う理由がある。そこにリソースを投入することが，サプライチェーンや地域全体の BCP を補強することにつながる。防災に関しては，消防法などの法定の義務が存在する。一方で BCP については，法律で規制をかけることには議論があるが，緊急事態発生直後の対応方法や訓練を，消防訓練と同様に義務化することなどは検討の余地があろう。

　③地元企業，自治体，経済団体，地域金融機関などが認識を共有し，適切な評価指標を掲げることによって地域のゴールを設定する。巨大災害が発生した場合は，各企業が自身の BCP をやみくもに推し進めると，リソースの奪い合いになる可能性をはらんでいる。多くのステークホルダーが存在する場合には利害調整が難しく，その状況はいっそう深刻となる。その事態を回避するためにも，今後，ステークホルダー間での事前の調整が求められるであろう。その観点からも地域のゴールは有効である。

　本章では地域金融機関，商工会議所などの経済団体，税理士・公認会計士・中小企業診断士等との連携については，BCP 策定中・策定予定の企業の割合が多いという実態が示された。中小企業強靭化法の中で計画されているこれらの機関の働きを加速させることができれば，大きな原動力となる余地を残している。その際に，企業が BCP 策定による追加的な価値を認めなければ，一定以上には BCP のレベルアップを図らない可能性が高い。そのためには相互にメリットを受けられる関係をどれだけ作り出していけるか，その仕組み作りが各地域には求められる。

◉注

1　従業員数，株式公開状況，業種，自己資本比率をコントロールした場合においても，「株主」，「顧問税理士」は 5 ％水準で，「外部から要請を受けたことはない」は10％水準で，それぞれ同様の結果である。

2　図表 4 -10で「連携していないと回答した企業」，「その他のみ回答し，その中で連携内容がないと回答した企業」を除いて分析した。

3　損保ジャパンは，DBJ の「防災対応促進事業」融資制度を利用し，防災格付を取得，かつリスク状況が良好な企業について，災害時のリスクが軽減されていると判断し，企業費用・利益総合保険の割引を行っている。https://www.dbj.jp/news/archive/rel2006/1005.html

4　激甚化する大規模自然災害に係るリスクファイナンス検討会「我が国経済の災害リスクマネジメント力向上にむけて」2017年 3 月28日。

5　具体的には，BCP の策定・非策定，BCP のレベルを被説明変数とし，8 つの重要な要素（組織の構造，経営者，テクノロジー，資本，グローバリゼーション，サプライチェーン・フレクシビリティ，ロケーション・マーケティング，マネジメントなどの質）を説明変数とし，関連が深いアンケート項目を当てはめて回帰を行った。その際に，従業員規模，株式公開状況，業種をコントロール変数として加えた。

6　SASB（サステナビリティ会計基準審議会）は米国の非営利民間団体で，環境等の持続可能性に関する情報開示について，産業分野ごとに具体的な指標（定量，定性）を設定している。https://www.sasb.org/

◉参考文献

Gunasekaran, A., B.K. Rai and M. Griffin [2011] Resilience and competitiveness of small and medium size enterprises: an empirical research. *International Journal of Production Research*. 49（18）: 5489-5509.

Herbane, B. [2013] Exploring crisis management in UK small- and medium-sized enterprises. *Journal of Contingencies and Crisis Management*. 21（2）: 82-95.

Jensen, M.C. and W.H. Meckling [1976] Theory of the firm: Managerial behavior, agency costs and ownership structure. *Journal of Financial Economics*. 3（4）: 305-360.

Kravet, T. and V. Mulsu [2013] Textual risk disclosures and investors' risk perceptions. *Review of Accounting Studies*. 18（4）: 1088-1122.

Lee, D. [2017] Corporate social responsibility and management forecast accuracy. *Journal of Business Ethics*. 140（2）: 353-367.

古賀智敏［2012］「統合レポーティング時代における会計研究の認識基点」『企業会計』64（10）：17-23。

野田健太郎［2018a］「巨大災害に向けた地域防災の新たな視点」『地域開発』627：37。

野田健太郎［2018b］「「想定外」に備えて，見直すべき BCP の本質」『りそなーれ』16（12）：7-10。

野田健太郎［2019］「大規模災害から企業経営を守るためには何が必要か」『地銀協月報』

705：9-17。

野田健太郎・浜口伸明・家森信善［2019］「事業継続計画（BCP）に関する企業意識調査の結果と考察」RIETI Policy Discussion Paper Series 19-P-007。

家森信善・浜口伸明・野田健太郎［2019］「BCP の取り組みを促す上での金融機関の役割の現状と課題：RIETI「事業継続計画（BCP）に関する企業意識調査」をもとにして」RIETI Discussion Paper Series 19-J-037。

RIETI［2017］調査委託依頼書「人口減少下における地域経済の安定的発展の研究」。

第5章

企業アンケートからみた
金融機関の BCP 策定支援の現状と課題

1 はじめに

　本章では，「事業継続計画（BCP）に関する企業意識調査」を利用して，企業からみた金融機関による BCP 策定支援の現状と課題について分析する。第Ⅲ部では，金融機関の支店長を対象にした「自然災害に対する中小企業の備えと地域金融機関による支援についての調査」の結果を紹介するので，本書では，BCP 支援の支援側と支援を受ける側の両方から現状を捉えることができることになる。

　家森・浅井［2016］は，2014年1月に全国の製造業の中小企業に対して調査を行い，経営状況の厳しい企業ほど災害への備えが乏しいこと，また，リスクに対する備えのない経営状況の悪い企業ほど東日本大震災による直接的・間接的な悪影響が大きかったことを見出した。リスクに備えることが有用であるにもかかわらず，それができていない企業が多いのは，経営者がそのことの重要性を認識できていないためであると考えられる。

　2018年に成立した中小企業強靱化法は，こうした事態を改善するために，地域金融機関による積極的な働きかけに期待している。そこで，本章では，「事業継続計画（BCP）に関する企業意識調査」を使って，特に金融機関と企業の関係性が，中小企業の自然災害等への備えとしての BCP 策定にどのように影響しているかを把握し，現在の金融機関による BCP 策定支援の課題を企業側の視点から明らかにする。

　本章の構成は次のとおりである。第2節において，回答企業の金融機関との取引関係と災害時の金融面の状況認識について分析し，第3節では，BCP の

策定状況や策定促進のための課題について分析する。第4節は，企業の立場から見た，金融機関によるBCP支援の状況について分析する。第5節は，本章のむすびである。なお，本章は，家森・浜口・野田［2019］をもとにして，再構成したものである。同論文には，本章では紙幅の関係で省略した図表なども掲載しているので，必要に応じて参照して欲しい。

2　リスクファイナンスの認識

(1)　復旧と事業継続のために必要な資金調達

　「事業継続計画（BCP）に関する企業意識調査」（以下，本調査と呼ぶことがある）では，「リスクマネジメントに取り組むうえで，社長（経営者）が重要と思われる程度」を9つの観点について5段階評価で尋ねている（Q2-3）。このうち，金融に関連のある観点が「復旧と事業継続のために必要な資金調達」であるので，これについての回答結果を整理してみたのが**図表5-1**である。

　「非常に重要」だと認識しているのが26.4%，「相応に重要」だと認識しているのが41.6%であり，「多少重要」も含めて，9割以上の回答者が「復旧と事業継続のために必要な資金調達」の重要性を認識していることがわかる。この

図表5-1　**復旧と事業継続のために資金調達は重要か（企業規模別）**

	全体	従業員規模別					
		20人以下	21人～50人	51人～100人	101人～300人	301人～1,000人	1,001人以上
非常に重要	26.4%	38.5%	28.6%	24.6%	23.3%	26.5%	27.3%
相応に重要	41.6%	30.8%	39.2%	45.0%	45.5%	37.2%	42.4%
多少重要	23.8%	26.9%	22.6%	23.4%	23.5%	27.8%	25.3%
あまり重要でない	7.0%	3.8%	8.1%	6.3%	6.8%	7.3%	5.1%
まったく重要でない	1.0%	0.0%	1.4%	0.8%	0.9%	1.3%	0.0%
回答者数	2,118	52	765	525	442	234	99

　図表5-1には，従業員規模別の結果も掲載しているが，「20人以下」企業では「非常に重要」が40％近くと多く，21人以上の企業規模では概ね25％程度となっている。ただし，「非常に重要」と「相応に重要」を合計して評価すると，「20人以下」企業が69.3％であり，他の企業規模とほぼ同じ水準になっている。

　当期純利益の過去3期間の状況によってこの回答を整理してみた（図表は非掲載）。3期連続「黒字」の企業が1,564社と大半を占めているが，これらの企業では，「非常に重要」との回答比率は24.0％であるのに対して，直近3期連続赤字の企業のこの比率は36.0％であった。経営状態の悪い企業の方がリスク発生時の「資金繰り」を深刻な問題だと認識しているのである。

　自己資本比率別に回答状況を整理した**図表5-2**でも同様の傾向がみられる。すなわち，自己資本比率が低いほど，「非常に重要」との比率が高くなっている。たとえば，自己資本比率が60％以上ある企業群では「非常に重要」の比率は18.3％に過ぎないが，債務超過の企業群では45.0％にもなっている。財務状況の悪い企業の方が自然災害リスクに脆いということは，家森・浅井［2016］でも確認したところであり，ここで明らかになった企業の認識とも合致している。

　以上をまとめると，規模の小さい企業，自己資本比率の低い企業，収益力が低い企業ほど，危機が発生した後の資金面での不安が強いことがわかる。こうした企業にこそ，危機に備えるための準備を促すことが重要である。

図表5-2　　復旧と事業継続のための資金調達の重要性（自己資本比率別）

	非常に重要	相応に重要	多少重要	あまり重要でない	まったく重要でない	回答者数
A（60％以上）	18.3%	38.5%	30.4%	10.4%	2.4%	454
B（40％以上〜60％未満）	22.3%	44.5%	25.6%	6.9%	0.6%	476
C（20％以上〜40％未満）	28.4%	40.3%	25.0%	5.6%	0.7%	591
D（0％以上〜20％未満）	31.5%	44.4%	17.1%	6.4%	0.6%	486
E（債務超過）	45.0%	36.9%	12.6%	4.5%	0.9%	111

(2)　緊急時に備えた借入予約の利用状況

　緊急時に資金が必要となっても，通常の銀行審査を経ていては時間がかかり，資金繰りに窮することになりかねない。そこで，金融機関とあらかじめ契約（借入予約契約：コミットメントライン）を結んで，事前に定めた枠内の融資を受けられるようにしておくことが対策の1つとなる。

　本調査では，「災害発生時に製品・サービスの供給確保を図るための対策」として9つの観点で質問している（Q2−6）。そのうち，「緊急時に備えた借入予約を金融機関と締結」についての回答状況をまとめたのが**図表5−3**である。この質問では，「実施しているレベル」，「必要と感じるレベル」，および「達成の困難さ」をそれぞれ5段階で評価してもらっている。

　「緊急時に備えた借入予約を金融機関と締結」が「未実施」であるという回答が約80％あり，ある程度実施している（選択肢「ほぼすべて実施」，「大半で実施」，「過半で実施」の合計）というのは10％に満たない。つまり，災害発生時に製品・サービスの供給確保を図るための対策として，借入予約はそれほど普及していないことがわかる。

　一方で，必要と感じるかどうかを聞いてみたところ，「感じない」という回答は24.4％にとどまっており，現状は実施していないものの，その必要性については認識しているという回答者が多いことがうかがえる。「未実施」の回答者だけに限定しても，「感じない」との回答者は30.0％にとどまっており，実施はしていないが一定の必要性を感じている企業が多いことがわかる。

図表5−3　災害発生時に製品・サービスの供給確保を図るための対策としての「緊急時に備えた借入予約を金融機関と締結」

実施レベル		必要と感じるレベル		達成の困難さ	
ほぼすべて実施	1.9%	非常に強く感じる	5.7%	非常に困難	7.0%
大半で実施	2.7%	強く感じる	12.2%	困難	17.9%
過半で実施	5.1%	感じる	31.6%	多少困難	36.3%
一部実施	10.3%	少し感じる	26.2%	比較的容易	30.0%
未実施	79.9%	感じない	24.4%	容易	8.8%
回答者数	2,078	回答者数	2,084	回答者数	2,054

　「達成の困難さ」をみると，「非常に困難」と「困難」は合わせても25%ほど
である。これは，この質問で尋ねた9つの観点の中で最も低い値となっており，
借入予約契約の締結は相対的に困難ではないと認識されていることがわかる。
すなわち，他の観点については，「非常に困難」と「困難」の合計値は，「現在
地における事業所復旧計画の策定」（31.7%），「現在地以外の事業所における
サービス提供や製品の代替生産体制を構築」（48.3%），「自社における製品・
原材料の在庫の増強・確保」（34.7%），「取引先の選定において事業継続計画
の策定を要求」（47.1%），「取引先との事業継続に関する情報効果の実施」
（37.6%），「取引先との間で協定を締結」（40.8%），「地域の同業他社と共助の
関係を構築」（37.3%），「遠隔地の同業他社と共助の関係を構築」（44.1%），で
あった。

　表には示していないが，自己資本比率の低い企業の方が必要性を感じている
傾向がみられた。また，財務内容の悪い企業ほど，自然災害への心配が投資の
制約になっており，前向きの投資が難しい状況にある。

　財務状況の厳しい企業があらかじめ費用を負担して予約を行うことは難しい
のが現実であるが，そうした企業が前向きの投資を行えないと，いつまでたっ
ても窮状から立ち直ることが難しい。この点で，静岡県信用保証協会の災害時
発動型予約保証（BCP特別保証）（予約時点ではコストが不要であるが，安心
感を与えることのできる保証制度）は注目に値する取り組みといえよう。

(3)　リスクファイナンスの見込み

　本調査では，「大規模な災害により施設・設備に物的被害が生じた場合に，
それらを復旧させるための資金源の重要性」を4段階で評価するように依頼し
た。

　その回答を，「非常に重要」比率で比較すると，56.7%の人が「保険（火災・
地震・水害など）」を選び，「会社の自己資金（預貯金など）」（45.6%），「公的
支援」（39.9%），「金融機関からの融資」（38.3%）が続いている。「非常に重
要」と「重要」の合計でみると，「金融機関からの融資」は「公的支援」を上
回って3位になっている。このように，企業は復旧・復興資金として，金融機
関からの借入れにも期待しているが，保険金，自己資金，公的支援をバランス

させながら対応しようとしていることが読み取れる。逆にいえば，金融機関は，自社で支援できる限度を超える部分については，企業と事前に話し合って他の資金調達の可能性を検討しておくべきであろう。

　ところで，リスクファイナンスとして「公的支援」に頼るとの回答がかなり多いことが特徴的であった。そこで，公的支援への依存度と BCP の策定率の関係を計算してみたところ，リスクファイナンスとして「公的支援」を「非常に重要」と考える回答者（765社）では BCP の策定率は19.2％にとどまっている一方，「あまり重要ではない」（つまり，公的支援に頼らない）とする回答者（226社）では BCP 策定率は31.0％，「全く重要ではない」とする回答者（102社）では28.4％となっており，「公的支援」に頼る考えを持っている企業ほど BCP の策定が低調である事実を確認できた。公的支援に頼ると回答した企業は，公的支援の内容について十分確認しておらず，「甘い」期待を持っている心配がある。

　このように，リスクファイナンスにおいて保険が重視されていることから，地震保険への加入の働きかけのあった主体を尋ねてみた（Q4-4）。その結果は図表5-4に示したとおりである。

　「損害保険会社や保険代理店」が半数を超えているが，「外部から働きかけを受けたことはない」という回答も3割ほどあった。「取引金融機関（メインバ

図表5-4　地震保険の加入の働きかけがあった主体

損害保険会社や保険代理店	51.3%
外部から働きかけを受けたことはない	30.1%
取引金融機関（メインバンク）	10.9%
株主	5.9%
業界団体や商工会議所などの経済団体	5.9%
取引先	4.7%
顧問税理士・公認会計士	4.5%
取引金融機関（メインバンク以外）	2.3%
地域のコミュニティ（工業団地や商店街等）	0.8%
自治体	0.5%
その他	4.0%
回答者数	731

ンク）」との回答は10.9％にとどまり，「取引金融機関（メインバンク以外）」
は2.3％であった。（自然災害リスクを含めて）事業性評価を行った結果，大災
害時に事業を継続するために保険が必要であると判断した場合，金融機関は，
企業に対して保険の加入を勧めることが望まれる。保険手数料を狙ったものと
は違って，こうした取り組みは顧客本位の業務運営姿勢であり，事業性評価の
あるべき姿であるといえよう。リスクファイナンスに関しては，銀行等が単独
に実施するのではなく，保険会社と連携して取り組むべきなのである。

3　BCP の策定状況と運用の課題

(1)　BCP の策定状況

　本調査では，BCPの策定状況について尋ねている（Q3-2）。その回答をメ
インバンクの業態別に整理したのが**図表5-5**である。
　「既に策定している」という回答は，全体では22.6％である。中小企業庁の
調査結果（**図表5-6**）と比べて，策定済みの数字が高いほか，策定予定（策
定計画中）の比率も高いといった特徴がある。これは，本調査の回答者には中
小企業の中でもやや規模の大きな企業が多いことが影響しているものと思われ
る。
　メインバンクの業態別に分けると，大手銀行をメインバンクとしている回答
者（比較的規模の大きな企業が多い）では32.2％と高い値となっている一方で，
地方銀行や信用金庫をメインバンクにしている回答者では10％台となっており，

図表5-5　BCP の策定状況

		策定の予定はない	BCPについて知らない	既に策定している	策定中	策定を予定している	回答者数
	全体	40.2%	11.6%	22.6%	5.8%	19.8%	2,007
メインバンク	大手銀行	35.5%	6.4%	32.2%	7.7%	18.1%	766
	地方銀行	41.9%	13.6%	17.4%	5.0%	22.0%	980
	信用金庫	42.5%	18.9%	13.9%	4.2%	20.5%	259

| 図表 5 - 6 | 中小企業庁調査：中小企業の BCP の認知度と策定状況 |

⑴　BCP の認知度

よく知っており必要であると考えている	26.2%
聞いたことがあり必要であると考えている	34.4%
聞いたことはあるが必要ではないと考えている	9.2%
聞いたことがなく知らない	30.7%

⑵　BCP の策定状況

策定済み	15.5%
現在策定中	9.2%
策定計画がある	10.9%
策定していない	64.4%

（出所）中小企業庁　「災害時の被災中小企業支援の取組等について」（2018年 3 月）より筆者作成。

　大きな差がある。さらに，地方銀行や信用金庫をメインバンクにしている回答者では，「BCP について知らない」や「策定の予定はない」といった回答が多めである。したがって，これらの業態の顧客層では BCP の整備状況が不十分であり，これらの業態の金融機関が中小企業の BCP 策定の支援に取り組む余地は大きいといえる。

⑵　BCP の開示状況

　図表 3 - 2 でみたように，BCP の開示方法として，「金融機関への情報提供」を行っているのはわずか4.0％にとどまっていた。この「金融機関への情報提供」に関して，メインバンクの業態別に調べてみると，大手銀行をメインバンクにしている300社では2.0％，地方銀行（222社）では6.3％，信用金庫（57社）では8.8％であった。信用金庫をメインバンクとしている企業の値が，大手銀行の顧客のそれに比べて 1 ％水準で有意に高くなっている。絶対数が少ないので確定的なことはいえないものの，現時点で，BCP に熱心な信用金庫の数は少ないが，そうした金庫では BCP を積極的に評価したり，コミュニケーションのツールとして活用したりしているのであろう。つまり，信用金庫業界において顧客の BCP への関心はばらつきが大きいようである。

⑶　BCP を策定しない理由

　図表 5 - 5 で「策定の予定はない」や「BCP について知らない」と回答した企業に対して，BCP を策定しない理由を尋ねてみた（Q 3 - 3 ）。**図表 5 - 7 に**示したように，「策定に必要なスキル・ノウハウがない」（52.5％）が最も選択者が多かった。BCP 策定のためのスキルやノウハウの支援が不可欠であることがわかる。

　「金融機関からの要請がない」（37.5％）は，「法令や規則等の要請がない」（44.8％），「取引先からの要請がない」（41.4％）に続いて， 4 番目に多かった。一方で，「保証料や金利の引き下げなどのインセンティブ制度がない」という理由をあげるのは10.5％しかなく，全体としてみると，こうした金融面の要因は BCP の非策定の主要な理由ではないことがわかる。また，「策定費用が確保できない」といった回答は14.5％であった[1]。

　なお，「金融機関からの要請がない」や「保証料や金利の引き下げなどのインセンティブ制度がない」といった金融機関が関係する理由について，メインバンクの業態による差異はみられなかった。

　図表 5 - 8 は，選択者が最も多かった「策定に必要なスキル・ノウハウがない」および金融関連の選択肢（「金融機関からの要請がない」と「保証料や金利の引き下げなどのインセンティブ制度がない」）について，従業員規模別に選択率を調べた結果である。「策定に必要なスキル・ノウハウがない」といっ

図表 5 - 7　**企業の観点からみた BCP を策定しない理由**

策定に必要なスキル・ノウハウがない	52.5%
法令や規則等の要請がない	44.8%
取引先からの要請がない	41.4%
金融機関からの要請がない	37.5%
策定する人手を確保できない	36.5%
策定費用が確保できない	14.5%
保証料や金利の引き下げなどのインセンティブ制度がない	10.5%
回答者数	1,020

（注）図表 2 - 7 に20の選択肢についての回答結果を掲載している。

図表 5-8 BCP を策定しない理由（従業員規模別）

	20人以下	21人～50人	51人～100人	101人～300人	301人～1,000人	1,001人以上
策定に必要なスキル・ノウハウがない	57.1%	51.9%	53.8%	55.7%	45.5%	33.3%
金融機関からの要請がない	31.4%	41.7%	38.5%	31.8%	27.3%	8.3%
保証料や金利の引き下げなどのインセンティブ制度がない	14.3%	12.4%	9.9%	8.5%	4.5%	0.0%
回答者数	35	468	262	176	66	12

た理由は従業員規模が300人以下の企業群では半数を超えているが，それよりも大きな企業規模になると半数を下回っている。やはり，規模の小さい企業ほど人材やノウハウの不足が深刻なのであろう。

また，「金融機関からの要請がない」は，「21人～50人」規模企業で最も多く，「51人～100人」規模企業が続いている。この回答も，規模の大きな企業になるほど比率が低くなり，「1,001人以上」企業では（サンプル数が少ないが）8.3%まで下がる。小規模企業では外からの働きかけがBCPのきっかけになる可能性があるといえるであろう。

「保証料や金利の引き下げなどのインセンティブ制度がない」については，大きな企業では選択率が低い。たとえば，「301人から1,000人」企業では4.5%である。一方で，従業員50人以下の企業群では10%を超えている。小規模企業ではインセンティブ制度がある程度の効果を持つ可能性がある。さらに，「保証料や金利の引き下げなどのインセンティブ制度がない」の選択率は，財務状況の悪い企業では高い傾向があった。つまり，インセンティブを付与するような政策を実施する場合，金利や保証料のインセンティブがBCP策定に影響しうる企業グループが存在していることを踏まえて，ターゲットの絞り込みに留意する必要がある。

⑷ 策定・策定中の BCP の内容

本調査では，Q3-2で「既に策定している」，「策定中」，「策定を予定して

いる」と回答した企業に対して，19の観点でBCPの実施状況について尋ねている（735社）。それによると，「事業継続に関する方針をもっている」（65.9％），「自社の重要業務を特定している」（55.2％），「対応の体制と対応手順が策定されている」（50.1％）の3つの観点が50％を超えており，BCPの主要な内容となっている。

　金融に関連する選択肢の選択率をみると，「保険など金銭面での対応を実施している」（21.2％），「財務的リスクを把握している」（17.6％），「金融機関と有事の対応について話し合っている」（7.2％）であった。特に，「金融機関と有事の対応について話し合っている」が10％にも満たないのは，金融機関と企業の間でリスクマネジメント分野でのコミュニケーションが十分にとれていない現状を示している。

　この「金融機関と有事の対応について話し合っている」の比率をメインバンクの業態別にみると，大手銀行（362社）が7.2％，地方銀行（302社）が6.6％であるのに対して，信用金庫（74社）では12.2％と高かった。ただし，19の観点のうち，BCPにいくつ含まれているかを調べてみると，信用金庫をメインバンクとしている企業のBCPに含まれる観点の数は大手銀行の顧客に比べて少ない。つまり，一部の信用金庫は他業態に比べて顧客との密着度が高く，BCPについても積極的に相談に乗っているものの，支援内容は十分に踏み込んだものになっていないのであろう。

　本調査では18の観点でBCPの有効性についての評価を5段階で尋ねている。その回答結果をまとめたのが**図表5-9**である。「防災対策になる」や「事業継続が出来る」の2項目のみの平均値が2点台（数値の作り方から1に近いほど高評価で，5に近いほど低評価）であり，最高評価比率もそれぞれ30.2％と24.9％と大きくなっている。つまり，これらの2つの観点の有効性が強く認識されていることになる。

　金融関係の項目では「金融機関からの信頼性が増す」の平均値が3.61で，最高評価比率は2.8％であった。「公的融資，保証が受けやすくなる」の平均値は3.92，最高評価比率は2.1％であった。18の項目の中で，「資金繰りが好転する」の平均値が最も大きかった（つまり，全項目の中で有効性を最も感じないことを意味する）。

図表 5 - 9　BCP の有効性の認識

	平均値	最高評価比率	有効回答者
防災対策になる	2.08	30.2%	886
事業継続が出来る	2.21	24.9%	886
取引先の信頼が厚くなる	3.07	6.1%	876
経営者が会社全体の状況を把握しやすくなる	3.15	4.3%	868
内部管理が向上する	3.08	3.9%	875
従業員の間の信頼関係が良くなる	3.36	2.8%	870
金融機関からの信頼性が増す	3.61	2.8%	866
公共事業の受注に有利になる	3.95	2.7%	858
無形資産（ブランド的なもの）として重要	3.43	2.1%	862
業務が効率化する	3.61	2.1%	870
公的融資，保証が受けやすくなる	3.92	2.1%	859
株主からの評価が向上する	3.75	2.0%	853
取引先が拡大する	3.75	2.0%	867
CSR としてレピュテーションが向上する	3.54	1.9%	852
補助金などが獲得しやすくなる	3.83	1.9%	863
投資家への情報提供にとってプラス	3.89	1.5%	855
資金繰りが好転する	4.00	1.5%	858
売上高や利益が増加する	3.95	1.3%	867

（注 1 ）平均値は，非常に強く感じる＝ 1 点，強く感じる＝ 2 点，相応に感じる＝ 3 点，あまり感じな
い＝ 4 点，まったく感じない＝ 5 点として計算している。したがって，数値が低いほど強く感
じていることになる。
（注 2 ）最高評価比率は，「非常に強く感じる」と回答した企業の比率。
（注 3 ）本質問については，選択肢ごとに無回答者の人数が異なるが，大手銀行をメインバンクにして
いる回答者は平均409社，地方銀行が373社，信用金庫が94社である。
（注 4 ）最高評価比率の大きなものから順に並べている。

　本調査では，BCP 策定の理由を尋ねている（Q 3 -12）。その回答結果（815
社）によると，「企業の社会的責任，社会貢献」（57.5％）と「自社の被災軽
減」（54.4％）が半数を超えている。続くのは，「マネジメントの向上」（32.8％），
「過去の被災経験」（24.4％），「社外からの要請」（19.4％）であった。用意した
10の選択肢のうち，金融的な理由として含めた「借入条件や保証料などが有利
になる」は最も選択率が低かった（1.7％）。現状では，金融面からのインセン
ティブは企業の BCP 策定の大きな理由にはなっていない。

⑸ BCP の運用・改善の課題

図表 5-10は BCP を運用・改善する際の課題を整理している。「必要な人材が不足している」と「運用・改善する時間的な余裕がない」が50％前後の高い選択率となっている。「金利の引き下げなどの資金調達面でのインセンティブが少ない」といった理由をあげているのはわずか1.3％にとどまり，大きな障害とはなっていないことがわかる。

図表 5-10　BCP の運用・改善の課題

必要な人材が不足している	54.1%
運用・改善する時間的な余裕がない	48.7%
運用・改善する方法がわからない	17.9%
必要な予算が確保できない	17.1%
既に策定しており，改善すべき点はない	8.9%
費用や時間がかかり企業価値にプラスになる認識がない	8.2%
事業継続に関するリスクはあまり感じていない	7.2%
経営層や対象部署の理解が得られない	4.0%
入札での優遇などの事業面でのインセンティブが少ない	3.3%
金利の引き下げなどの資金調達面でのインセンティブが少ない	1.3%
その他	8.7%
回答者数	797

(注) 全体の選択率の順に並べている。

4 金融機関の BCP 支援活動

⑴ メインバンクによる企業の BCP の評価

本調査では，BCP を策定している企業に対して，「メインバンクは貴社の BCP についてどのように評価していますか」と尋ねてみた（Q4-6）。その回答をまとめたのが**図表 5-11**である。「わからない」との回答が6割を超えているのは，BCP についての対話がほとんど行われていないことを反映しているのであろう。また，「関心を持っていない」との回答が，信用金庫で非常に多

いのが目立っている。信用金庫業界では，大手銀行並みに取り組んでいるところもあるが，逆に，全く取り組みのないところもあるからであろう。

　同様に，BCP が未整備である回答者に対して，「メインバンクは BCP が未整備であることについてどのように評価していますか」と尋ねてみた。その結果が**図表 5 -12**である。「わからない」が74.4％と圧倒的に多く，「BCP の策定状況に関心を持っていない」との認識を持っているのが15.5％となっている。「整備が必要」だとメインバンクが考えていると認識している企業はわずか8.5％にとどまっている。

(2)　メインバンクの BCP 優遇金融商品

　本調査では，「借入可能な金融機関で，BCP の策定を条件にして金利などの優遇を行う融資商品を持っているか」を尋ねている（Q 4 - 5 ）。その回答結果が**図表 5 -13**である。「そうした商品があるのかわからない」との回答が約 6 割

図表 5 -11　メインバンクによる BCP の評価

	全体	メインバンク		
		大手銀行	地方銀行	信用金庫
十分だと評価している	2.3%	1.8%	3.5%	0.0%
ある程度できていると評価している	18.3%	19.6%	16.3%	16.3%
不十分だと評価している	1.4%	1.1%	1.0%	4.7%
関心を持っていない	14.3%	11.1%	17.8%	27.9%
わからない	63.7%	66.4%	61.4%	51.2%
回答者数	518	280	202	43

図表 5 -12　メインバンクによる BCP の未整備であることへの評価

	全体	メインバンク		
		大手銀行	地方銀行	信用金庫
整備が必要	8.5%	10.5%	7.6%	9.1%
未整備のままでよい	1.6%	1.3%	1.7%	1.5%
BCP の策定状況に関心を持っていない	15.5%	13.4%	17.5%	13.7%
わからない	74.4%	74.8%	73.3%	75.6%
回答者数	1,346	448	715	197

　取引金融機関の持つ BCP に関する優遇商品の利用経験

	全体	メインバンク		
		大手銀行	地方銀行	信用金庫
あるし，利用している	1.0%	1.3%	1.0%	1.6%
あるが，利用していない	8.9%	9.3%	9.2%	6.6%
ない	29.5%	27.5%	29.8%	31.9%
そうした商品があるのかわからない	60.6%	61.8%	60.0%	59.9%
回答者数	1,992	760	961	257

であり，メインバンクの業態による違いもほとんどない。これまでの分析で，金利面でのインセンティブについて重要視されていないことが示されていたが，ここでの回答からもこのことが裏付けられている。

　なお，「ある」(「あるし，利用している」と「あるが，利用していない」との合計) の比率をみると，信用金庫では「ある」との認識が若干少な目であるが，信用金庫での品揃えが銀行に比べて見劣りすることを反映しているのであろう。

(3)　BCP に関する外部からの働きかけ

　本調査では，BCP に対する策定や改善の要請をしてくる外部主体について尋ねている。その結果をまとめたのが**図表 5 -14**である。「外部から要請を受けたことはない」との回答がほぼ半分である。要請元として多いのは，「取引先 (一般的な要請)」や「株主」である。

　「取引金融機関 (メインバンク)」は3.9％，「取引金融機関 (メインバンク以外)」は1.3％であり，金融機関が要請することはほとんどない。金融業態別にみると，信用金庫をメインバンクにしている企業では10.3％と高めになっている。大手銀行はノウハウや人材を持っていると思われるが，本調査の対象になっている中小企業に対してそうした支援を十分に行っていないことがわかる。

(4)　BCP に関する相談先

　本調査では，「BCP に関して連携を図っている先，相談を行っている先」を尋ねている (Q 3 -15)。その結果が**図表 5 -15**である。親会社，取引先，同業

図表5-14 BCP策定や改善の要請元

	全体	メインバンク		
		大手銀行	地方銀行	信用金庫
外部から要請を受けたことはない	50.3%	49.7%	54.2%	55.2%
取引先（一般的な要請）	23.7%	27.6%	17.8%	17.2%
株主	10.3%	13.8%	6.9%	0.0%
取引先（契約条件に入っている）	5.9%	4.5%	7.2%	6.9%
業界団体や商工会議所などの経済団体	4.4%	2.8%	5.9%	3.4%
自治体	4.4%	2.8%	5.9%	6.9%
取引金融機関（メインバンク）	3.9%	3.0%	4.7%	10.3%
顧問税理士	1.6%	0.5%	1.9%	5.7%
取引金融機関（メインバンク以外）	1.3%	1.0%	1.2%	4.6%
保険会社	1.3%	2.0%	0.3%	3.4%
公認会計士	0.8%	0.8%	0.6%	1.1%
地域のコミュニティ（工業団地や商店街等）	0.6%	0.8%	0.6%	0.0%
中小企業診断士	0.3%	0.0%	0.0%	1.1%
その他	4.9%	4.8%	5.0%	3.4%
回答者数	796	398	321	87

（注）全体の選択率の順に並べている。

者が上位3者である。これらはいずれもBCPの専門家ではない点に注意が必要である。

　一方，身近な存在であるはずの「金融機関」は9.3％にとどまり，1割程度の企業しか金融機関をBCPに関しての相談相手だとみなしているにすぎない。もちろん，金融機関が単独でBCP策定の相談に応じられなくても構わない。しかし，金融機関が全く関与しないBCPでは，資金面での計画の実現可能性についての検討が不十分となりがちである。したがって，金融機関が保険会社やコンサル会社（保険会社のグループ会社であることも多い）と連携しながら，支援する態勢を構築することが望まれる。

　本調査では，BCPに関しての地域連携を進めるためには何が必要ですかと尋ねてみた（Q5-3）（2,181社）。最も多かったのが，「自治体や商工会議所の指導」（39.8％）であった。金融に関連する選択肢として，「地域の金融機関によるBCP策定支援，インセンティブの付与」を用意していたが，選択率は

図表5-15　BCPに関しての連携・相談先

	全体	メインバンク		
		大手銀行	地方銀行	信用金庫
親会社	26.6%	33.0%	17.8%	4.1%
取引先	16.9%	15.6%	14.8%	17.6%
同業者	14.5%	12.8%	17.0%	14.9%
コンサルティング会社	14.2%	19.0%	9.6%	12.2%
保険会社	9.9%	10.6%	11.5%	5.4%
金融機関	9.3%	9.0%	8.9%	14.9%
税理士・公認会計士・中小企業診断士等	9.3%	6.2%	10.4%	21.6%
自治体	8.1%	6.9%	10.0%	6.8%
商工会議所など経済団体	8.1%	5.9%	10.4%	16.2%
認証機関	5.6%	5.3%	5.6%	8.1%
地域コミュニティ（工業団地や商店街など）	2.3%	2.5%	1.1%	4.1%
NPO	0.5%	0.6%	0.4%	0.0%
その他	14.8%	11.8%	20.0%	18.9%
回答者数	655	321	270	74

（注）全体の選択率の順に並べている。

10.3％であった。すでに述べたように，優遇金利などのインセンティブについ
ての関心は薄かったことからすると，ここでの「地域の金融機関によるBCP
策定支援，インセンティブの付与」の選択理由は「策定支援」にウエイトがあ
るものと思われる。

　なお，企業の規模および信用力別に「地域の金融機関によるBCP策定支援，
インセンティブの付与」の選択状況を調べてみたところ，規模の小さな企業や
信用力に劣る企業の方が「地域の金融機関によるBCP策定支援，インセン
ティブの付与」を選択する比率が高い。自然災害に対する脆弱性を踏まえると，
特に信用評点の低い中小企業に対する策定支援を強化していく必要があろう。
こうした層は信用保証制度の対象でもあり，保証制度による支援も積極的に活
用できるであろう。

(5)　金融機関とリスクコミュニケーション

　第3節(4)では，「金融機関と有事の対応について話し合っている」企業が少

図表 5 -16	「金融機関と有事の対応について話し合っている」の選択率（従業員別）				
	21人～50人	51人～100人	101人～300人	301人～1,000人	1,001人以上
比率	10.5%	6.2%	4.1%	5.7%	13.2%
回答者数	171	161	195	122	76

（注）従業員規模20人以下で該当するのは10社で，その内「金融機関と有事の対応について話し合っている」を選択したものはゼロであった。

ないことを指摘した。これは金融機関の事業性評価に自然災害リスクが組み込まれているかを示す指標だと考えられる。そこで，より詳しく分析をするために，他の質問項目とクロス集計を行ってみた。

　まず，本問の回答者は，すでに策定しているという企業だけでなく，策定中，策定予定という企業も含まれているので，それぞれで内容が異なるかを調べてみた。

　「金融機関と有事の対応について話し合っている」の選択率を比較すると，「既に策定している」企業では7.1％，「策定中」企業で3.4％，「策定を予定している」企業では9.1％であった。第3節(3)でみたように，ノウハウの不足が策定しない主な理由であったから，策定中や策定予定の企業ではノウハウについての外部支援が不可欠であろう。したがって，この段階の企業に対して，金融機関からの支援が手厚く実施されていることが期待されたが，策定中の企業では「話し合っている」割合はむしろ低く，策定予定の企業でもそれほど高くないという結果であり，金融機関の支援を受けてノウハウ不足を補いながらBCPを策定しているという事例は期待されるほど多くなさそうである。

　次に，回答企業の従業員規模別に整理してみた。「1,001人以上」という大規模企業では比較的高めとなっているが，必ずしも規模の小さな企業で対話がないわけではない。これは，小規模企業でのメインバンクは信用金庫が多く，信用金庫が比較的よく対話をしているからであろう。しかしながら，小規模企業がショックに脆弱であること踏まえると，現状の水準は満足できるものではない。

　当期純利益の状況別に整理してみると，2期連続黒字企業（614社）での比率は7.8％であり，それ以外の企業（101社）の値は5.0％である。ショックへの脆弱性という観点からいえば，赤字企業の方が有事に備えておくべき必要性は

図表 5 -17	「金融機関と有事の対応について話し合っている」の選択率（メインバンクの訪問頻度別）			
	週に 1 回以上の頻度	月に 1 回以上の頻度	年に 1 回以上の頻度	訪問はない
比率	8.6%	8.1%	4.7%	1.9%
回答者数	128	394	129	52

高いと思われるが，そうした企業に対しての支援が十分に行われていない。

　メインバンクの訪問頻度で金融機関との関係性の強さを表して，回答状況を整理してみたのが**図表 5 -17**である。金融機関の関係性の強さと「話し合っている」比率には関連がみられる。ただ，週に 1 回以上の頻度で訪問していても「有事の対応について話し合っている」のは8.6％であり，「話し合っていない」方が圧倒的に多く，企業訪問の際の金融機関の対話のあり方の課題がうかがえる。

5　おわりに

　本章は，2018年に実施した「事業継続計画（BCP）に関する企業意識調査」に基づいて，主に金融に関する回答結果を利用して，金融機関からの企業の事業継続活動への働きかけの現状や課題を分析した。

　その結果，規模の小さな企業，自己資本比率の低い企業，収益力が低い企業ほど，危機が発生した後の資金面での不安が強い。緊急時に備えた借入予約の必要性を感じている企業は多いが，実際に借入予約契約を締結しているのは 1 割にも満たない。一方，中小企業強靱化法（2019年 5 月成立）では金融機関による中小企業の BCP 策定への支援が期待されているが，今までのところ，金融機関が BCP 策定について積極的に要請したり支援したりすることは稀である。

　さらに，有事の対応について金融機関と話し合っている回答者はわずかで，金融機関と企業の間でリスクマネジメント分野でのコミュニケーションが十分にとれていない。BCP を策定しない理由として，「保証料や金利の引き下げなどのインセンティブ制度がない」という理由を挙げる比率は 1 割程度であり，

金融面の誘因の弱さは BCP の非策定の主要な理由ではなかった。中小企業強靱化法に基づいて BCP 策定にインセンティブを付与する場合，（限られた予算で最大の効果を得るために）対象を絞ることが可能であろう。

　以上のように，金融機関による BCP 策定支援は，予想以上に低調であるし，現在のアプローチには限界があることが明らかになった。現状では，金融機関の側での BCP 策定支援の意識や態勢が十分ではないことが大きな要因であろう。顧客企業の経営の持続性の向上は金融機関にとって重要な課題であり，事業性評価に基づく支援の一環に BCP 策定支援を含めるべきである。2019年5月に成立した中小企業強靱化法の趣旨に沿って，金融機関の態勢整備を急ぐ必要がある。

◉注

1　BCP の策定費用については千差万別であるが，たとえば，『毎日新聞』（2018年11月6日）では，「作成をコンサルティング会社などに外注すると50万〜60万円かかることが多い」と紹介している。この記事では，大阪府商工会連合会が「格安での BCP 作成支援」（専門家が4日間の支援を行う本格版でも3万円）を実施していることが紹介されている。同様に，『日本経済新聞』（地方経済面静岡　2017年5月31日）では，静岡県内の自治体が BCP 作成支援を行い，費用が下がったことで BCP 作成が広がっていることを紹介する中で，「これまで50万円以上かかった策定費が10万円程度でできるようになった」と費用について言及している。

◉参考文献

野田健太郎・浜口伸明・家森信善［2019］「「事業継続計画（BCP）に関する企業意識調査」の結果と考察」RIETI Policy Discussion Paper Series 19-P-007。

家森信善・浅井義裕［2016］「自然災害ショックと中小企業のリスクマネジメント―東日本大震災の経験をもとにして―」小川光編著『グローバル化とショック波及の経済学―地方自治体・企業・個人の対応』有斐閣　pp.163-189。

家森信善・浜口伸明・野田健太郎［2019］「BCP の取り組みを促す上での金融機関の役割の現状と課題：RIETI「事業継続計画（BCP）に関する企業意識調査」をもとにして」RIETI Discussion Paper Series 19-J-037。

第III部

自然災害に対する中小企業の備えと地域金融機関による支援についての調査

第6章

地域金融機関の事業性評価と BCP 支援

1 中小企業の BCP 策定への支援の必要性

　近年，東日本大震災（2011年）をはじめ，平成26年8月豪雨（2014年），熊本地震（2016年），九州北部豪雨（2017年），大阪北部地震（2018年），平成30年7月西日本豪雨（2018年），台風21号（2018年），北海道胆振東部地震（2018年），平成30年7月豪雨（2018年），九州北部豪雨（2019年），台風15号（2019年），台風19号（2019年）などによって大きな自然災害が発生し，中小企業に深刻な影響を与えている。さらに，2020年には新型コロナウイルスによる深刻な事態が生じている。

　大規模災害に対して，事業継続計画（BCP）の策定と実施などの事前の準備をしっかりと行っておくことが，中小企業の迅速な復旧のために必要である（家森・浅井［2016］）。しかしながら，現実には，中小企業の BCP 策定は十分に進んでいない。たとえば，第5章でも紹介したが，中小企業庁によると，中小企業の BCP 策定率は15.5％であり，策定中や策定計画を含めても3社に1社程度にとどまっている。

　そうしたことに危機感を抱いた政府は，中小企業・小規模事業者の事業継続力を強化するために，2019年5月に「中小企業の事業活動の継続に資するための中小企業等経営強化法等の一部を改正する法律」（中小企業強靱化法）を成立させた。この法律では，中小企業が「事業継続力強化計画」を策定し経済産業大臣の認定を受けることにより，信用保証枠の追加，低利融資，防災・減災設備への税制優遇，補助金の優先採択，等の支援が提供される。

　この事業継続強化計画においては，「事業継続力強化に資する対策及び取

組」を記載することになっている。その際，「中小企業者が自力で全ての事前対策を講ずることには一定の限界があるため，中小企業者を取り巻く関係者による働きかけや支援が重要となる」という観点から，「親事業者，政府関係金融機関その他の者による事業継続力強化に係る協力」を定めることになっている点が特徴的である。そして，その関係者の取り組みとして，「政府関係金融機関，地域銀行，信用金庫，信用組合等の地域金融機関が行う，中小企業者のリスク認識に向けた注意喚起，事業継続力強化に向けた取組への支援，事業継続力強化に向けた取組を支える資金の融資，地方公共団体等との連携による支援」が例示されている。このように，中小企業強靱化法では，自然災害に対する中小企業の事業継続力強化の面で地域金融機関に対する期待が非常に大きいことがわかる。

　実際，多くの地域金融機関はさまざまなBCP策定支援の取り組みを行っている。たとえば，滋賀銀行では，「防災施設等の整備に必要な設備資金」や「BCPを作成するために必要なコンサルティング費用」を優遇した条件で融資するBCPサポートローンを提供している。また，2018年に，東邦銀行は，BCPの一環として利用してもらえるように，震度6強以上の地震が起きた際に被害の有無に関係なく元本の返済を免除する「震災時元本免除特約付き融資」の募集を始めている。

　信用保証制度を使った取り組みも行われている。たとえば，静岡県信用保証協会の「災害時発動型予約保証（BCP特別保証）」は，中小企業BCP策定運用指針や静岡県事業継続計画モデルプランなどに則って事業継続計画（BCP）を策定している中小企業者に対して災害発生時の信用保証による借入れを（無料で）予約しておける制度である。

　こうした取り組みがあるにもかかわらず，中小企業のBCP策定率が低迷している。したがって，中小企業強靱化法の出発時点で何が障害になっており，何が必要なのかをしっかりと把握しておくことは，今後の政策実施および政策評価の観点で非常に重要であろう。

　その際，地域金融機関がこのBCP支援をどのように位置づけるかが，地域金融機関による取り組みの本気度を左右する。ほぼすべての地域金融機関は現在，事業性評価の深化に取り組んでいる。事業性評価とは，財務データや担

保・保証に必要以上に依存することなく，取引先企業の事業内容や成長可能性などを適切に評価することをいう。成長可能性を評価する際には，将来のさまざまなリスク要因を考慮に入れることが不可欠であることはいうまでもない。

　大きな災害に見舞われた中小企業は運転資金などの借入が必要になる。一時的に事業基盤が失われてしまった企業に対して金融機関が融資を行うには，事業者のことをよく知っていないと難しい。たとえば，Berg and Schrader[2012]は，エクアドルでの火山噴火後の中小企業金融について分析して，銀行との良好な関係を以前から構築している企業は，噴火後も以前とほぼ同じように借入れができていることを報告している。つまり，被災企業に対していざというときに支援できるかどうかは，日常的に事業性評価をしっかり行っているかどうかが決定的に重要である。

　さらに，事業性評価は単に企業を格付けするためのものではなく，金融機関が事業者の強みや弱みをよく理解して，支援しながら一緒に成長していく金融機関のビジネスモデルであると捉えるべきであると考えられる。そうすると，自然災害リスクによるダメージを小さくするような事前の備えについて企業と一緒に考え，実践しておくことが，地域金融機関の事業性評価活動の中にしっかりと位置づけられる必要がある。

　つまり，自然災害に対する中小企業の強靭性を高めるための取り組みは，事業性評価と表裏一体のものである。こうした取り組みは，地域の中核をなす中小企業の事業継続を可能にするので，地域金融機関にとってはもちろん，地域経済にとって大変有益であり，地域と共に生きる地域金融機関にとっては本業として取り組まねばならないことの1つである。

2 自然災害に対する中小企業の備えと地域金融機関による支援についての調査

(1) 調査実施の問題意識

　地域金融機関によるBCP策定支援の必要性は広く認識されているが，その取り組みの状況について十分な調査はこれまで行われていない。そこで，われ

われは，2019年5月に，地域金融機関の支店長7,000人に対してアンケート調査「自然災害に対する中小企業の備えと地域金融機関による支援についての調査」を実施することにした。

それは，地域金融機関による支援が実際に行われるのは営業店であり，顧客の状況をよく知っているのも営業店だからである。本調査では，①地元中小企業の自然災害に対する取り組み状況への金融機関からみた評価，②支援機関としての金融機関のBCP支援の取り組み状況，③地方自治体，税理士，日本政策金融公庫，信用保証協会など他の支援機関との連携した取り組みの状況，④BCP面での支援姿勢と金融機関の事業性評価の取り組みとの関連性，⑤積極的にBCPの取り組みを実施している金融機関の人事面等での特徴，などを明らかにしている。

また，われわれは，2016年に地域金融機関の支店長7,000人に対して地方創生のための地域金融機関の役割についてのアンケート調査を実施し，地域金融の詳細を明らかにするものとして注目を集めてきた（家森［2018］）。そこで，2016年以降の金融行政の取り組みについての評価も合わせて行うための質問も，本調査に含めることにした。

本書の第Ⅲ部は，この「自然災害に対する中小企業の備えと地域金融機関による支援についての調査」の結果にもとづいて，地域金融機関のBCP支援の実情と課題について議論する。

(2) 調査対象の選定

調査対象は，金融庁に登録されている国内の民間金融機関のうち，地方銀行，信用金庫，および信用組合の営業店舗の支店長7,000人とした。調査時点での地域金融機関の店舗数（法人業務を行わないなど調査対象にふさわしくない店舗を除く）が1万7,155であったので，抽出率は40.8％である。

北海道・東北，関東（甲信越を含む），中部，関西（北陸を含む），中国・四国，九州・沖縄の6ブロックに分けて，銀行，信用金庫，信用組合の3業態のブロック別の店舗数にこの抽出率をかけて，各ブロックの各業態の対象先数を決定した。その上で，それぞれのブロック・業態について無作為抽出を行った[1]。その結果，**図表6-1**に示すように調査対象を選定した。

図表6−1　アンケート調査票の送付先

	銀行	信用金庫	信用組合	総計
北海道・東北	586	358	95	1,039
関東	900	850	238	1,988
中部	453	497	36	986
関西	637	555	73	1,265
中国・四国	557	247	59	863
九州・沖縄	603	195	61	859
支店計	3,736	2,702	562	7,000

(3)　回収状況

　調査の実務は東京商工リサーチ社に委託し，独立行政法人経済産業研究所の名義で，調査票を2019年5月10日に発送し，途中，ハガキや電話によって協力を要請して，2019年6月25日に回収を締め切った。その結果，**図表6−2**に示したように，最終的に2,623通の回答を得ることができた（回収率37.5％）。全地域金融機関の支店数1万7,155に対する比率が15.3％となるので，全国の地域金融機関の支店長の7人に1人以上が回答してくださったことになる。

　なお，われわれは，2017年1月に今回の調査と同様に全国の地域金融機関の支店長7,000人に対する調査（回答者2,942人）を実施しており，同種の質問もあることから，以下では，前回調査として適宜参照することで，約2年半の間に起こった変化についても言及することにしたい。前回調査については，詳しくは家森［2018］を参照してほしい。ただし，本書の執筆に際しては，家森

図表6−2　回収状況

		発送数	回収数	回収率
全体		7,000	2,623	37.5%
業態	地方銀行	2,681	634	23.6%
	第二地銀	1,055	330	31.3%
	信用金庫	2,702	1,303	48.2%
	信用組合	562	341	60.7%

（注）全体には，業態不明の8通および期日後到着分の7通を含めている。

［2018］で利用しなかった締め切り後到着の回答84通を含めて再計算したために，数値は若干異なっている。

3 本調査の結果の概要

　本書の第 7 章から第 9 章で，その結果を報告する。ただし，紙幅の関係で省略した結果（特に地域別の結果の大半を割愛している）も多い。必要に応じて家森他［2020］を参照して欲しい。

　ここでは，金融機関経営や金融行政および中小企業行政に対する含意について，あらかじめまとめておくことにしたい。

　仕事にやりがいを感じるかを尋ねたところ，「強く感じる（62.5％）」が最も多く，次いで「非常に強く感じる（22.8％）」であるので，この両者の合計は85.3％となり，大半の支店長が「やりがい」を感じて仕事をしている。

　支店の営業状況や営業地盤について前回（2017年 1 月実施　家森［2018］）と同様の質問をしたところ，前回調査に比べて，金利の下げ止まり感がみられ，特に地方銀行で顕著であった。また，事業性評価にしっかり取り組んでいると考える支店長の比率が高まっている。

　本調査では，自支店をメインバンクとする取引先企業のうち，BCP を策定している企業の割合がどの程度かを尋ねてみた。取引先企業の BCP 策定状況を把握していない金融機関支店長が過半を占めている。また，数値を回答した金融機関支店長の半数以上が取引先の 5 ％未満しか BCP を作成していないと認識している。実際の中小企業の BCP の策定状況に比べるとかなり過小評価をしていることになる。また，大半の金融機関支店長は顧客の BCP について分析していない。

　残念ながら，多くの金融機関は，取引先の BCP 策定の状況について関心を払っていない。こうした背景には，金融機関による働きかけは策定を促す上での効果が乏しいと考えていることに加えて，企業側の費用や人材の問題や，金融機関側のノウハウや人材の問題も大きな障害になっているようである。

　取引先企業に対する BCP 策定に関する自社の支援体制の評価について尋ねてみたところ，「非常に積極的（3.7％）」と「やや積極的（25.3％）」の合計よ

りも，「非常に消極的（10.2％）」と「やや消極的（29.2％）」の合計の方が大きく，全体としては消極的であるとの認識が強い。

　BCP策定を条件とした優遇商品についても「ある」と回答した割合は1割にも満たないし，「ある」企業でも「かなり活用している」との回答はわずか7％にとどまっている。災害リスクコンサル業務についても，ほとんどの地域金融機関では提供できていない。

　本調査では，BCP策定支援や大規模災害の発生後の支援策としてさまざまな公的な施策についての認知度を尋ねてみた。残念ながら，2018年4月に創設された危機関連保証制度について内容まで知っている支店長は2割程度にとどまっている。また，BCP関連の保証制度があるかどうかについても「わからない」という回答が半数を超えている。ただし，大規模災害が起こった場合における信用保証制度や復興支援ファンドの役割に否定的な考えを持つ支店長はほとんどいなかった。

　地域の自治体（都道府県および市町村）のBCP策定への支援策について尋ねたところ，「どのような支援があるのかわからない」という回答が，都道府県に関して71.0％，市町村に関して76.0％であり，地域金融機関の支店長の多くは地元の自治体のBCP支援策について知らない。

　事業性評価におけるリスクとしてどんな点を重視しているかを尋ねてみたところ，「経営者の死亡・重篤な病気」が圧倒的に重視されており，自然災害については質問した7つの観点の中では最も重要視されていないことがわかった。現状では，事業性評価において自然災害の影響まで考慮に入れている金融機関は少ないようである。

　大規模自然災害発生時に金融機関が取引先企業に対して事業継続支援の目的で実施または検討している金融支援について尋ねたところ，「運転資金の提供を予定している」が68.7％と最も多く，「設備資金の提供を予定している」が49.4％で続いていた。しかし，「災害発生後の資金繰りを予測している」は19.6％にとどまり，十分な準備が行えているわけではなさそうである。また，「緊急時に備えて借入予約契約を締結している」との回答はわずか1.0％であり，契約ベースでしっかりと支援する枠組みが作られている事例は少ない。

　多くの支店長は，顧客企業にとって災害からの復旧のための資金源として

「金融機関からの融資や支援」が「非常に重要（57.5％）」だと認識しているのであるから，そうした事態に備えてしっかりと「災害発生後の資金繰りを予測」しておくことが求められるであろう。また，事業性評価の認識とこうした事業継続の支援姿勢との関連性を調べてみると，事業性評価にしっかりと取り組めているという金融機関ほど大規模災害後の企業の事業継続の支援について積極的であることがわかる。

　法人営業担当者の事業性評価の能力が3年前と比較してどう変化しているかを尋ねたところ，地域金融機関の法人営業担当者の能力向上が加速的に進んでいることが明らかとなった。業態別にみると，地方銀行において特に顕著に向上している。その背景として，多くの金融機関において最近，人事評価や人事政策に変化があったとの回答が得られている。特に地方銀行では「大きな変化があった」が前回の9.0％から29.5％に大きく上昇している。その変化の方向としては，減点主義的な人事評価から加点主義的な方向へと変化していることも確認できた。

　最後に，地域金融のあり方についての考え方を尋ねている。「経営に問題を抱えた企業を支えるのは金融機関の使命である」に対して「強く共感する」「ある程度共感する」と答えた割合は99.0％であり極めて高い。しかも，「強く共感する」に注目すると，2013年1月に実施した家森・冨村・高久［2015］では32.5％であったが，2017年1月に実施した家森［2018］では47.2％に増加し，2019年5月に実施した今回の調査では68.4％まで上昇している。2013年以降，地域金融機関の使命に関しての考え方に大きな変化があったことがわかる。「営業現場で事業性評価の考え方は定着してきている」に対して「強く共感する」「ある程度共感する」と答えた割合は88.9％であり，前回調査の69.1％に比べて約20％ポイントの増加となっており，2年半の間に事業性評価の考え方の定着がみられるようになったことを示している。

　以上を一言でまとめると，地域金融機関は事業性評価の取り組みをかなり進展させてきているが，中小企業強靱化法が期待するように，企業の事業性を十分に理解した上で，自然災害に対して中小企業の強靱性を高めるための支援（たとえば，BCP策定支援）に取り組んでいる金融機関はまだ少ない。しかし，

事業性評価において企業の持続性を評価することは不可欠であり，事業性評価の枠組みに自然災害リスクを組み込むことが必要である。大きな自然災害が頻発しており，中小企業の経営の持続可能性を高めるために，地域金融機関には事業性評価に基づいて支援の内容をより充実させていくことが期待される。

◉注

1　ただし，すべての金融機関を対象にしたかったので，それぞれの金融機関について最低1店舗を含むようにした。また，前回調査（家森［2018］）で協力が全く得られなかった金融機関（銀行17社，信用金庫42社，信用組合14社）については，今回も回答を得られない懸念があったことから，送付の上限数を銀行12通，信用金庫4通，信用組合2通と設定した。

＊第6章から第9章までの参考文献は共通しているので，第9章の章末に一括して掲載している。

第7章

調査の実施概要と回答者の特徴

1 回答者の勤務する金融機関について

> 問1．あなたがお勤めの金融機関（以下，貴社とします）の業態をお答えください。

　問1は，勤務する金融機関の業態を尋ねている。なお，以下での問題番号は，送付した質問票の番号としている。本書の執筆に合わせて，掲載する順番を変えているが，元の質問票との対応を維持するために，元の質問票の番号のままにしている。

　図表7-1は，金融業態と地域別の2つの観点から回答者を整理している。地域別にみると，最も少ない北海道・東北が260人で，最も多いのが関東の801人となっている。地域別に業態の比率をみると，中部や関西では信用金庫の回答が6割強を占めている一方で，九州・沖縄では3割台となっているなど，地域によって業態の分布は異なっている。

　以下では，地域別の違いについても言及するが，地域による回答者の業態構成の違いが影響している可能性がある点には留意しておく必要がある。

> 問2．貴社全体の総預金量（2019年3月期末）をお答えください。

　図表7-2は，総預金量を示したものである。全体では，「1兆円〜3兆円未満（30.3％）」が最も多く，次いで「5,000億円〜1兆円未満（17.6％）」，そして「1,000億円〜3,000億円未満（17.0％）」となっている。

　業態別の比率をみると，「1,000億円未満」「1,000億円〜3,000億円未満」「3,000億円〜5,000億円未満」との回答では信用組合が最も大きく，「5,000億円〜1兆

図表7-1 回答者の金融業態

		回答者数	地方銀行	第二地方銀行	信用金庫	信用組合
全 体		2,608	634	330	1,303	341
		100.0%	24.3%	12.7%	50.0%	13.1%
地域別	北海道・東北	260	75	16	139	30
		100.0%	28.8%	6.2%	53.5%	11.5%
	関東	801	156	132	372	141
		100.0%	19.5%	16.5%	46.4%	17.6%
	中部	515	103	34	315	63
		100.0%	20.0%	6.6%	61.2%	12.2%
	関西	301	48	21	198	34
		100.0%	15.9%	7.0%	65.8%	11.3%
	中国・四国	392	118	68	169	37
		100.0%	30.1%	17.3%	43.1%	9.4%
	九州・沖縄	326	131	59	102	34
		100.0%	40.2%	18.1%	31.3%	10.4%

図表7-2 総預金量（2019年3月期末）

		回答者数	1,000億円未満	1,000億円～3,000億円未満	3,000億円～5,000億円未満	5,000億円～1兆円未満	1兆円～3兆円未満	3兆円～5兆円未満	5兆円以上
全 体		2,564	4.7%	17.0%	13.2%	17.6%	30.3%	8.1%	9.2%
業態別	地方銀行	616	0.8%	0.5%	1.1%	4.7%	32.8%	22.7%	37.3%
	第二地銀	322	1.6%	1.9%	7.8%	18.0%	53.1%	16.5%	1.2%
	信用金庫	1,284	3.5%	22.4%	18.2%	26.4%	28.3%	1.1%	0.1%
	信用組合	340	19.1%	40.6%	21.2%	7.6%	11.5%	0.0%	0.0%

（注）「全体」には，業態について無回答であるが，本問を回答した回答者を含んでいる。したがって，4業態の合計が「全体」に一致しない。以下の表でも同様である。同様に，以下の表で，地域別の計数を掲載する場合も，地域が不明な回答者がいるために6地域の合計が「全体」にならない。

円未満」では信用金庫が，「1兆円～3兆円未満」では第二地方銀行が，「3兆円～5兆円未満」と「5兆円以上」では地方銀行が最大であった。つまり，地方銀行，第二地方銀行，信用金庫，信用組合の順で総預金量が多くなっていることを反映している。

2 回答者について

(1)　役職と年齢

> 問 3 ．あなたの役職をお答えください。

　問 3 では，回答者の役職を尋ねている。全体では，「支店長」と回答した人が65.7％で最も多く，「副支店長・次長」という回答者が27.0％であった。前回の調査では，「支店長」と回答した人は77.9％，「副支店長・次長」という回答者は18.6％であった[1]。前回調査と比べ，今回の調査では「副支店長・次席」との回答比率が上昇している。これは，BCP という専門性がある分野の質問が多かったことを反映しているからかもしれない。

　なお，以下では厳密には回答者を支店長等と呼ぶべきであるが，煩雑を避けるために単に支店長と呼ぶことにする。

> 問 4 ．あなたの年齢をお答えください。

　問 4 では，回答者の年齢を尋ねている。全体では「40歳代」が52.0％で最も多く，次いで「50歳代」が40.6％であった。残りの年齢層は少なく，「30歳代」が4.2％，「60歳以上」が2.9％，「20歳代」が0.4％であった。

(2)　仕事へのやりがいの強さ

> 問 5 ．あなたは，現在の仕事にどの程度のやりがいを感じますか。

　図表 7 - 3 は，回答者が仕事に感じるやりがいを示したものである。全体では「強く感じる（62.5％）」が最も多く，次いで「非常に強く感じる（22.8％）」，そして「少し感じる（13.6％）」となっている。「非常に強く感じる」「強く感じる」の合計は85.3％である。

　業態別でも「非常に強く感じる」と「強く感じる」の合計はいずれも 8 割を超えるが，「非常に強く感じる」をみると，地方銀行が26.2％，第二地方銀行

図表7-3　　**仕事へのやりがい**

		回答者数	非常に強く感じる	強く感じる	少し感じる	ほとんど感じない	全く感じない
全　体		2,571	22.8%	62.5%	13.6%	1.1%	0.1%
業態別	地方銀行	621	26.2%	61.4%	11.8%	0.5%	0.2%
	第二地銀	327	26.3%	63.0%	9.8%	0.9%	0.0%
	信用金庫	1,284	21.4%	62.9%	14.2%	1.5%	0.1%
	信用組合	336	18.2%	62.5%	18.5%	0.9%	0.0%

が26.3％，信用金庫は21.4％，信用組合は18.2％である。地方銀行や第二地方銀行では，やりがいを「非常に強く感じる」と回答する割合が他の業態に比べて高くなっている。

　対比するために，前回調査も含めて，これまでにわれわれが実施してきた「やりがい」に関する結果を**図表7-4**に示している。前回調査の全体の結果では，「非常に強く感じる」が25.0％，「強く感じる」が63.1％であった。今回の調査は，前回と比べて「非常に強く感じる」や「強く感じる」がやや低下している。ただし，選択肢のうち，従来の「感じる」を今回は大小関係を明確にするために「少し感じる」に修正した結果，受け止め方に微妙な違いが生じている可能性もある。

　前回調査における業態別の「非常に強く感じる」と「強く感じる」の合計比率は，いずれの業態も8割を超えており，「非常に強く感じる」のみでは地方銀行が26.9％，第二地方銀行が24.7％，信用金庫が26.8％，信用組合が16.0％であった。つまり前回調査と比べると，「非常に強く感じる」と回答する割合は，地方銀行が同程度，第二地方銀行と信用組合が増加，信用金庫がかなり低下していることになる。

図表7－4　「やりがい」についてのこれまでの結果

出所	実施時期	対象		非常に強く感じる	強く感じる	感じる	ほとんど感じない	全く感じない	回答者数
1	2017年1月	支店長	全体	25.0%	63.1%	11.3%	0.5%	0.0%	2,879
			地方銀行	26.9%	62.7%	10.1%	0.3%	0.0%	624
			第二地銀	24.7%	65.9%	8.9%	0.5%	0.0%	372
			信用金庫	26.8%	61.9%	10.8%	0.5%	0.1%	1,483
			信用組合	16.0%	65.2%	18.0%	0.8%	0.0%	388
2	2017年1月	20～50代の若手・中堅の金融機関職員	全体	8.2%	38.2%	33.2%	12.8%	7.5%	1,023
			都市銀行	11.9%	38.4%	31.9%	10.3%	7.5%	505
			地方銀行	4.1%	39.7%	34.8%	14.8%	6.6%	290
			第二地銀	6.2%	27.7%	44.6%	12.3%	9.2%	65
			信用金庫	4.3%	42.6%	27.0%	18.4%	7.8%	141
			信用組合	9.1%	18.2%	50.0%	9.1%	13.6%	22
3	2014年12月	全職位	全体	6.1%	19.6%	48.6%	21.9%	3.9%	311
			都市銀行	9.7%	26.5%	46.0%	14.2%	3.5%	113
			地方銀行	3.6%	17.0%	54.5%	21.4%	3.6%	112
			第二地銀	3.7%	18.5%	33.3%	37.0%	7.4%	27
			信金・信組	5.1%	11.9%	49.2%	30.5%	3.4%	59
4	2016年2月	税理士，公認会計士，弁護士		21.1%	31.1%	33.6%	11.7%	2.4%	700
5	2016年2月	地方公共団体の産業・商工振興担当者		15.1%	35.8%	33.7%	13.5%	1.8%	489

(注) 各調査結果の出所および対象者についての補足は，次のとおり。1：家森 [2018]（ただし，家森 [2018] で利用しなかった締め切り後到着の回答84通を含めて再計算している），2：家森・米田 [2017b]（支店長やそれ以上の職位者を除いている），3：家森・米田 [2015a,b]（副支店長以上15.8％を含む），4：家森・米田 [2016, 2017a]，5：小川・津布久・家森 [2016]。

3 回答者の勤務する支店や営業地盤について

(1) 支店の職員数

> 問6．貴支店の正規職員の人数をお答えください。

　図表7-5は，回答者が勤務する支店の正規職員の人数をまとめたものである。全体では，「6～10人（38.3％）」が最も多く，次いで「11～15人（30.1％）」，そして「16～20人（11.8％）」の順であった。20人以下との回答の合計が約9割を占める。

　業態別では，20人以下との回答を合計すると，地方銀行が77.6％，第二地方銀行が88.2％，信用金庫が94.2％，信用組合が96.1％であった。つまり，地方銀行の支店の正規職員数は他の業態に比べて多いということである。

　前回調査と比較すると，今回の調査に回答した支店では，「5人以下」という小規模支店の比率が高くなっている。実際，「5人以下」を5人として，「6～10人」から「31～50人」までをそれぞれ中央値で代表し，「51人以上」を51人として，前回調査と今回調査の平均正規職員数を計算してみると，13.3人か

図表7-5　正規職員の人数

		回答者数	5人以下	6～10人	11～15人	16～20人	21～30人	31～50人	51人以上
全　体		2,600	9.5%	38.3%	30.1%	11.8%	6.9%	2.7%	0.8%
業態別	地方銀行	629	8.6%	28.9%	25.8%	14.3%	13.7%	7.2%	1.6%
	第二地銀	329	7.0%	42.9%	26.7%	11.6%	7.3%	4.3%	0.3%
	信用金庫	1,298	10.6%	38.8%	32.3%	12.5%	4.7%	0.8%	0.4%
	信用組合	340	9.4%	49.4%	32.9%	4.4%	2.1%	0.3%	1.5%
前回調査		2,928	5.8%	38.7%	31.4%	13.3%	7.3%	2.0%	1.4%
業態別	地方銀行	640	7.3%	29.7%	27.2%	15.0%	14.5%	4.7%	1.6%
	第二地銀	374	5.1%	35.8%	28.9%	16.3%	8.8%	3.5%	1.6%
	信用金庫	1,502	5.3%	37.5%	35.2%	14.0%	5.7%	1.1%	1.3%
	信用組合	396	6.1%	59.3%	27.3%	4.5%	1.0%	0.0%	1.8%

ら12.8人に若干低下している。なお，業態別にみると，「5人以下」の比率が
信用金庫で5.3%から10.6%に大きく増えているのが目立っている。

(2)　取引先の数や状況

> 問7．貴支店が取引をしている企業（個人事業主を含む）（以下，取引先企業とします）
> についてお尋ねします。
> ⑴　取引先企業は何社ですか。
> ⑵　⑴のうち，貴支店をメインバンクとする取引先企業は何社ですか。
> ⑶　貴支店をメインバンクとする取引先企業の従業員数（経営者含む正社員数）で最
> も多く該当する層をお答えください。

　図表7-6は，回答者の取引企業数をまとめたものである。全体では，多い
順から「501社以上（17.3%）」，「101〜150社（16.9%）」，「201〜300社（16.1%）」，
「301〜500社（15.2%）」，「151〜200社（14.2%）」，「76〜100社（8.9%）」となっ
ている。76社以上との回答の合計が88.6%を占める。

　業態別にみると，地方銀行と第二地方銀行では101〜300社を取引先企業とす
る割合が比較的高く，信用金庫と信用組合では301社以上を取引先企業とする
割合が高いという傾向がみられる。

　図表7-7は，回答者の支店をメインバンクとする取引先企業の数をまとめ
たものである。全体では「26〜50社（27.1%）」との回答が最も多く，次いで
「51〜75社（16.0%）」，そして「11〜25社（13.5%）」，「76〜100社（12.2%）」，
「101〜150社（11.9%）」であった。傾向をみるために100社以下の回答を合計
すると，73.5%であった。

図表7-6　支店の取引先企業数

		回答者数	50社以下	51〜75社	76〜100社	101〜150社	151〜200社	201〜300社	301〜500社	501社以上
全体		2,546	6.2%	5.2%	8.9%	16.9%	14.2%	16.1%	15.2%	17.3%
業態別	地方銀行	616	8.5%	5.7%	8.1%	19.3%	14.0%	17.7%	12.3%	14.3%
	第二地銀	325	4.9%	4.6%	9.5%	18.8%	16.9%	16.3%	14.5%	14.5%
	信用金庫	1,272	5.0%	4.9%	9.0%	16.0%	13.8%	15.8%	16.4%	19.2%
	信用組合	329	8.2%	6.1%	9.4%	14.0%	13.7%	14.0%	16.4%	18.2%

図表7－7　貴支店をメインバンクとする取引先企業数

		回答者数	10社以下	11〜25社	26〜50社	51〜75社	76〜100社	101〜150社	151〜200社	201〜300社	301社以上
全体		2,513	4.7%	13.5%	27.1%	16.0%	12.2%	11.9%	6.4%	4.1%	4.0%
業態別	地方銀行	604	7.6%	11.1%	25.7%	13.7%	10.9%	13.6%	6.8%	5.3%	5.3%
	第二地銀	319	8.2%	18.8%	29.2%	15.4%	11.6%	6.9%	4.7%	2.2%	3.1%
	信用金庫	1,257	2.5%	12.4%	26.0%	18.0%	13.5%	11.8%	7.2%	4.6%	4.1%
	信用組合	329	4.6%	17.0%	31.9%	13.7%	10.3%	14.0%	4.3%	2.1%	2.1%

図表7－8　取引先企業の従業員数

		回答者数	5人以下	6〜10人	11〜20人	21〜50人	51〜100人	101〜300人	301人以上
全体		2,513	22.5%	33.6%	21.3%	11.4%	5.0%	3.9%	2.4%
業態別	地方銀行	600	11.7%	22.5%	25.5%	20.0%	9.2%	5.8%	5.3%
	第二地銀	321	13.7%	36.4%	26.2%	10.3%	5.6%	4.7%	3.1%
	信用金庫	1,257	28.4%	37.8%	18.8%	8.2%	2.9%	2.5%	1.4%
	信用組合	331	28.4%	35.0%	18.4%	8.5%	4.8%	4.5%	0.3%

　業態別では，100社以下との回答の合計は，地方銀行で69.0％，第二地方銀行で83.2％，信用金庫で72.4％，信用組合で77.5％であった。回答者の支店をメインバンクとする取引企業の数は，第二地方銀行で少なく，地方銀行で多いという傾向が見て取れる。

　実際，各選択肢の中央値（ただし，「10社以下」では5，「301社以上」では301）を使って平均的なメインバンク先企業数を計算してみると，全体では82.3社（前回調査に基づく試算では83.3社）であり，業態別にみると，地方銀行が88.6社（前回85.0社）と最も多く，第二地方銀行が66.6社（前回68.3社）で最も少なく，信用金庫が86.8社（93.0社），信用組合が69.8社（前回59.4社）であった。前回との比較をすると，地方銀行，信用組合では前回よりメインバンク先数が増えており，第二地方銀行が横ばいで，信用金庫で減っているとの試算結果であった。

　図表7－8は，回答者の取引先企業における従業員数をまとめたものである。全体では，「6〜10人（33.6％）」が最も多く，次いで「5人以下（22.5％）」，

そして「11〜20人（21.3％）」，「21〜50人（11.4％）」であった。50人以下とする回答の合計が88.8％を占める。

　業態別にみると，「5人以下」では信用金庫と信用組合がともに28.4％と他に比べて高く，21人以上とする回答では地方銀行が最も多くなっている。中位値で比較すると，地方銀行が「11〜20人」であるほかは，「6〜10人」となっている。また，選択肢の中央値（ただし，「5人以下」では2.5，「301人以上」では301）で代表させて平均値を試算してみると，全体では29.4人であり，業態別には，地方銀行が47.7人，第二地方銀行が34.0人，信用金庫が21.0人，信用組合が22.9人であった。地方銀行では取引先企業の従業員数が比較的多く，信用金庫や信用組合では比較的少ないという傾向が見て取れる。

(3)　支店の営業状況や営業基盤

> 問8．下記の①〜⑤の内容について，貴支店や，貴支店の営業地盤の状況をお答えください。
> 　①他社との金利競争が激しく，貸出金利が下がっている
> 　②金利よりも融資量の確保を優先している
> 　③事業性評価にしっかりと取り組めている
> 　④職員にとってやりがいのある職場である
> 　⑤今後，地域で大きな自然災害が発生する可能性が高い

　図表7-9は，他社との金利競争が激しく，貸出金利が下がっているかどうか尋ねた質問への回答である。全体では，「ある程度当てはまる（57.0％）」が最も多く，次いで「強く当てはまる（33.2％）」となっている。「強く当てはまる」と「ある程度当てはまる」の合計は90.2％である。

　前回調査の結果も表に示している。最も多かったのは「強く当てはまる（59.1％）」，次いで「ある程度当てはまる（36.7％）」であり，その合計は95.8％であった。「強く当てはまる」と回答する割合は前回と比べ25.9％ポイント低下し，「ある程度当てはまる」との回答は20.3％ポイント上昇している。「他社との金利競争が厳しく，貸出金利が下がっている」状況に「当てはまる」と回答する割合は前回も今回も9割以上であるが，「当てはまる」程度は弱まっているといえよう。

図表 7 - 9　①他社との金利競争が激しく，貸出金利が下がっている

		回答者数	強く当てはまる	ある程度当てはまる	ほとんど当てはまらない	全く当てはまらない	わからない
	全　体	2,584	33.2%	57.0%	8.7%	0.6%	0.5%
業態別	地方銀行	619	26.8%	54.9%	16.5%	0.6%	1.1%
	第二地銀	327	33.6%	60.9%	4.3%	0.6%	0.6%
	信用金庫	1,294	35.9%	57.3%	6.2%	0.5%	0.1%
	信用組合	340	34.4%	56.2%	7.9%	0.6%	0.9%
	前回調査	2,922	59.1%	36.7%	3.6%	0.5%	0.2%
業態別	地方銀行	635	56.2%	37.6%	4.7%	1.1%	0.3%
	第二地銀	372	59.7%	34.9%	4.8%	0.3%	0.3%
	信用金庫	1,503	60.6%	35.9%	2.9%	0.4%	0.1%
	信用組合	396	57.3%	39.1%	3.5%	0.0%	0.0%

　業態別では，「強く当てはまる」と「ある程度当てはまる」の合計は，第二地方銀行，信用金庫，信用組合では9割を超えるのに対して，地方銀行は81.7%と他の業態とは10%ポイント前後の開きがある。地方銀行は16.5%が「ほとんど当てはまらない」としており，他と比べれば，金利競争の激しさや貸出金利の低下はあてはまらないとの回答が多くなっている。

　図表 7 -10は，金利よりも融資量の確保を優先しているかどうかを尋ねた質問への回答である。全体をみると，「ある程度当てはまる（55.1%）」が最も多く，「強く当てはまる（3.0%）」との合計では58.1%となる。「ほとんど当てはまらない（36.0%）」と「全く当てはまらない（4.5%）」の合計は40.5%であった。

　前回調査の結果も表に示しているが，「ある程度当てはまる（56.6%）」が最多であり，「強く当てはまる（4.6%）」との合計は61.2%であった。今回も前回と同様に，回答者の6割程度が金利よりも融資量の確保を優先しているという傾向が見て取れる。なお，「ある程度当てはまる」と「強く当てはまる」の合計を今回と前回で比較すると58.1%から61.2%に3.1%ポイント増加しており，これは5%水準では有意であった。

　業態別では，「強く当てはまる」と「ある程度当てはまる」の合計は，信用

| 図表7-10 | | ②金利よりも融資量の確保を優先している | | | | |

		回答者数	強く当てはまる	ある程度当てはまる	ほとんど当てはまらない	全く当てはまらない	わからない
全体		2,576	3.0%	55.1%	36.0%	4.5%	1.4%
業態別	地方銀行	619	2.6%	51.2%	38.8%	4.8%	2.6%
	第二地銀	326	2.1%	54.6%	39.6%	3.1%	0.6%
	信用金庫	1,288	3.3%	55.4%	35.5%	4.7%	1.2%
	信用組合	339	3.2%	61.4%	29.8%	4.4%	1.2%
前回調査		2,906	4.6%	56.6%	31.7%	5.2%	1.9%
業態別	地方銀行	633	3.9%	50.9%	33.6%	8.8%	2.7%
	第二地銀	371	4.3%	56.6%	32.1%	5.1%	1.9%
	信用金庫	1,495	5.2%	58.1%	31.2%	3.9%	1.6%
	信用組合	391	3.3%	59.8%	30.7%	4.1%	2.0%

組合（64.6％）が最も多く，最も少ない地方銀行（53.8％）とは約10％ポイントの差がみられる。信用組合は，他の業態に比べれば金利よりも融資量の確保を優先する傾向が強いといえる。

　図表7-11は，事業性評価にしっかりと取り組めているかどうかを尋ねた質問への回答である。全体をみると，「ある程度当てはまる（72.5％）」が最も多く，次いで「強く当てはまる（13.9％）」，そして「ほとんど当てはまらない（10.7％）」，「わからない（1.7％）」，「全く当てはまらない（1.2％）」となっている。「強く当てはまる」と「ある程度当てはまる」の合計は86.4％となる。

　前回調査も表に示しているが，「ある程度当てはまる（70.1％）」が最も多く，「強く当てはまる（11.3％）」との合計は81.4％である。この両者の合計を事業性評価実践率と呼ぶとすると，前回の81.4％から86.4％に上昇しており，この差は1％水準で有意である。つまり，事業性評価に取り組めていると考える支店長の比率が高まっているといえる。

　業態別では，事業性評価実践率は，高い順に第二地方銀行の93.8％，地方銀行の89.0％，信用金庫の85.1％，信用組合の79.4％となっており，いずれの業態でも約8割から9割あるものの，業態間での差異は大きい。全般的に，地方銀行や第二地方銀行の方が，協同組織金融機関よりも事業性評価に取り組めて

図表 7 -11　③事業性評価にしっかりと取り組めている

		回答者数	強く当てはまる	ある程度当てはまる	ほとんど当てはまらない	全く当てはまらない	わからない
	全　体	2,580	13.9%	72.5%	10.7%	1.2%	1.7%
業態別	地方銀行	617	22.7%	66.3%	6.2%	1.5%	3.4%
	第二地銀	324	16.0%	77.8%	5.2%	0.3%	0.6%
	信用金庫	1,295	10.0%	75.1%	12.7%	1.2%	1.0%
	信用組合	340	10.6%	68.8%	17.1%	1.2%	2.4%
	前回調査	2,907	11.3%	70.1%	13.4%	0.8%	4.4%
業態別	地方銀行	627	14.4%	73.0%	8.0%	1.0%	3.7%
	第二地銀	371	10.8%	74.4%	12.7%	0.5%	1.6%
	信用金庫	1,498	11.5%	68.5%	14.4%	0.6%	5.0%
	信用組合	395	6.8%	67.8%	18.2%	1.3%	5.8%

図表 7 -12　④職員にとってやりがいのある職場である

		回答者数	強く当てはまる	ある程度当てはまる	ほとんど当てはまらない	全く当てはまらない	わからない
	全　体	2,582	14.4%	77.3%	4.5%	0.4%	3.3%
業態別	地方銀行	619	22.1%	71.9%	2.6%	0.2%	3.2%
	第二地銀	328	15.9%	79.0%	3.4%	0.0%	1.8%
	信用金庫	1,291	11.8%	79.3%	5.1%	0.6%	3.2%
	信用組合	340	8.5%	78.2%	7.1%	0.6%	5.6%
	前回調査	2,915	16.5%	76.0%	3.6%	0.3%	3.7%
業態別	地方銀行	631	20.6%	72.4%	3.5%	0.0%	3.5%
	第二地銀	371	17.3%	77.6%	2.7%	0.3%	2.2%
	信用金庫	1,501	16.3%	76.3%	3.5%	0.3%	3.5%
	信用組合	396	10.1%	78.3%	4.8%	0.5%	6.3%

いるとの回答が多くなっている。

　図表 7 -12は，職員にとってやりがいのある職場かどうかを尋ねた質問への回答である。全体をみれば，「ある程度当てはまる（77.3％）」が最も多く，次いで「強く当てはまる（14.4％）」，そして「ほとんど当てはまらない（4.5％）」

となっている。「強く当てはまる」と「ある程度当てはまる」との合計は91.7％である。

　前回調査では「ある程度当てはまる（76.0％）」が最も多く、「強く当てはまる（16.5％）」との合計は92.5％であった。今回の調査でも、前回と同程度の割合で回答者は自身の職場を積極的に評価していることが見て取れる。前回と比べると若干低下しているが、その差は統計的には有意ではないので、ほぼ同じと判断できる。

　業態別では、「強く当てはまる」と「ある程度当てはまる」の合計でみると、地方銀行（94.0％）や第二地銀（94.9％）に比べると、信用金庫（91.1％）や信用組合（86.7％）が低めとなっている。

　図表7-13は、今後、地域で大きな自然災害が発生する可能性が高いかどうかを尋ねた質問への回答である。全体をみると、「強く当てはまる（9.5％）」と「ある程度当てはまる（35.6％）」の合計は45.1％、「ほとんど当てはまらない（29.5％）」と「全く当てはまらない（1.9％）」の合計は31.4％、「わからない」が23.4％であった。なお、この質問は前回調査では尋ねていないために、過去との比較はできない。

図表7-13　⑤今後、地域で大きな自然災害が発生する可能性が高い

		回答者数	強く当てはまる	ある程度当てはまる	ほとんど当てはまらない	全く当てはまらない	わからない
全体		2,580	9.5%	35.6%	29.5%	1.9%	23.4%
業態別	地方銀行	616	10.1%	32.1%	33.6%	1.3%	22.9%
	第二地銀	328	8.5%	34.8%	31.4%	3.0%	22.3%
	信用金庫	1,292	8.7%	38.7%	26.9%	2.2%	23.5%
	信用組合	340	12.6%	30.6%	30.9%	1.2%	24.7%
地域別	北海道・東北	255	4.7%	35.7%	38.0%	3.1%	18.4%
	関東	796	7.3%	32.3%	35.1%	1.8%	23.6%
	中部	508	14.6%	36.0%	22.4%	2.8%	24.2%
	関西	295	8.1%	40.3%	25.4%	0.7%	25.4%
	中国・四国	390	15.4%	42.3%	24.4%	1.0%	16.9%
	九州・沖縄	323	5.3%	31.0%	30.3%	2.5%	31.0%

　業態別では，「強く当てはまる」と「ある程度当てはまる」の合計は，地方銀行が42.2％，第二地方銀行が43.3％，信用金庫が47.4％，信用組合が43.2％であり，信用金庫が他の業態に比べて「当てはまる」と回答する比率が高くなっている。また，「強く当てはまる」のみをみると，信用組合が12.6％で最多であった。

　地域別では，「強く当てはまる」と「ある程度当てはまる」の合計は，中国・四国と中部では5割以上，関西でも48.4％と5割に近い。中国・四国，中部，関西では，他地域と比べ自然災害が発生する可能性が高いと認識していることが見て取れる。他方，北海道・東北はこの合計が40.4％で約4割にとどまり，関東では39.6％，九州・沖縄では36.3％と4割を下回る。たとえば，「強く当てはまる」に注目すると，中国・四国の15.4％と関東の7.3％の差異は1％水準で有意であった。つまり，地域によって，「今後，地域で大きな自然災害が発生する可能性が高い」という認識の強さには差異がみられる。

　この差異が生まれる背景にはさまざまな要因が考えられるが，その重要な要因として，過去に起きた自然災害への記憶の新しさがあげられる。今後の自然災害発生の可能性が高いと認識している中国・四国では，2018年に西日本豪雨による被害を受けている。また，関西も2018年に大阪府北部地震が発生している。このことから，本アンケート調査が行われた2019年5月における自然災害への記憶の新しさが今後の災害発生への認識に影響している可能性がある。一方，北海道・東北や関東は2011年に東日本大震災を経験し，九州・沖縄は2016年に熊本地震，2017年に九州北部豪雨を経験している。東日本大震災の場合は発生から時間が経っており，熊本地震や九州北部豪雨では被害が及んだ範囲がそれぞれ限られていたことなども，これら地域の災害発生に対する認識に影響を及ぼしていると考えられる。例外的に，中部は近年大きな自然災害を経験していないものの，今後発生する可能性を比較的高く認識している。その理由として，切迫性が高いとされる南海トラフ巨大地震の可能性が影響しているのかもしれない。

●注

1　前回調査とは，家森［2018］において報告している，2017年1月に実施した「現場から
　みた地方創生に向けた地域金融の現状と課題に関する実態調査」である。ただし，本書執
　筆にあたって，家森［2018］で利用しなかった締め切り後到着の回答84通を含めて再計算
　したために，同書の数値とは若干異なっている。

＊第6章から第9章までの参考文献は共通しているので，第9章の章末に一括して掲載して
　いる。

第8章

取引先の自然災害リスク対応への支援

1　取引先企業が抱える自然災害等のリスク認識

> 問12.　貴支店が立地するエリアは，2011年以降に大きな自然災害がありましたか。最も
> 　　　規模が大きかったものについてお答えください。

　問12では，回答支店の立地エリアで2011年以降に発生した大規模自然災害の有無について尋ねている。「大きな災害はなかった」が72.6％で，続いて「激甚災害には指定されなかったが大きな災害があった」が14.2％，「激甚災害に指定された災害があった」が10.6％，「わからない」が2.6％であった。

> 問13.　自然災害への心配は，取引先企業の事業活動（設備投資や立地などを含む）に影
> 　　　響していると思いますか。

　問13は，金融機関の視点から，自然災害への憂慮が取引先企業の事業活動に与えている影響の程度を尋ねている。その結果が**図表8-1**である。

　全体でみると，「強く影響している」が13.0％，「ある程度影響している」が39.6％，「少し影響している」が22.0％であるので，「影響している」と考えている回答者がほぼ75％であった。つまり，潜在的な自然災害への心配が取引先企業の事業活動に影響しているとの認識は広く共有されている。

　業態別にみると，「強く影響している」の回答率は13％程度であるが，「ある程度影響している」まで考慮すると，地方銀行が63.4％と非常に高いことが特徴的である。地域別にみると，中国・四国で「強く影響している」の回答率が

図表 8 - 1　**災害への心配と事業活動への影響**

		回答者数	強く影響している	ある程度影響している	少し影響している	ほとんど影響していない	全く影響していない	わからない
全　体		2,593	13.0%	39.6%	22.0%	20.4%	2.0%	3.2%
業態別	地方銀行	623	12.0%	51.4%	20.7%	12.0%	1.0%	2.9%
	第二地銀	329	13.1%	36.2%	21.9%	23.7%	1.8%	3.3%
	信用金庫	1,295	13.3%	36.2%	22.0%	22.7%	2.4%	3.4%
	信用組合	338	13.3%	34.0%	24.0%	23.7%	2.4%	2.7%
地域別	北海道・東北	256	13.7%	35.2%	26.2%	20.7%	1.6%	2.7%
	関東	797	12.3%	33.8%	25.7%	22.6%	2.0%	3.6%
	中部	514	10.5%	44.9%	18.3%	20.8%	2.5%	2.9%
	関西	298	12.1%	47.0%	21.8%	15.1%	1.0%	3.0%
	中国・四国	390	19.5%	40.5%	18.7%	17.9%	1.8%	1.5%
	九州・沖縄	326	11.0%	40.8%	19.6%	21.5%	2.5%	4.6%

高い。

問15.　取引先企業がリスクマネジメントに取り組む際に，下記の①〜⑤の事項をどのく
　　　らい重要視していると思われますか。
　　　①トップの認識や能力
　　　②取引先や行政の働きかけや協力
　　　③事業継続や復旧に必要な資金を調達できる金融機関との関係
　　　④リスクに対応できる人材
　　　⑤リスクを想定した平時の訓練

　問15は，金融機関の支店長からみて，リスクマネジメントに際してのさまざ
まな観点を取引先企業がどの程度重要視しているかを尋ねている。その結果を
図表 8 - 2 にまとめている。

　「①トップの認識や能力」についてみると，「非常に重要」が52.1％と最も多
く，「重要」が40.7％，「多少は重要」が5.4％と続く。また，どの業態におい
ても，「非常に重要」の選択肢が最も多く，地方銀行，第二地方銀行，信用組合
で50％を超え，信用金庫も49.0％となっている。

　「非常に重要」と「重要」の回答率を足し合わせた場合，全体では，92.8％

図表 8-2　リスクマネジメントにおける各観点の重要視度

		回答者数	非常に重要	重要	多少は重要	あまり重要ではない／考慮しない
	全　体	2,592	52.1%	40.7%	5.4%	0.4%
① 業態別	地方銀行	623	57.8%	35.8%	4.0%	0.5%
	第二地銀	326	54.9%	39.9%	2.8%	0.0%
	信用金庫	1,297	49.0%	43.2%	6.6%	0.3%
	信用組合	338	50.9%	40.8%	5.9%	1.2%
	全　体	2,590	10.8%	57.8%	27.6%	1.7%
② 業態別	地方銀行	623	14.6%	58.6%	21.8%	1.3%
	第二地銀	326	9.8%	59.2%	27.3%	1.2%
	信用金庫	1,298	9.9%	56.6%	30.3%	1.9%
	信用組合	335	8.4%	59.7%	28.1%	2.1%
	全　体	2,591	22.2%	61.3%	13.9%	1.2%
③ 業態別	地方銀行	623	21.0%	60.5%	14.0%	1.4%
	第二地銀	326	22.7%	63.2%	11.7%	0.3%
	信用金庫	1,297	22.6%	61.4%	14.0%	1.4%
	信用組合	337	22.0%	61.1%	15.1%	0.9%
	全　体	2,591	19.3%	57.7%	18.8%	1.8%
④ 業態別	地方銀行	623	23.1%	55.4%	15.4%	1.8%
	第二地銀	326	19.9%	62.0%	15.0%	0.9%
	信用金庫	1,297	16.8%	58.4%	21.2%	2.0%
	信用組合	337	21.4%	54.9%	19.9%	2.1%
	全　体	2,591	6.1%	45.3%	37.6%	7.3%
⑤ 業態別	地方銀行	623	6.3%	51.8%	30.2%	6.1%
	第二地銀	326	8.3%	46.0%	37.1%	4.9%
	信用金庫	1,297	5.6%	42.2%	41.1%	8.2%
	信用組合	337	5.9%	44.8%	38.3%	8.0%

（注1）①トップの認識や能力，②取引先や行政の働きかけや協力，③事業継続や復旧に必要な資金を調達できる金融機関との関係，④リスクに対応できる人材，⑤リスクを想定した平時の訓練。
（注2）「わからない」の比率は省略している。

となる。業態別には，地方銀行が93.6％，第二地方銀行が94.8％，信用金庫が92.2％，信用組合が91.7％であった。すべての金融業態で「非常に重要」と「重要」の合計回答率は90％を超えている。

「②取引先や行政の働きかけや協力」についてみると，「重要」が57.8％と最も高く，続いて「多少は重要」が27.6％，「非常に重要」が10.8％と続く。

「非常に重要」と「重要」の回答率を足し合わせた場合，全体では68.6％となる。業態別には，地方銀行が73.2％，第二地方銀行が69.0％，信用金庫が66.5％，信用組合が68.1％である。すべての金融業態で「非常に重要」と「重要」の合計回答率が50％を超えている。

「③事業継続や復旧に必要な資金を調達できる金融機関との関係」について見ると，「重要」が61.3％と最も高い回答率で，続いて「非常に重要」が22.2％，「多少は重要」が13.9％と続く。

「非常に重要」と「重要」の回答率を足し合わせた場合，全体では83.5％となる。業態別には，地方銀行が81.5％，第二地方銀行が85.9％，信用金庫が84.0％，信用組合が83.1％である。すべての金融業態で「非常に重要」と「重要」の合計回答率は80％を超えている。

「④リスクに対応できる人材」についてみると，「重要」が57.7％と最も高い回答率で，続いて「非常に重要」が19.3％，「多少は重要」が18.8％と続く。

「非常に重要」と「重要」の回答率を足し合わせた場合，全体では77.0％となる。業態別には，地方銀行が78.5％，第二地方銀行が81.9％，信用金庫が75.2％，信用組合が76.3％である。すべての金融業態で「非常に重要」と「重要」の合計回答率は70％を超えている。

「⑤リスクを想定した平時の訓練」についてみると，「重要」が45.3％と最も高い回答率で，続いて，「多少は重要」が37.6％，「非常に重要」が6.1％，と続く。

「非常に重要」と「重要」の回答率を足し合わせた場合，全体では51.4％となる。業態別には，地方銀行が58.1％，第二地方銀行が54.3％，信用金庫が47.8％，信用組合が50.7％である。信用金庫以外の金融機関で「非常に重要」と「重要」の合計回答率は50％を超えている。

以上のように，図表8-2に示した5つの観点とも「非常に重要」と「重要」を合計すると5割を超えているが，「トップの認識や能力」については9割を超え，最も重要と認識されている。「事業継続や復旧に必要な資金を調達できる金融機関との関係」も「非常に重要」と「重要」の合計が8割を超えて

おり，企業がリスクマネジメントにおいて金融機関との関係を重視していると
感じている支店長が多い。

2 被災後の取引先企業の復旧資金源

> 問18. 大規模な災害により施設・設備に物的被害が生じた場合に，それらを復旧させる
> ための資金源として，貴支店の取引先企業は①〜⑥への重要性（金額ベース）を，
> どのように認識していると思われますか。
> ①保険（火災・地震・水害など）
> ②金融機関からの融資や支援（返済の停止などを含む）
> ③取引先や親会社からの支援
> ④会社の自己資金（預貯金など）
> ⑤経営者やその親族などの資金
> ⑥公的支援

　問18は，取引先企業が被災した場合に，6種類の資金の復旧資金源としての
重要性に関して，事業者の持っている認識を尋ねている。

　図表8-3にその結果をまとめている。「①保険（火災・地震・水害など）」
についてみると，「非常に重要」が62.8％と最も高い回答率となり，続いて，
「多少は重要」が33.7％と続いており，「非常に重要」と「多少は重要」の回答
率を足し合わせると，96.5％となる。業態別に関して，「非常に重要」の選択
肢が最も回答を集め，地方銀行が66.5％，第二地方銀行が63.6％，信用金庫が
61.7％，信用組合が59.8％となっている。すべての金融業態で「非常に重要」
と「多少は重要」の合計回答率は90％を超えている。

　「②金融機関からの融資や支援（返済の停止などを含む）」についてみると，
「非常に重要」が57.5％で，「多少は重要」が39.1％で続いている。「非常に重
要」と「多少は重要」の回答率を足し合わせると96.6％となる。業態別には，
地方銀行が96.3％，第二地方銀行が97.9％，信用金庫が96.6％，信用組合が
96.1％である。すべての金融業態で「非常に重要」と「多少は重要」の合計回
答率は90％を超えることがわかった。

　「③取引先や親会社からの支援」についてみると，「多少は重要」が51.7％と

図表 8 − 3　復旧資金源としての企業の重要性の認識

		回答者数	非常に重要	多少は重要	あまり重要ではない	全く重要ではない
① 業態別	全　体	2,545	62.8%	33.7%	1.6%	0.0%
	地方銀行	618	66.5%	30.3%	1.0%	0.0%
	第二地銀	321	63.6%	34.6%	0.6%	0.0%
	信用金庫	1,267	61.7%	34.8%	1.5%	0.0%
	信用組合	331	59.8%	34.7%	3.9%	0.0%
② 業態別	全　体	2,542	57.5%	39.1%	1.7%	0.0%
	地方銀行	618	61.8%	34.5%	1.8%	0.0%
	第二地銀	321	61.1%	36.8%	0.6%	0.0%
	信用金庫	1,265	54.5%	42.1%	1.6%	0.0%
	信用組合	330	57.9%	38.2%	3.0%	0.0%
③ 業態別	全　体	2,537	24.8%	51.7%	15.3%	0.8%
	地方銀行	617	33.9%	47.5%	11.5%	0.8%
	第二地銀	320	23.1%	56.9%	15.3%	0.0%
	信用金庫	1,262	22.9%	53.4%	14.9%	1.0%
	信用組合	330	16.7%	47.9%	23.6%	0.9%
④ 業態別	全　体	2,542	47.0%	47.4%	3.2%	0.2%
	地方銀行	617	54.3%	40.7%	2.4%	0.2%
	第二地銀	321	45.8%	50.2%	1.9%	0.3%
	信用金庫	1,265	45.3%	48.6%	3.6%	0.1%
	信用組合	331	40.8%	53.2%	4.5%	0.3%
⑤ 業態別	全　体	2,543	22.7%	59.1%	12.4%	0.6%
	地方銀行	618	24.3%	56.6%	9.2%	0.3%
	第二地銀	320	19.4%	65.3%	11.9%	0.0%
	信用金庫	1,266	23.4%	59.1%	13.2%	0.6%
	信用組合	331	20.8%	57.7%	15.7%	0.9%
⑥ 業態別	全　体	2,544	53.2%	37.3%	6.1%	0.1%
	地方銀行	618	58.1%	32.2%	6.0%	0.2%
	第二地銀	321	50.8%	37.7%	7.8%	0.0%
	信用金庫	1,266	51.7%	39.5%	5.5%	0.1%
	信用組合	331	52.9%	38.1%	6.6%	0.0%

（注 1 ）①保険（火災・地震・水害など），②金融機関からの融資や支援（返済の停止などを含む），③取引先や親会社からの支援，④会社の自己資金（預貯金など），⑤経営者やその親族などの資金，⑥公的支援。

（注 2 ）「わからない」は省略している。

最も高い回答率で，「非常に重要」が24.8％，「あまり重要ではない」が15.3％
となっている。「非常に重要」と「多少は重要」の回答率を足し合わせた場合，
76.5％となる。業態別には，地方銀行が81.4％，第二地方銀行が80.0％，信用
金庫が76.3％，信用組合が64.6％である。すべての金融業態で「非常に重要」
と「多少は重要」の合計回答率は60％を超えていることがわかった。

　「④会社の自己資金（預貯金など）」についてみると，「多少は重要」が
47.4％と最も高い回答率となり，続いて，「非常に重要」が47.0％であった。
「非常に重要」と「多少は重要」の回答率を足し合わせた場合，全体では
94.4％となる。業態別にみても，すべての業態で「非常に重要」と「多少は重
要」の合計回答率は90％を超えることがわかった。

　「⑤経営者やその親族などの資金」についてみると，「多少は重要」が59.1％
と最も高い回答率となり，続いて，「非常に重要」が22.7％，「あまり重要では
ない」が12.4％となっている。「非常に重要」と「多少は重要」の回答率を足
し合わせた場合，全体では81.8％となる。すべての金融業態で「非常に重要」
と「多少は重要」の合計回答率は70％を超えることがわかった。

　「⑥公的支援」についてみると，「非常に重要」が53.2％と最も高い回答率と
なり，「多少は重要」が37.3％であった。「非常に重要」と「多少は重要」の回
答率を足し合わせた場合，全体では90.5％となる。業態別にみると，第二地方
銀行以外の金融機関で「非常に重要」と「多少は重要」の合計回答率は90％を
超えている。

　以上をまとめると，「非常に重要」の比率の大きい順に重要性を理解すると，
まず，「保険」であり，続いて「金融機関からの融資や支援」であった。つま
り，多くの銀行支店長は取引先が復旧にあたって金融機関からの資金提供に依
存するであろうと予想している。そうした期待に応えるために，問16（図表
9－2）でみるように，積極的に資金提供を行う姿勢を示しているのであろう。
しかし，現在，地域金融機関に求められているのは被災後の資金繰り支援だけ
ではない。事前に備えておく段階から支援することによって，被災のダメージ
を軽減し，さらに被災からの迅速な復旧・復興を確実なものにしておくことで
ある。この点で大きな課題が残っている。

3　取引先企業の BCP の整備状況の把握

(1)　整備状況の把握

> 問19. 貴支店をメインバンクとする取引先企業のうち，BCP を策定している企業の割合はおおよそどのくらいですか。

　図表 8 - 4 は自支店をメインバンクとする取引先企業のうち，BCP を策定している企業の割合の推計値を示している。取引先企業の BCP 策定状況を把握していない金融機関が全体の55.3％と過半を占めており，このような状況は，金融機関の業態にかかわらず生じている。「わからない」を除くと，一番多いのが「 5 ％未満」である。「わからない」と回答した者を除いた1,153人のベースで比率を計算し直すと「 5 ％未満」の比率は51.7％となる。つまり，数値を回答した支店長の半数以上が取引先の 5 ％未満しか BCP を作成していないと認識していることになる。一方，第 5 章で紹介した中小企業庁のアンケート調査（図表 5 - 6 ）では，中小企業の BCP 策定率は15.5％であった。また，第Ⅱ

図表 8 - 4　取引先企業のうち BCP を策定している企業の割合

		回答者数	75%以上	50%以上	30%以上	20%以上	10%以上	5 %以上	5 %未満	わからない
	全　体	2,579	0.3%	1.2%	4.1%	4.4%	7.4%	4.1%	23.1%	55.3%
業態別	地方銀行	620	0.2%	1.8%	4.7%	2.6%	12.3%	3.7%	21.9%	52.9%
	第二地銀	325	0.6%	1.8%	4.6%	4.9%	5.2%	3.4%	21.5%	57.8%
	信用金庫	1,291	0.3%	0.9%	4.1%	5.1%	6.0%	5.0%	23.9%	54.8%
	信用組合	335	0.3%	0.9%	2.7%	4.5%	6.0%	2.7%	23.6%	59.4%
地域別	北海道・東北	255	0.0%	0.4%	3.5%	5.9%	8.2%	5.9%	23.1%	52.9%
	関東	794	0.4%	0.9%	3.7%	4.9%	6.0%	2.5%	23.4%	58.2%
	中部	511	0.2%	1.0%	3.3%	4.9%	11.4%	4.7%	27.8%	46.8%
	関西	296	0.0%	1.7%	6.1%	3.7%	6.4%	4.1%	21.3%	56.8%
	中国・四国	385	1.0%	1.8%	4.4%	3.6%	6.2%	6.0%	22.1%	54.8%
	九州・沖縄	325	0.0%	1.8%	4.9%	3.1%	6.2%	4.0%	18.2%	61.8%

部で紹介した，野田・浜口・家森［2019］の企業に対する調査の結果では，その値は22.6％であった。これらの結果からすると，金融機関の支店長の多くが，企業のBCP策定状況について十分に把握していないのだと考えられる。

　地域別では九州・沖縄地方と関東地方において，取引先企業のBCP策定状況を把握できていない金融機関の割合が，それぞれ61.8％と58.2％で相対的にやや多い。それに対して，中部地方ではBCPの策定状況を把握できていない金融機関の割合は46.8％と全国平均を8.5％ポイント程度下回っており，他の地域に比べれば取引先企業のBCP策定状況の把握が進んでいるといえる。ただし，中部地方の金融機関も含めて，どの地域でも状況を把握しているという支店長の多くはBCPを策定している取引先が5％未満であると回答しており，BCPの策定状況をそもそも把握していない，あるいは把握していてもBCP策定の把握が不十分であることがうかがわれる。

> 問24. 2011年以降に，BCP策定に関する取引先企業の関心は高まっているように感じ
> ますか。

　問24の回答を業態別・地域別にまとめたものが，**図表8-5**である。東日本大震災以降，BCP策定に関する関心が高まっていると感じるかという問いに対しては，「強く感じる」が1.4％，「ある程度感じる」が44.7％となっており，両者の合計は「感じない」の34.9％を上回っている。特に地方銀行において「強く感じる」，「ある程度感じる」を合わせて60.4％と高くなっている。他方で，信用金庫においては「感じない」という回答が41.1％と高くなっており，「強く感じる」，「ある程度感じる」を合わせた40.5％をやや上回っている。

図表8-5 2011年以降，BCP策定に関する関心について

		回答者数	強く感じる	ある程度感じる	感じない	わからない
全体		2,576	1.4%	44.7%	34.9%	19.0%
業態別	地方銀行	617	2.1%	58.3%	23.8%	15.7%
	第二地銀	324	2.2%	42.0%	33.6%	22.2%
	信用金庫	1,293	1.1%	39.4%	41.1%	18.4%
	信用組合	334	0.3%	42.2%	32.9%	24.6%

(2)　取引先企業の BCP の水準に対する評価

> 問20.　BCP を策定している企業のうち，十分だと評価できるレベルで BCP を策定し
> ている企業の割合はおおよそどのくらいですか。

　BCP を策定している企業のうち，十分だと評価できるレベルで BCP を策定している企業の割合を尋ねた質問に対しての回答が**図表 8 - 6** にまとめられている。図表 8 - 6 によれば，BCP の内容を知らないので評価できないという回答が最も多く，全体の60.1％を占めている。また内容を知っていても，金融機関自身が BCP の中身を評価できないという割合も高く，全国平均で13.2％であった。特に，地方銀行でその割合が21.4％となっており，第二地方銀行，信用金庫，信用組合といった他の業態に比べて 2 倍程度になっている。

　BCP の内容を評価できるとする回答の中でみると，十分な内容を持った

図表 8 - 6　**十分だと評価できる BCP を策定している取引先企業の割合**

		回答者数	75％以上	50％以上	30％以上	20％以上	10％以上	5％以上	5％未満	内容を知らないのでわからない	内容を知っているが、評価できないのでわからない
	全　体	2,555	1.2%	3.3%	4.0%	3.0%	2.3%	1.6%	11.3%	60.1%	13.2%
業態別	地方銀行	617	1.0%	2.8%	3.9%	2.4%	1.3%	1.3%	7.8%	58.2%	21.4%
	第二地銀	319	0.9%	3.8%	4.4%	2.8%	2.8%	0.9%	9.7%	66.5%	8.2%
	信用金庫	1,280	1.6%	3.7%	3.8%	3.1%	2.7%	1.8%	12.3%	59.4%	11.6%
	信用組合	331	0.3%	2.4%	4.2%	3.9%	2.4%	1.8%	15.4%	60.4%	9.1%
地域別	北海道・東北	251	0.8%	2.0%	4.0%	6.0%	3.6%	1.6%	14.7%	58.2%	9.2%
	関東	789	0.5%	3.8%	3.8%	2.0%	2.5%	1.6%	12.3%	62.7%	10.6%
	中部	507	2.4%	3.6%	3.0%	2.8%	1.8%	2.0%	8.9%	54.0%	21.7%
	関西	294	1.0%	2.4%	5.8%	3.1%	3.4%	1.7%	10.2%	57.8%	14.6%
	中国・四国	377	1.1%	4.2%	4.2%	3.4%	1.3%	1.9%	11.4%	62.6%	9.8%
	九州・沖縄	324	1.5%	2.8%	4.0%	3.1%	2.2%	0.3%	11.4%	63.3%	11.4%

BCP を作成している取引先は 5 ％未満であるという回答が全体の中では11.3％と多い。その中でも，信用組合で15.4％，信用金庫で12.3％となっており，地方銀行と第二地方銀行がそれぞれ10％未満であることに比べると，やや高くなっている。

　地域別でみると，中部地方で BCP の内容を把握している金融機関が多いが，他方で，内容を知っていてもそれを評価できないという回答も21.7％と高くなっている。問19の回答結果と合わせて考えると，BCP の内容を把握することと，それを適切に評価することは別の問題であり，実態の把握と評価できる態勢という 2 つの仕組み作りが求められるといえる。

> 問22．BCP の策定が当該企業にどのような効果をもたらしていると評価していますか。
> 　（複数回答可）

　BCP が当該企業にもたらした効果について尋ねた質問の回答をまとめたのが**図表 8 - 7** である。これをみると，最も回答が多かったものは「リスク把握の深化（57.4％）」である。次いで，「従業員の安心感の向上（30.1％）」，「取引先（消費者を含む）からの評価の向上（23.9％）」，「金融機関からの評価の向上（20.2％）」となっている。他方で，「収益の向上（9.3％）」や「株主からの

図表 8 - 7　BCP の策定が当該企業にもたらした効果

		回答者数	リスク把握の深化	従業員の安心感の向上	取引先（消費者を含む）からの評価の向上	金融機関からの評価の向上	売上の拡大や安定化	取引先の分散化	収益の向上	株主からの評価の向上	目立った効果はみられない	事業内容の変更	わからない
	全体	2,535	57.4%	30.1%	23.9%	20.2%	16.1%	11.4%	9.3%	6.5%	3.0%	2.4%	23.2%
業態別	地方銀行	611	64.8%	33.7%	30.9%	21.4%	20.9%	14.2%	5.7%	12.6%	2.6%	4.4%	17.0%
	第二地銀	317	59.9%	35.6%	24.6%	17.0%	12.6%	7.3%	7.9%	9.5%	0.9%	2.2%	22.1%
	信用金庫	1,275	55.1%	27.2%	20.7%	18.7%	14.3%	11.2%	9.6%	3.4%	3.6%	1.5%	24.7%
	信用組合	324	49.4%	28.7%	22.2%	26.5%	17.9%	11.4%	16.0%	4.3%	3.1%	2.2%	29.9%

評価の向上（6.5％）」があったという回答は相対的に低い水準にとどまっている。ただし，「目立った効果は見られない」という回答は全体の3.0％という非常に低い水準であったことから，金融機関は，取引先企業のBCP策定には何らかのプラスの効果が働いていると認識しているといえよう。

　業態別にみると，「リスク把握の深化」面で効果があったという回答は，特に地方銀行や第二地方銀行で多かった。

(3)　取引先企業がBCPを策定する理由

問21．取引先企業がBCPを策定した理由として，重要であったと思う程度についてお答えください。

　BCPを策定した理由を尋ねた質問に対しての回答が**図表8-8**にまとめられ

図表8-8　BCPを策定した理由

	回答者数	非常に重要	重要	多少は重要	重要ではない	わからない
BCPの重要性についての経営層の認識	2,451	17.4%	37.7%	18.8%	1.6%	24.5%
法令や規則等の義務	2,448	11.6%	38.6%	20.8%	2.4%	26.5%
取引先からの要請	2,452	10.5%	31.3%	26.6%	3.6%	28.1%
国や地方自治体からの要請（入札資格の条件なども含む）	2,447	9.4%	32.1%	26.3%	3.2%	29.0%
当該企業自身の被災の経験	2,450	9.2%	32.4%	22.7%	4.9%	30.7%
被災後の早期復旧による営業上の利点	2,451	8.4%	34.2%	26.0%	2.7%	28.7%
経営上の余裕（収益，人員の面など）	2,449	7.6%	32.9%	27.1%	5.4%	27.0%
他社や他地域での災害の発生	2,453	4.8%	33.3%	29.6%	3.8%	28.6%
貴社からの要請・支援	2,446	4.0%	23.7%	32.0%	10.7%	29.7%
信用保証料や融資金利の引き下げなどの金融面での優遇措置	2,447	3.9%	21.5%	34.5%	10.7%	29.4%
商工会議所や各種の業界団体からの要請	2,447	3.0%	24.6%	34.5%	8.0%	30.0%
優良企業としての広告効果	2,449	2.6%	23.4%	34.0%	9.6%	30.4%
貴社以外の金融機関からの要請	2,451	2.6%	21.4%	33.3%	10.8%	31.9%
顧問税理士・公認会計士からの要請	2,451	2.5%	24.7%	32.5%	9.8%	30.5%

ている。BCP を策定する理由として上位に来ているのは，「BCP の重要性についての経営層の認識（55.1%）」，「法令や規制等の義務（50.2%）」，「取引先からの要請（41.8%）」，「被災後の早期復旧による営業上の利点（42.6%）」，「当該企業自身の被災の経験（41.6%）」，「国や地方自治体からの要請（入札資格の条件を含む）（41.5%）」，「経営上の余裕（収益，人員の面など）（40.5%）」などである。ここで，かっこ内の数字は「非常に重要」および「重要」と回答した金融機関の割合の合計である。とりわけ経営層が BCP の重要性について認識することが「非常に重要である」と回答した金融機関は，全体の17.4%と大きい。

　逆に「優良企業としての広告効果（26.0%）」や「信用保証料や融資金利の引き下げなどの金融面での優遇措置（25.4%）」に関しては，「顧問税理士・公認会計士からの要請（27.2%）」，「商工会議所や各種の業界団体からの要請（27.6%）」，「貴社からの要請・支援（27.7%）」などと並んで，BCP 策定理由として重要であるとする回答は比較的低い水準にとどまっている。

　この結果から示唆されることは，第 1 に，金融機関や顧問税理士，商工会議所など周囲からの要請がまだ十分ではないということである。したがって，現在までのところ，こうした要請で BCP 策定につながった企業が少ないのであろう。第 2 に，「取引先からの要請」といった直接的な業務に関わる要請が効果的であり，大企業がサプライチェーンのリスク管理を高めているので，このルートでの BCP 普及を図れる可能性がある。そして，第 3 に，「被災後の早期復旧による営業上の利点」といった点などから，「BCP の重要性についての経営層の認識」を高めることが大事であり，それを後押しするように，「法令や規制等の義務」化などを通じて，国や地方自治体が積極的に関与することも有効だと考えられる。

⑷　取引先企業が BCP を策定しない理由

> 問25.　取引先企業が BCP を策定しない理由として考えられるものをお答えください。
> 　　　（複数回答可）

図表 8 - 9 は取引先企業が BCP を策定しない理由として，考えられるものを

図表 8 - 9　BCP を策定しない理由

	全体	業態別			
		地方銀行	第二地銀	信用金庫	信用組合
回答者数	2,564	616	324	1,287	329
経営層が BCP の重要性を認識していない	47.3%	51.6%	44.4%	46.2%	46.5%
法令や規則上の義務がない	45.6%	43.3%	53.7%	45.5%	42.2%
策定費用や人材，ノウハウが不足	42.5%	49.7%	39.8%	40.0%	41.0%
BCP の内容や必要性について外部から説明を受けたことがない	34.5%	24.2%	35.2%	38.5%	37.4%
策定しても実施する余裕がない	23.7%	26.1%	19.1%	24.6%	20.1%
国や地方自治体の要請・支援がない	20.6%	24.4%	24.1%	17.9%	20.4%
効果が定量的に測れない	16.4%	20.5%	15.7%	15.3%	13.1%
被災すると思っていない	16.1%	13.8%	14.5%	17.2%	17.3%
策定に際して相談する公的機関がわからない	16.1%	16.1%	13.0%	15.1%	21.9%
仕入先・販売先からの要請・支援がない	15.5%	14.3%	17.3%	15.4%	16.7%
企業の収益や経営に効果がない	13.7%	20.9%	10.8%	11.7%	10.3%
金融機関からの要請・支援がない	12.1%	9.3%	10.5%	13.3%	14.0%
策定に際して相談する民間業者がわからない	12.0%	12.7%	10.2%	11.6%	13.4%
顧問税理士・公認会計士からの要請・支援がない	10.4%	8.9%	12.7%	9.9%	13.1%
危機の対応は社長の頭に全て入っており，あえて BCP を策定する必要がない	9.7%	10.1%	14.2%	8.9%	8.2%
商工会議所や各種の業界団体からの要請・支援がない	8.7%	5.4%	9.3%	9.1%	12.2%
既に行っている防災措置で十分	8.2%	14.0%	9.3%	6.1%	4.3%
保証料や金利の引き下げなどの金融面でのインセンティブがない	5.1%	4.5%	6.8%	4.8%	4.9%
その他	1.0%	0.3%	0.9%	1.2%	1.2%
わからない	11.7%	13.1%	9.9%	12.2%	9.4%

尋ねた質問への回答結果を業態別にまとめたものである。

　「経営層がBCPの重要性を認識していない（47.3％）」という回答が多い。みずほ情報総研「中小企業のリスクマネジメントと信用力向上に関する調査（中小企業庁委託調査）」（2016年3月）によれば，中小企業がBCPを策定した理由として最も多い回答は「経営層の経営判断」である。金融機関の認識は中小企業の回答とほぼ同じであり，経営トップの影響力が大きい中小企業では，経営層への働きかけが重要になることがうかがわれる。それに続くのが，「法令や規則上の義務がない（45.6％）」，「策定費用や人材，ノウハウが不足（42.5％）」，「BCPの内容や必要性について外部から説明を受けたことがない（34.5％）」となっている。

　一方で，図表8-9では「保証料や金利の引き下げなどの金融面でのインセンティブがない」ことがBCPの策定が進まない理由であるという回答は全体で5.1％と極めて低い。しかし，BCP未策定の中小企業に対して，どのような制度やきっかけがあればBCP策定に取り組むかを複数回答可として聞いている中小企業庁「自然災害時における中小企業の事業継続に関する調査」（2016年）では，「取引先からの要請（24％）」や「金融機関からの要請（20％）」などのステークホルダーとの関係以上に，「優遇金利で融資が受けられる（25％）」や「損害保険料が割引される（25％）」といった経済インセンティブのほうが，多くの回答を集めている。また，第5章で紹介した，企業向け調査の結果（図表5-8）では，「保証料や金利の引き下げなどのインセンティブ制度がない」は相対的に少ないものの，「金融機関からの要請がない」は上位の項目となっている。

　中小企業と金融機関で回答結果が異なっていることは，BCP策定に伴う融資や保険上の優遇および金融機関の役割について，金融機関と企業の間に認識のギャップがあることを示唆する。そのギャップを埋める工夫次第では，経済インセンティブを利用したBCP策定の促進が可能かもしれない。特に，後の図表8-14および図表8-15の結果においては，BCP策定を条件とした優遇商品を提供している金融機関は全体で10％しかない上に，提供している金融機関のうちそれをかなり活用できているのは全体の数パーセントしかなく，半分の金融機関はほとんど活用できていないと回答している。金融商品の提供の在り

方と新たな金融上の優遇の仕組みを開発する余地は大きいように思われる。

また,「BCP の内容や必要性について外部から説明を受けたことがない」という回答は,地方銀行では24.2%と比較的低い一方で,信用金庫や信用組合では38.5%と37.4%と高くなっている。金融機関自身が BCP 策定のメリットを積極的に説明できれば,状況が改善する可能性が残されているといえよう。

(5)　BCP 未策定企業への対応方針

> 問23. BCP が未策定の取引先企業のうち,策定が必要な企業の割合をどの程度だと認識されていますか。

図表 8 -10は,BCP が未策定の取引先企業のうち,策定が必要な企業の割合がどの程度だと思うかを尋ねた質問への回答結果である。問20と問21から,金融機関が取引先企業の BCP 策定状況及びその内容を必ずしも把握していない状況が浮かび上がった。図表 8 -10からも同様の傾向を読み取ることができる。

すなわち,取引先企業のうち,BCP 策定が必要な企業をどの程度抱えているのかを「わからない」とする回答が全体の42.2%と最も高くなっている。さらに「策定状況に関心を持っていない」という金融機関も 5 %超存在している。それ以外の回答をみてみると,BCP 策定が必要な取引先企業は半分以上であるという回答が全体の20.5%と比較的多かった。

図表 8 -10　策定が必要な企業の割合

		回答者数	全社	4分の3以上	半分以上	4分の1以上	4分の1未満	策定が必要な企業はない	策定状況に関心を持っていない	わからない
全　体		2,555	3.5%	3.2%	20.5%	13.9%	11.3%	0.3%	5.1%	42.2%
業態別	地方銀行	617	2.6%	2.4%	24.1%	9.6%	9.2%	0.3%	3.2%	48.5%
	第二地銀	322	4.7%	3.4%	20.8%	15.5%	12.1%	0.0%	3.4%	40.1%
	信用金庫	1,283	3.4%	3.5%	19.3%	15.7%	12.2%	0.3%	6.6%	38.9%
	信用組合	325	4.3%	3.7%	17.8%	13.8%	10.8%	0.3%	4.6%	44.6%

このように，企業のBCP策定の必要性について強く意識している金融機関はまだ少数にとどまっており，金融機関自身の認識が変わることが必要である。

> 問26．BCP策定を勧めない取引先企業がある場合，その理由をお答えください。（複数回答可）

問26では取引先企業にBCPを勧めない理由を尋ねており，その回答は**図表8-11**にまとめている。

取引先企業にBCP策定を勧めない理由としては，「企業の利益向上につながらない（9.7％）」や「リスクマネジメントとして効果が乏しい（9.2％）」，「貴社（つまり，回答者の金融機関）の利益につながらない（3.8％）」といった企業経営上の効果が望めないという理由は少ない。むしろ，「企業に費用や手間がかかる（37.6％）」，「企業の人材では対応できない（36.9％）」，「貴社のノウハウや人材が不足している（35.0％）」といったコスト面および人材・ノウハウの不足といった理由が回答の多くを占めている。

業態別にみると「貴社（金融機関）のノウハウや人材が不足している」という回答は，信用金庫（35.6％）と信用組合（41.0％）の方が，地方銀行（33.4％）および第二地方銀行（29.2％）よりも高い。逆に「企業に費用や手間がかかる」という回答は，信用金庫（36.0％）と信用組合（34.2％）に比べると，地方銀行（41.8％）および第二地方銀行（39.6％）の方が高くなっており，業態

図表8-11 BCP策定を勧めない理由

		回答者数	企業に費用や手間がかかる	企業の人材では対応できない	貴社のノウハウや人材が不足している	貴社に費用や手間がかかる	企業の利益向上につながらない	リスクマネジメントとして効果が乏しい	全社に勧めている	貴社の収益拡大につながらない	その他
全　体		2,389	37.6%	36.9%	35.0%	11.1%	9.7%	9.2%	5.7%	3.8%	15.4%
業態別	地方銀行	574	41.8%	38.2%	33.4%	9.6%	7.5%	8.5%	8.9%	3.1%	20.6%
	第二地銀	298	39.6%	31.9%	29.2%	10.1%	10.7%	9.1%	5.7%	3.4%	15.8%
	信用金庫	1,203	36.0%	37.8%	35.6%	11.5%	10.7%	10.1%	4.9%	3.9%	13.2%
	信用組合	307	34.2%	35.2%	41.0%	13.4%	8.8%	6.5%	2.6%	4.6%	13.7%

によって取引先企業に BCP 策定を勧めない理由に違いがみられる。

⑹　BCP 策定への外部機関による働き掛けの効果

> 問36．一般的に，中小企業が BCP の策定や改善に取り組むようになるには，次のどの
> 主体による要請や支援が効果的だと考えますか。（複数回答可）

　図表 8 -12は，中小企業が BCP の策定や改善に取り組むようになるためには，どのような主体からの要請や支援が効果的だと考えているかについて尋ねた結果である。最も多いのが，「メインバンク」の51.4％であった。金融機関の支店長は自らが最も影響力があると考えていることになる。

図表 8 -12　BCP の策定や改善に取り組むために効果的な要因

	全体	業態別			
		地方銀行	第二地銀	信用金庫	信用組合
回答者数	2,542	612	320	1,274	329
メインバンク	51.4%	58.2%	47.8%	48.3%	55.0%
政府（税制，補助金などの対応を含む）	46.2%	48.9%	52.8%	45.9%	36.2%
業界団体や商工会議所などの経済団体	35.8%	33.5%	39.1%	34.5%	42.2%
顧問税理士・公認会計士	34.7%	26.0%	39.1%	36.3%	40.4%
自治体（外郭団体を含む）	32.3%	40.4%	34.7%	29.8%	24.3%
取引先	24.2%	38.7%	17.5%	20.7%	17.6%
信用保証協会	10.7%	4.2%	9.1%	11.5%	21.3%
政府系金融機関	7.9%	7.5%	6.6%	7.7%	10.3%
メインバンク以外の民間金融機関	4.4%	2.1%	3.1%	6.0%	4.0%
保険会社（代理店を含む）	3.5%	2.0%	5.0%	4.2%	2.7%
株主	2.8%	3.4%	1.6%	3.1%	1.5%
地域のコミュニティ	2.7%	2.0%	1.9%	2.6%	5.2%
その他	0.1%	0.2%	0.3%	0.1%	0.0%
効果的な外部主体はない	0.5%	0.5%	0.0%	0.7%	0.3%
わからない	5.7%	4.2%	5.3%	6.4%	5.8%

　続いて，「政府（税制，補助金などの対応を含む）」の46.2％，「業界団体や
商工会議所などの経済団体」の35.8％，「顧問税理士・公認会計士」の34.7％，
「自治体（外郭団体を含む）」の32.3％という回答が多かった

　一方で，実際に財やサービスをやりとりしている「取引先」は24.2％と，上
述の主体よりはBCPの策定や改善を促す主体として効果的ではないと考えて
いる支店長が多いことも明らかになった。他の回答は，「信用保証協会」の
10.7％，「政府系金融機関」の7.9％，「メインバンク以外の民間金融機関」の
4.4％，「保険会社（代理店を含む）」の3.5％，「株主」の2.8％などであった。

　BCPを策定した理由について尋ねた図表8-8と，BCPの策定や改善に取り
組むために効果的な要因について尋ねた図表8-12の結果を比較すると，取引
先企業がBCPを策定した理由（図表8-8）として，「顧問税理士・公認会計
士からの要請」の割合は高くないが，BCPの策定を促す観点では，「顧問税理
士・公認会計士」の役割が（相対的に）期待されていることが確認できる（図
表8-12）。つまり，BCPの策定を促すときに期待される主体と，実際にBCP
を策定した際に働きかけた主体の顔触れは異なっている。

4 金融機関のBCP策定支援

(1)　策定支援への取り組み姿勢

> 問27. 取引先企業に対する貴社のBCP策定支援体制についてお尋ねします。
> 　(1)　貴社の支援体制をどのように思いますか。
> 　(2)　貴社は，BCPの策定を条件にして金利などの優遇を行う融資商品がありますか。
> 　(3)　(2)で「ある」と回答された方にお尋ねします。貴支店での活用状況をお答えくだ
> 　　　さい。

　図表8-13は，取引先企業に対するBCP策定の支援体制の自己評価について
質問した結果をまとめたものである。全体では，「非常に積極的（3.7％）」と
「やや積極的（25.3％）」の合計よりも，「非常に消極的（10.2％）」と「やや消
極的（29.2％）」の合計の方が大きくなっている。

　業態別では，「非常に積極的」，「やや積極的」と回答した割合は地方銀行，

図表 8 -13　BCP 支援体制への評価

	回答者数	非常に積極的	やや積極的	やや消極的	非常に消極的	わからない
全　体	2,528	3.7%	25.3%	29.2%	10.2%	31.7%
業態別　地方銀行	608	5.6%	33.6%	23.8%	2.5%	34.5%
第二地銀	325	4.3%	28.0%	29.2%	8.6%	29.8%
信用金庫	1,259	3.1%	21.4%	30.4%	13.3%	31.8%
信用組合	328	1.5%	22.6%	33.8%	13.7%	28.4%

第二地方銀行，信用金庫，信用組合の順に大きく，「非常に消極的」，「やや消極的」と回答した割合はその逆となっている。地方銀行の方が，信用金庫や信用組合よりも経営規模が相対的に大きい取引先を一般的に多く抱えており，そのような取引先ほど BCP 策定の必要性やニーズも高いと考えられることから，この結果はそのような直感と整合的である。

(2)　BCP 策定を条件とした優遇商品

　図表 8 -14は，BCP 策定を条件とした優遇商品の有無について質問した結果をまとめたものである。全体では，「ある」と回答した割合は 1 割にも満たない7.2％である。業態別では，図表 8 -13の支援体制に関する自己評価の結果を裏付けるように，「優遇商品がある」とする回答の割合は，地方銀行，第二地方銀行，信用金庫，信用組合の順に高い。特に，地方銀行が12.3％と突出している。同様に，地域別では，中国・四国が12.0％と突出して高く，対照的に関東が4.7％と低さが目立つ。

図表 8 -14　BCP 策定を条件とした優遇商品の有無

	回答者数	ある	ない
全　体	2,569	7.2%	92.8%
業態別　地方銀行	617	12.3%	87.7%
第二地銀	325	6.8%	93.2%
信用金庫	1,287	5.7%	94.3%
信用組合	332	3.3%	96.7%

図表 8-15　BCP 策定を条件とした優遇商品の活用状況

		回答者数	かなり活用している	少し活用している	ほとんど活用していない	わからない
全体		184	7.1%	34.2%	50.0%	8.7%
業態別	地方銀行	76	1.3%	31.6%	56.6%	10.5%
	第二地銀	22	9.1%	18.2%	59.1%	13.6%
	信用金庫	73	9.6%	41.1%	42.5%	6.8%
	信用組合	11	18.2%	45.5%	36.4%	0.0%

　図表 8-15は，「優遇商品がある」と回答した先を対象に，その活用状況について質問した結果をまとめたものである。全体では，「かなり活用している」と回答した割合は 1 割にも満たない。

　業態別では，支援体制について積極的な自己評価をしていた地方銀行であるが，回答者数の過半が「ほとんど活用していない（56.6％）」によって占められている。対照的に，回答者数の違いについて留意する必要があるものの，信用金庫と信用組合では「かなり活用している」，「少し活用している」で過半を占めている。業界としての優遇商品への対応こそ地域銀行と比べて多くないものの，商品を準備しているところについては積極的な活用を推進していることが推察される。

(3)　外部認証の取得支援

> 問28.　貴支店では，これまでに取引先企業の BCP について外部からの認証評価を受けるように勧めたことがありますか。（複数回答可）

　図表 8-16は，外部からの認証評価の勧めた経験について質問した結果をまとめたものである。全体では，約 6 割が「外部認証評価を勧めたことはない（59.4％）」と回答している。業態別では，いずれとも，ISO22301（事業継続マネジメントシステム）と当該金融機関独自による認証を勧めていると回答している割合が相対的に高い。他方，地方銀行を除く 3 つの業態では，回答者数の 6 割近くが「外部認証評価を勧めたことはない」によって占められている。

図表 8 -16　外部からの認証評価の勧め

	回答者数	ISO22301(事業継続マネジメントシステム)	BS25999(事業継続マネジメントシステム)	国土強靱化貢献団体認証(レジリエンス認証)	省庁関連の認証制度(建設会社の災害時の事業継続力認定など)	自治体の認証制度	貴社による認証(格付融資など)	他の金融機関による認証	その他	外部認証評価を勧めたことはない	わからない
全　体	2,553	4.0%	0.5%	0.5%	1.0%	2.0%	2.5%	0.5%	4.3%	59.4%	28.0%
業態別　地方銀行	610	4.4%	0.3%	0.8%	0.5%	1.8%	2.8%	0.3%	11.3%	45.2%	35.2%
第二地銀	325	5.5%	1.2%	0.0%	2.5%	0.6%	1.5%	0.3%	1.5%	63.4%	26.8%
信用金庫	1,281	3.7%	0.4%	0.4%	1.1%	2.2%	2.3%	0.2%	2.2%	65.1%	24.6%
信用組合	329	3.0%	0.6%	0.6%	0.3%	2.4%	3.3%	2.1%	2.1%	59.9%	28.9%

> 問29.　問28で「外部認証評価を勧めたことはない」と回答した方にお尋ねします。その理由として当てはまるものをお答えください。（複数回答可）

　図表 8 -17は，問28で「外部認証評価を勧めたことはない」と回答した先を対象に，その理由について質問した結果をまとめたものである。全体では，約 4 割が「意識したことがなかった（41.5％）」と回答しているが，金融機関自身のノウハウや人材が不足している点を回答している割合が29.9％と相対的に高い。

　業態別では，地方銀行と第二地方銀行において，企業に費用や手間がかかる点や対応できる人材が乏しい点を理由として回答している割合が高い。これに対し，信用金庫や信用組合では，企業側の要因以上に，金融機関自身のノウハウや人材が不足している点を回答している割合が高い。協同組織金融機関の方が地方銀行に比べて経営規模は相対的に小さく，本部機能の差が反映していると考えるのが自然であり，勧めたくても勧められないという状況にある金融機関が少なくないと推察される。中央機関や公的機関による金融機関に対する支援が必要であろう。

図表 8 -17　**外部認証評価を勧めたことがない理由**

		回答者数	貴社のノウハウや人材が不足している	企業に費用や手間がかかる	企業の人材では対応できない	貴社に費用や手間がかかる	企業のリスクマネジメントとして効果が乏しい	企業の利益向上につながらない	貴社の収益拡大につながらない	その他	意識したことがなかった
全　体		1,511	29.9%	19.3%	18.9%	7.0%	3.6%	3.4%	2.3%	5.7%	41.5%
業態別	地方銀行	275	17.5%	22.2%	21.5%	8.4%	4.0%	3.6%	2.5%	8.4%	45.1%
	第二地銀	206	24.8%	24.3%	18.0%	4.4%	3.9%	3.4%	2.9%	4.4%	37.4%
	信用金庫	830	31.4%	18.1%	18.4%	8.0%	3.4%	3.4%	2.4%	4.8%	43.5%
	信用組合	196	45.9%	14.8%	17.9%	3.6%	3.6%	3.1%	1.0%	7.1%	32.1%

⑷　保険やリスクマネジメントサービスの提供

> 問30．貴社は取引先企業に対して，自然災害に備えるための保険加入を勧めることがありますか。（複数回答可）

　図表 8 -18は，自然災害への保険加入の勧めについて質問した結果をまとめたものである。全体では，「希望があれば関連会社や提携会社を紹介する」とした回答が，過半の51.5％を占めている。業態別では，いずれも「積極的に勧めている」と回答した割合が極めて低いのが特徴的である。信用金庫と信用組合に至っては，「勧めることはない」とする回答の割合が 2 割から 3 割に達している。すべての業態で，希望があれば対応するという回答が最大の割合を占めている。

　先に紹介したように，被災時における復旧のための資金源として保険が「非常に重要」との回答が 6 割を超えていた（図表 8 - 3 ）が，ここでの消極的な姿勢を示唆する結果とは整合的でない。ノウハウや人材の不足，適切な保険商品の有無という問題は無視できないものの，自らが実施すべき課題という意識が金融機関の職員に乏しく，取引先企業への支援という点で課題が残されている可能性は大きい。

図表 8 -18　自然災害への保険加入の勧めについて

		回答者数	積極的に勧めている	抱えているリスクを判定して提案することがある	希望があれば関連会社や提携会社を紹介する	保険が販売できた場合、勧めた職員の人事考課にプラスの影響がある	その他	勧めることはない	わからない
全　体		2,570	4.0%	30.8%	51.5%	2.1%	1.6%	15.6%	8.8%
業態別	地方銀行	617	5.2%	36.8%	55.9%	1.8%	1.3%	5.2%	13.8%
	第二地銀	327	2.1%	34.6%	59.0%	0.6%	1.5%	11.6%	8.0%
	信用金庫	1,284	3.7%	27.7%	51.3%	2.6%	1.8%	18.5%	6.4%
	信用組合	334	4.8%	27.5%	36.5%	1.5%	1.5%	27.8%	9.9%

> 問31. 関連会社・提携会社を通じて，BCP の策定支援など災害リスクコンサルティン
> グ（単なる保険の紹介を除きます）の取引先企業への提供状況についてお尋ねしま
> す。
> (1)　貴社の品揃えの状況をお答えください。
> (2)　貴支店は実際に顧客に提供したことがありますか。

　図表 8 -19は，災害リスクコンサルティングの品揃えの状況について質問し
た結果をまとめたものである。全体では，「有料と無料のサービスの両方とも
ない」とする回答が，半分近い45.4％を占めている。他方，「わからない」と
回答した割合が 3 割近くに達しており，災害リスクコンサル業務への関心の低

図表 8 -19　災害リスクコンサルティングの品揃えの状況

		回答者数	有料サービスのみ	無料サービスのみ	有料と無料のサービスの両方	両方ともない	わからない
全　体		2,553	4.0%	8.2%	13.2%	45.4%	29.2%
業態別	地方銀行	615	8.3%	4.1%	20.3%	33.7%	33.7%
	第二地銀	326	9.8%	4.6%	23.3%	27.0%	35.3%
	信用金庫	1,276	1.2%	11.3%	9.6%	52.4%	25.5%
	信用組合	328	0.9%	7.6%	3.7%	59.1%	28.7%

図表 8 -20　災害リスクコンサルティングの顧客への実際の提供経験

		回答者数	有料サービスのみ	無料サービスのみ	有料と無料のサービスの両方	提供したことはない	わからない
全　体		2,549	1.1%	5.7%	3.6%	73.6%	16.0%
業態別	地方銀行	606	2.1%	5.8%	6.1%	68.5%	17.5%
	第二地銀	327	0.9%	5.8%	5.8%	68.2%	19.3%
	信用金庫	1,278	0.7%	5.9%	2.4%	76.3%	14.7%
	信用組合	330	0.9%	4.5%	1.5%	78.5%	14.5%

さが推察される。

　業態別では，信用金庫と信用組合の過半が有料，無料にかかわらず品揃えが「ない」と回答しているのに対して，地方銀行，第二地方銀行では何らかの品揃えが「ある」と回答している割合（「有料サービスのみ」，「無料サービスのみ」，「有料と無料のサービスの両方」の合計）が３割を超えている。これらの明確な違いは，図表８-13にあったBCP支援体制への自己評価の結果を裏付けている。

　図表 8 -20は，災害リスクコンサルティングの顧客への提供の状況について質問した結果をまとめたものである。全体では，「提供したことはない」とした回答が73.6％を占めている。業態別では，図表８-19ほどの顕著な差ではないものの，信用金庫と信用組合で「提供したことはない」と回答している割合が高く，地方銀行と第二地方銀行で相対的に低くなっている。

5 信用保証と自然災害への対応

(1) BCP 関連の保証制度

問37. BCP 関連の保証制度についてお尋ねします。
(1) 貴支店が立地する地域の信用保証協会には BCP 関連の保証制度がありますか。
(2) (1)で「ある」と回答した方にお尋ねします。貴支店でそれを活用したことがありますか。

　図表 8-21は，金融機関の支店が立地する地域の信用保証協会に，BCP 関連の保証制度があるかどうかについて尋ねている。「わからない」が半数を超えている。「ある」と回答した中で，最も多かった業態は信用組合の42.0％で，最も低いのが第二地方銀行の34.4％である。
　「わからない」と回答している支店長の割合が50％程度存在するなど，地域金融機関においてさえ，BCP 関連の保証制度自体が広く知られていないことは，BCP 策定を保証制度によって支援する上で大きな課題である。
　図表 8-22は，「立地する地域の信用保証協会には BCP 関連の保証制度がある」と回答した支店長のうち，支店でその制度を利用したことがあるかどうかを尋ねている。業態別では，「ある」との回答が，地方銀行で25.6％と最も多く，第二地方銀行で9.6％と最も低い。
　せっかく制度があっても十分に活用されていないのには，BCP 関連の保証

図表 8-21　信用保証協会と BCP 関連の保証制度

		回答者数	ある	ない	わからない
	全　体	2,534	37.9%	10.2%	51.9%
業態別	地方銀行	610	38.5%	11.6%	49.8%
	第二地銀	320	34.4%	15.6%	50.0%
	信用金庫	1,271	37.6%	9.0%	53.3%
	信用組合	326	42.0%	6.4%	51.5%

図表 8 -22　BCP 関連の保証制度の利用

		回答者数	ある	検討したが活用していない	検討も活用もしていない	わからない
全　体		942	16.2%	22.2%	49.9%	11.7%
業態別	地方銀行	234	25.6%	17.5%	28.2%	28.6%
	第二地銀	104	9.6%	21.2%	61.5%	7.7%
	信用金庫	467	12.4%	25.9%	56.3%	5.4%
	信用組合	136	18.4%	18.4%	56.6%	6.6%

制度の設計にも課題があるのかもしれない。今後，地域金融機関による BCP 関連の保証制度の検討・活用を制約している要因について検証する必要がある。

(2)　危機関連保証制度

問33. 大規模災害が発生した場合などに対応するために，2018年 4 月に危機関連保証制度が創設されました。これについてお尋ねします。
　(1)　危機関連保証制度の創設についてご存じですか。（○は一つ）
　(2)　(1)で知っていると回答した方にお尋ねします。危機関連保証制度では適用期間が原則として 1 年間と限定されていることをご存じですか。

　問33は，大規模災害の発生に対応のため，2018年 4 月に危機関連保証制度が創設されたことを知っているかを尋ねた。**図表 8 -23**にその結果をまとめている。地域金融機関の支店長ですら「知っている」のは 6 割に満たない。業態別にみても，どの業態でも 4 割前後が「知らない」と回答している。

　さらに，問33は，危機関連保証制度の創設について「知っている」と回答し

図表 8 -23　危機関連保証制度を知っている割合

		回答者数	知っている	知らない
全　体		2,575	59.3%	40.7%
業態別	地方銀行	615	61.3%	38.7%
	第二地銀	329	61.1%	38.9%
	信用金庫	1,288	57.5%	42.5%
	信用組合	335	60.3%	39.7%

		回答者数	知っている	知らない
全　体		1,506	55.2%	44.8%
業態別	地方銀行	375	55.5%	44.5%
	第二地銀	195	52.3%	47.7%
	信用金庫	731	55.5%	44.5%
	信用組合	200	57.0%	43.0%

図表 8 -24　**危機関連保証制度が 1 年間だと知っている割合**

た人に対して，危機関連保証制度の適用期間が原則として 1 年間と限定されていることを知っていたかを尋ねている。**図表 8 -24**にその結果をまとめている。全体では「知っている」のが55％ほどであり，いずれの金融業態でも 4 割強が「知らない」と回答している。

　問33の結果は，金融機関の支店長にさえ，危機関連保証制度の創設が十分に知られておらず，さらに，詳細についてまで知っている支店長は全体の 3 割程度であることを示している。

(3)　大規模災害への対応策としての信用保証制度への評価

> 問34．東日本大震災クラスの大規模災害に対応する観点で，信用保証制度の状況や課題をお答えください。（複数回答可）

　図表 8 -25は，東日本大震災クラスの大規模災害が起こった場合における，信用保証制度の状況や課題について尋ねた結果である。まず，「大規模災害後でも，信用保証は必要ない（プロパーで対応できる）」と考える支店長はわずか0.8％で，大規模災害後に信用保証制度が果たす役割について，否定的な考えはほとんど存在していないことが確認できた。

　業態によって回答にばらつきはあるものの，大規模災害に対応するという観点からは，「保証協会とは日頃からコミュニケーションが十分にとれている」，「保証協会は申し込みに対して迅速に対応できる」，「貴支店は申し込みに対して迅速に対応できる」と考えている回答が40％から50％程度を占めている。つまり，半数程度の金融機関が，大規模災害が起こった場合，信用保証協会とス

図表 8-25　信用保証制度の状況や課題

	全体	業態別			
		地方銀行	第二地銀	信用金庫	信用組合
回答者数	2,529	607	324	1,261	329
貴支店は申し込みに対して迅速に対応できる	47.6%	49.4%	42.6%	48.7%	45.0%
保証協会とは日頃からコミュニケーションが十分にとれている	42.7%	41.2%	43.5%	43.9%	41.0%
保証協会は申し込みに対して迅速に対応できる	42.0%	45.6%	39.2%	41.6%	39.5%
保証協会が過度に甘い審査を行うことが心配	38.5%	38.7%	36.7%	38.7%	38.0%
危機関連保証の保証料（0.8%）が高いことが心配	21.9%	21.3%	23.5%	20.5%	26.4%
危機関連保証の限度額（2.8億円）が小さいことが心配	12.1%	11.2%	14.8%	12.8%	8.8%
保証協会が過度に厳しい審査を行うことが心配	12.0%	14.0%	7.1%	12.2%	12.5%
大規模災害後に，信用保証だけで支援するのは難しい	10.3%	5.1%	8.3%	12.9%	11.9%
危機関連保証の保証期間（最長10年）が短いことが心配	9.1%	18.9%	5.2%	6.2%	6.1%
危機関連保証の適用期限（原則1年間）が短いことが心配	2.0%	1.6%	1.9%	1.1%	6.1%
大規模災害後でも，信用保証は必要ない（プロパーで対応できる）	0.8%	0.7%	0.9%	0.6%	1.2%
いずれも当てはまらない	1.3%	1.5%	1.9%	0.8%	2.7%
わからない	10.0%	9.7%	10.2%	10.1%	10.3%

ムーズに協業できると考えていることが確認できた。

　一方で，「保証協会が過度に甘い審査を行うことが心配」という回答が40％弱，「危機関連保証の保証料（0.8％）が高いことが心配」という回答が20％程度を占めている。つまり，信用保証協会が，甘い基準で貸しすぎてしまうのではないかという懸念がある一方で，企業の負担が重くなりすぎるのではないかという懸念を持っている支店長もいる。また，「大規模災害後に，信用保証だけで支援するのは難しい」という回答も10％存在している。

　このように，多くの地域金融機関支店長は，大規模災害に対応するために信用保証制度は必要であるが，さまざまな懸念点が残っていると考えている。

6 公的な支援策

(1) 復興支援ファンド

> 問35. 大規模災害後に，公的機関が被災地域に立ち上げる復興支援ファンドについてお尋ねします。
> (1) そうした復興支援ファンドがあることをご存じですか。
> (2) 公的機関が関与する復興支援ファンドについて，どのように思われますか。(複数回答可)

　図表 8 -26は，問35(1)で，復興支援ファンドを知っているかどうか，そして関与したことがあるかどうかについて尋ねた結果を示している。業態別・地域別を問わず，「知らなかった」という回答が最も多く，40％から70％弱で，「知っており，実際に関与したことがある」と回答したのは 5 ％以下と少数であった。業態別では，「地方銀行」など，規模の大きい地域金融機関の方が，復興支援ファンドの存在を知っていて，実際に関与したことがあると回答している。

図表 8 -26　復興支援ファンドを知っていた割合と関与の程度

	全体	業態別			
		地方銀行	第二地銀	信用金庫	信用組合
回答者数	2,570	614	328	1,286	334
知っており，実際に関与したことがある	2.1%	4.2%	2.4%	1.2%	0.9%
知っており，貴支店のエリアをカバーするファンドもあるが，関与したことはない	12.6%	19.1%	22.0%	8.6%	7.2%
知っているが，貴支店のエリアをカバーするファンドはない	27.3%	34.5%	29.6%	23.9%	24.6%
知らなかった	58.0%	42.2%	46.0%	66.3%	67.4%

図表 8 -27　復興ファンドへの期待

		回答者数	必要な取引先企業があれば、活用したい	地元金融機関と連携するべき	支援ノウハウがもたらされるので有効	エクイティ資金が不足するので有効	民業を圧迫する心配がある	復興ファンドがなくても同じことは可能	大きな効果は期待できない	わからない
全　体		2,565	46.4%	33.0%	22.2%	10.8%	3.0%	2.1%	1.5%	24.5%
業態別	地方銀行	615	62.4%	37.4%	32.0%	17.9%	2.6%	2.8%	1.5%	13.7%
	第二地銀	328	55.8%	34.5%	24.4%	13.4%	5.2%	2.7%	1.5%	13.7%
	信用金庫	1,285	38.9%	30.9%	19.0%	8.4%	2.7%	1.6%	1.6%	30.2%
	信用組合	329	35.9%	31.3%	14.9%	4.0%	2.7%	2.4%	1.2%	33.7%

　図表 8 -27は，問35(2)で，公的機関が関与する復興支援ファンドの評価について尋ねた結果である。最も多かった回答は，「必要な取引先企業があれば，活用したい」という回答の46.4％であった。「地元金融機関と連携するべき」は33.0％，「支援ノウハウがもたらされるので有効」は22.2％，「エクイティ資金が不足するので有効」は10.8％であった。つまり，公的機関が関与する復興支援ファンドについて，金融機関の支店長は，概ね好意的だと確認できる。

　しかし，「必要な取引先企業があれば，活用したい」については，地方銀行の62.4％から信用組合の35.9％まで，業態間でのばらつきがある。同様にして，「支援ノウハウがもたらされるので有効」，「エクイティ資金が不足するので有効」についても，それぞれ地方銀行の32.0％から信用組合の14.9％，地方銀行の17.9％から信用組合の4.0％と，業態間のばらつきが大きい。

　一方で，「民業を圧迫する心配がある」は3.0％，「復興ファンドがなくても同じことは可能」は2.1％，「大きな効果は期待できない」は1.5％と，公的機関が関与する復興支援ファンドについて，脅威である，もしくは効果がないという見解は少数であることが確認できた。

(2)　日本政策金融公庫の社会環境対応施設整備資金

問38.　日本政策金融公庫の社会環境対応施設整備資金（BCP 関連）は，BCP に基づき防災に資する施設等の整備を行うために必要な資金を優遇した条件で融資しています。
(1)　日本政策金融公庫の当該制度をご存じですか。
(2)　取引先企業が当該融資を利用しようとしたら標準的な対応として，どのように対応しますか。

図表 8 -28　日本政策金融公庫の BCP 関連制度

		回答者数	知っている	知らない
全　体		2,538	28.7%	71.3%
業態別	地方銀行	611	36.5%	63.5%
	第二地銀	322	32.9%	67.1%
	信用金庫	1,272	23.4%	76.6%
	信用組合	326	30.4%	69.6%

図表 8 -29　日本政策金融公庫の BCP 融資に対する貴社の姿勢

		回答者数	協調融資を提案する	積極的に利用を勧める	対抗できる商品がないため、利用はやむを得ない	貴社の商品を勧める	その他	わからない
全　体		2,495	31.0%	28.9%	13.3%	6.5%	5.2%	15.2%
業態別	地方銀行	593	27.7%	23.3%	11.5%	11.0%	11.0%	15.7%
	第二地銀	316	34.2%	28.8%	15.5%	4.1%	1.3%	16.1%
	信用金庫	1,255	31.7%	31.7%	13.4%	4.7%	3.9%	14.6%
	信用組合	324	31.8%	28.4%	14.2%	7.4%	3.1%	15.1%

　図表 8 -28は，日本政策金融公庫が，BCP 関連の整備のために優遇条件での融資を行っていることを知っているかを尋ねた結果である。「知らない」が70％を超えており，4 分の 3 近くの金融機関の支店長が，日本政策金融公庫が，BCP 関連の整備に優遇条件での融資を行っていることを知らないことが確認できる。

　「知っている」と回答した支店長の割合は，業態別では，地方銀行の36.5％が最も高く，信用金庫の23.4％が最も低い。

　図表 8 -29は，取引先企業が日本政策金融公庫の BCP 関連制度を利用しようとした場合の，金融機関の標準的な対応について尋ねている。「協調融資を提案する」や「積極的に利用を勧める」が 3 割程度あり，「対抗できる商品がないため，利用はやむを得ない」とする回答が 1 割程度であった。多くの地域金融機関は，日本政策金融公庫の BCP 関連制度を，融資機会を奪うとは捉えていないことがうかがえる。

　「積極的に利用を勧める」という回答が最も少ないのは地方銀行の23.3％であり，逆に，「貴社の商品を勧める」が11.0％と 4 業態の中で最も高い。これらの結果から判断する限り，融資市場で日本政策金融公庫と最も競合関係にあるのは，地方銀行であると考えられそうである。

(3)　地方自治体による BCP 支援策

> 問39.　貴支店の立地する地域の自治体（都道府県及び市町村）には中小企業の BCP 策定に対する効果的な支援策がありますか。

　図表 8 -30は，地域の自治体（都道府県）に，中小企業の BCP 策定に対する効果的な支援策があるかどうかを尋ねている。「効果的な支援策がある」と回答した割合が最も高いのは，関東の26.9％で，最も低いのが九州・沖縄の9.4％である。一方で，業態・地域に関係なく，「どのような支援があるのかわからない」という回答が，6 割から 8 割を占めていて，地域金融機関の支店長は，地域の自治体の BCP 策定に対する支援策をよく知らないという実態が確認できる。

　図表 8 -31では，今度は，市町村に関して，企業の BCP 策定に対する効果的

図表 8 -30　自治体の BCP 策定に対する支援策（都道府県）

		回答者数	効果的な支援策がある	効果的な支援策はない	そもそも支援策がない	どのような支援があるのかわからない
	全　体	2,491	19.6%	8.0%	1.4%	71.0%
業態別	地方銀行	601	21.8%	7.5%	3.0%	67.7%
	第二地銀	316	25.0%	11.7%	0.9%	62.3%
	信用金庫	1,249	17.0%	7.5%	0.9%	74.6%
	信用組合	318	20.1%	7.5%	0.6%	71.7%
地域別	北海道・東北	240	14.6%	12.1%	1.3%	72.1%
	関東	776	26.9%	7.7%	0.8%	64.6%
	中部	491	16.3%	9.2%	3.3%	71.3%
	関西	284	19.0%	7.0%	0.4%	73.6%
	中国・四国	377	20.7%	6.1%	1.6%	71.6%
	九州・沖縄	310	9.4%	7.4%	0.6%	82.6%

図表 8 -31　自治体の BCP 策定に対する支援策（市町村）

		回答者数	効果的な支援策がある	効果的な支援策はない	そもそも支援策がない	どのような支援があるのかわからない
	全　体	2,483	11.2%	9.8%	3.1%	76.0%
業態別	地方銀行	602	8.6%	7.8%	4.3%	79.2%
	第二地銀	311	14.5%	16.1%	2.9%	66.6%
	信用金庫	1,246	10.3%	9.6%	2.6%	77.4%
	信用組合	318	16.4%	8.2%	2.5%	73.0%
地域別	北海道・東北	240	9.2%	13.3%	5.4%	72.1%
	関東	764	10.9%	9.9%	3.0%	76.2%
	中部	494	13.4%	9.7%	4.3%	72.7%
	関西	284	12.3%	11.3%	2.1%	74.3%
	中国・四国	376	13.0%	8.8%	1.9%	76.3%
	九州・沖縄	312	6.4%	7.1%	2.2%	84.3%

な支援策があるかどうかを尋ねている。都道府県についての結果とは若干異なっていて，「効果的な支援策がある」と回答した割合が最も高いのは，中部の13.4％であった。九州・沖縄が6.4％で最も低いという結果は，都道府県の結果と同様である。都道府県の場合と同様に，「どのような支援があるのかわか

図表 8 -32　市町村の BCP は，期待するレベルとの比較

		回答者数	期待を超えるレベル	通常のレベル	期待に満たないレベル	自治体の BCP は知っているが，そのレベルを評価することは難しい	自治体がどのような BCP を持っているのかわからない
	全　体	2,512	0.5%	18.2%	3.5%	15.6%	62.2%
業態別	地方銀行	609	0.8%	27.4%	2.5%	16.1%	53.2%
	第二地銀	316	0.9%	20.3%	2.8%	16.8%	59.2%
	信用金庫	1,255	0.3%	13.7%	3.7%	15.5%	66.8%
	信用組合	325	0.0%	16.3%	4.9%	14.5%	64.3%
地域別	北海道・東北	244	0.8%	18.4%	7.0%	15.6%	58.2%
	関東	778	0.4%	17.4%	2.4%	15.4%	64.4%
	中部	496	0.4%	21.8%	3.8%	14.9%	59.1%
	関西	286	0.3%	16.8%	2.8%	15.7%	64.3%
	中国・四国	378	1.1%	17.7%	2.9%	19.8%	58.5%
	九州・沖縄	317	0.0%	16.1%	4.1%	12.6%	67.2%

らない」という回答が，6 割から 8 割を占めていて，地域金融機関の支店長が，市町村が提供する，BCP 策定の支援策を把握していない実態が確認できる。

> 問40．貴支店が立地する市町村の自治体自身の BCP は，あなたが期待するレベルと比較してどのようですか。

　図表 8 -32は，支店が立地する市町村の BCP が，地域金融機関の支店長が期待するレベルと比較してどうかについて尋ねている。「期待を超えるレベル」という回答はほとんどないが，地域別では，「通常のレベル」という回答は，中部が最も高く21.8％で，九州・沖縄が最も低く16.1％である。

　業態・地域を問わず，「自治体がどのような BCP を持っているのかわからない」という回答が過半数を占めていて，図表 8 -30，図表 8 -31でみてきたように，地域金融機関の支店長の多くは，自治体の提供している BCP 支援策だけではなく，自治体自身の BCP の水準も把握でしていないことが確認できる。ちなみに，小川［2018］は，内閣府や消防庁の資料から，地方自治体自体の BCP 策定の状況を紹介している。2017年 6 月の時点で，都道府県レベルでは

100％だが，政令市等で86.1％，それ以外の市町村では61.7％であった。

　中小企業のBCPを支援する際には，被災後の地方自治体の支援態勢を考慮しておく必要があるが，そうした点にまで意識が及んでいる地域金融機関支店長は少ないのが実情である。

＊第6章から第9章までの参考文献は共通しているので，第9章の章末に一括して掲載している。

第9章

地域金融機関の事業性評価

1 事業性評価における自然災害リスクの位置づけ

> 問14. 取引先企業の事業性を評価する際に，下記の①～⑦のリスクをどのくらい重要視していますか。
> ①自然災害　　②機械設備の事故　　③サプライチェーンの断絶
> ④情報セキュリティ　　⑤不正・内部統制上の問題　　⑥人事・労務上の問題
> ⑦経営者の死亡・重篤な病気

　問14では，回答者が取引先企業を取り巻く7種類のリスクについて，事業性を評価する際にどの程度重要視しているかを尋ねている。その結果を**図表9-1**にまとめている。

　まず，「①自然災害」については，「非常に重要」と「重要」の回答率を足し合わせた場合，全体では36.4％となる。業態別には，地方銀行が48.7％，第二地方銀行が36.3％，信用金庫が31.9％，信用組合が31.1％となる。どの業態も50％を上回ることがないことが明らかになった。

　「②機械設備の事故」については，「非常に重要」と「重要」の回答率を足し合わせた場合，全体では59.0％となる。業態別には，地方銀行が69.2％，第二地方銀行が62.1％，信用金庫が56.2％，信用組合が49.0％となる。信用組合以外の金融機関は，「非常に重要」と「重要」の合計回答率が50％を上回る。

　「③サプライチェーンの断絶」については，「非常に重要」と「重要」の合計に注目すると66.0％となる。業態別には，地方銀行が80.7％，第二地銀が73.3％，信用金庫が60.6％，信用組合が52.1％となり，金融機関の規模によって差異があることがわかる。地方銀行の取引先企業には，サプライチェーンに

図表9-1　取引先企業の事業性を評価する際のリスクとしての重要性

		回答者数	非常に重要	重要	多少は重要	あまり重要ではない／考慮しない
①	全　体	2,585	6.7%	29.7%	35.2%	25.1%
	地方銀行	624	5.8%	42.9%	26.0%	23.1%
	第二地銀	325	9.2%	27.1%	38.8%	21.5%
	信用金庫	1,291	6.4%	25.5%	38.7%	26.3%
	信用組合	337	6.8%	24.3%	35.6%	27.3%
②	全　体	2,582	11.3%	47.7%	31.2%	7.9%
	地方銀行	622	15.8%	53.4%	22.2%	6.6%
	第二地銀	325	12.3%	49.8%	28.9%	6.5%
	信用金庫	1,290	8.8%	47.4%	33.7%	8.8%
	信用組合	337	12.5%	36.5%	39.8%	8.9%
③	全　体	2,573	17.0%	49.0%	26.2%	5.0%
	地方銀行	624	23.2%	57.5%	15.2%	2.2%
	第二地銀	322	20.8%	52.5%	21.4%	3.1%
	信用金庫	1,283	14.4%	46.2%	31.4%	5.3%
	信用組合	336	11.9%	40.2%	31.5%	10.7%
④	全　体	2,581	13.9%	48.9%	28.8%	6.5%
	地方銀行	622	10.6%	64.3%	17.4%	5.8%
	第二地銀	325	19.1%	46.8%	27.1%	4.9%
	信用金庫	1,290	13.9%	44.0%	33.8%	6.7%
	信用組合	336	14.6%	41.7%	32.4%	8.0%
⑤	全　体	2,582	18.7%	50.3%	24.0%	4.8%
	地方銀行	624	18.9%	56.7%	17.5%	4.5%
	第二地銀	323	24.5%	52.6%	16.7%	3.7%
	信用金庫	1,289	17.4%	47.2%	28.5%	5.4%
	信用組合	338	17.5%	48.8%	26.0%	4.4%
⑥	全　体	2,584	13.7%	57.8%	23.8%	2.9%
	地方銀行	622	10.5%	68.8%	17.0%	2.1%
	第二地銀	324	15.7%	61.4%	18.5%	1.9%
	信用金庫	1,293	14.8%	52.8%	27.8%	3.2%
	信用組合	337	13.9%	53.1%	26.1%	4.2%
⑦	全　体	2,586	44.5%	44.2%	9.2%	0.9%
	地方銀行	624	48.6%	43.1%	6.7%	0.3%
	第二地銀	325	46.8%	44.6%	5.5%	0.6%
	信用金庫	1,291	42.5%	45.3%	10.6%	0.9%
	信用組合	338	42.6%	42.0%	11.8%	2.1%

（注1）①自然災害，②機械設備の事故，③サプライチェーンの断絶，④情報セキュリティ，⑤不正・内部統制上の問題，⑥人事・労務上の問題，⑦経営者の死亡・重篤な病気。
（注2）「わからない」は省略。

おいて多くの企業と結びついているようなハブ企業が多いからであろう。

　「④情報セキュリティ」については，「非常に重要」と「重要」の回答率を足し合わせた場合，62.8％となる。業態別には，地方銀行が74.9％，第二地方銀行が65.9％，信用金庫が57.9％，信用組合が56.3％である。すべての金融業態で「非常に重要」と「重要」の合計回答率が50％を超える。

　「⑤不正・内部統制上の問題」については，「非常に重要」と「重要」の回答率を足し合わせた場合，69.0％となる。業態別には，地方銀行が75.6％，第二地方銀行が77.1％，信用金庫が64.6％，信用組合が66.3％となる。すべての金融業態で「非常に重要」と「重要」の合計回答率が50％を超える。

　「⑥人事・労務上の問題」については，「非常に重要」と「重要」の回答率を足し合わせた場合，71.5％となる。業態別には，地方銀行が79.3％，第二地方銀行が77.1％，信用金庫が67.6％，信用組合が67.0％となる。すべての金融業態で「非常に重要」と「重要」の合計回答率は60％を超えることがわかった。

　「⑦経営者の死亡・重篤な病気」については，「非常に重要」と「重要」の回答率を足し合わせた場合，88.7％となる。業態別には，地方銀行が91.7％，第二地方銀行が91.4％，信用金庫が87.8％，信用組合が84.6％となる。すべての金融業態で「非常に重要」と「重要」の合計回答率は80％を超える。

　以上のように，「非常に重要」の比率でみると，事業性評価におけるリスクとして「経営者の死亡・重篤な病気」が最も重視されていることがわかる。「自然災害」については質問した7つの観点の中では最も重要視されていないことがわかった。

2　大災害発生に備えた事業性評価の取り組み

(1)　災害時の対応の検討状況

> 問16.　大きな災害発生時，貴支店の主要な取引先企業の事業継続を支援するために，金融面でどのような対応を実施・検討されていますか。（複数回答可）

　問16は，大規模自然災害発生時に金融機関が取引先企業に対して，事業継続

図表 9 - 2	事業継続の支援への対応を実施・検討について

		回答者数	運転資金の提供を予定している	設備資金の提供を予定している	災害発生後の資金繰りを予測している	緊急時に備えて借入予約契約を締結している	その他の対応の実施や検討をしている	検討していない	わからない
全　体		2,585	68.7%	49.4%	19.6%	1.0%	22.4%	9.1%	11.8%
業態別	地方銀行	624	71.6%	55.8%	20.2%	1.0%	41.0%	5.9%	6.3%
	第二地銀	322	66.5%	44.4%	18.9%	0.9%	21.4%	7.5%	14.0%
	信用金庫	1,295	67.4%	45.0%	18.5%	1.1%	15.8%	10.8%	13.7%
	信用組合	336	69.9%	59.2%	22.9%	0.6%	14.6%	10.4%	12.8%

支援の目的で実施または検討している金融支援について尋ねている。

　図表 9 - 2 によると，全体では，「運転資金の提供を予定している」が68.7％と最も高い回答率となり，続いて，「設備資金の提供を予定している」が49.4％と，いざというときに資金供給する方針は明らかであるが，「災害発生後の資金繰りを予測している」は19.6％にとどまり，具体的な対応策が策定されているわけではなさそうである。

　どの業態においても，「運転資金の提供を予定している」の選択肢が最も回答を集めている。具体的には，高い順に，地方銀行が71.6％，信用組合が69.9％，信用金庫が67.4％，第二地方銀行が66.5％である。次に多い回答は，「設備資金の提供を予定している」となっており，高い順に，信用組合が59.2％，地方銀行が55.8％，信用金庫が45.0％，第二地方銀行が44.4％となっている。これら 2 つの選択肢は，他の選択肢と比べて非常に高い回答率を得ている。

　図表 9 - 2 によると，「緊急時に備えて借入予約契約を締結している」の回答率が極めて低いことがわかった。中小企業強靭化法に基づく事業継続力強化計画基本方針においても指摘されているように，中小企業にとっては，発災前に復旧・復興時の円滑な資金調達に関する約束（融資枠：コミットメントライン）を金融機関と結んでいることは，BCP の実行に寄与すると考えられる[1]。しかしながら，現実に対応できている金融機関はわずかである。

　もちろん，取引先企業と災害時のコミットメントライン締結を可能にする商品を提供している例が存在する。たとえば，広島銀行は全国に先駆けて，2016年からBCP策定支援の「〈ひろぎん〉防災・BCP対応支援ローン」という融資商品を提供している。本商品は，防災対策・BCP策定を必要とし提携先損害保険会社の無料診断を受けた法人に対して，防災やBCP策定にも使える運転・設備資金を提供できる特徴と，複数の条件を満たせば，「危機対応時に必要な資金」を供給できるコミットメントラインの締結も可能であるということに特徴がある。この場合コミットメントラインの期間は1年と決められ，取引先企業は，毎年の更新審査で，最新のBCPの提出を義務づけられている。このように同行の商品は，中小企業のBCP策定インセンティブと有事の際の資金確保の努力インセンティブの保持ならびに増進に大きく寄与することが期待できる。

　図表9-3は，問8で「事業性評価にしっかりと取り組めている」の自己評価別に，この質問の回答状況を整理してみた。たとえば，「事業性評価にしっかりと取り組めている」が「強く当てはまる」と回答した359人中，「運転資金の提供を予定している」を選択しているのは74.9％であった。事業性評価がしっかりと取り組めているとする回答者ほど，「運転資金の提供を予定している」，「設備資金の提供を予定している」，「災害発生後の資金繰りを予測している」を選択する比率が高く，「検討してない」の回答率は低くなる。つまり，事業性評価にしっかりと取り組めているという金融機関ほど大きな災害後の企

図表9-3　**事業性評価への取り組みの自己評価別の事業継続の支援への対応**

	強く当て はまる	ある程度当 てはまる	ほとんど当て はまらない	全く当ては まらない	わからない
運転資金の提供を予定 している	74.9%	70.5%	53.8%	36.7%	36.4%
設備資金の提供を予定 している	57.4%	50.6%	35.0%	23.3%	25.0%
災害発生後の資金繰り を予測している	22.6%	19.7%	16.2%	13.3%	11.4%
検討していない	4.2%	8.9%	16.2%	26.7%	4.5%
回答者数	359	1,870	277	30	44

業の事業継続の支援について積極的であることがわかる。

(2)　BCP 策定の金融機関にとっての効果

> 問17.　問16で選択肢「運転資金の提供を予定している」,「設備資金の提供を予定している」,「災害発生後の資金繰りを予測している」,「緊急時に備えて借入予約契約を締結している」,「その他の対応の実施や検討をしている」のいずれかを回答した方にお尋ねします。取引先企業における事業継続計画（以下，BCP とします）の有無により，問16で選んだ検討の変化はありますか。（複数回答可）

　問17は，問16で「運転資金の提供を予定している」,「設備資金の提供を予定している」,「災害発生後の資金繰りを予測している」,「緊急時に備えて借入予約契約を締結している」,「その他の対応の実施や検討をしている」のいずれかを選択した回答者に対して，取引先企業に BCP があった場合に，前問で選択された選択肢の内容に変化があるかを尋ねている。

　図表 9 - 4 では，全体でみると，「特に変わらない」が33.8％と最も多いが，半数程度が何らかの影響があると回答している。そのうち，「提供可能な資金を増額できる」が23.7％,「資金提供以外での前向きの変化がある」が21.0％,「資金提供面でその他の好条件を提示できる」が15.5％など，事業者にとってプラスの影響があることがわかる。

図表 9 - 4　BCP の有無での検討の変化について

		回答者数	提供可能な資金を増額できる	事業継続に必要な資金を抑制できる	借入予約契約の金利を下げられる	資金提供面でその他の好条件を提示できる	資金提供以外での前向きの変化がある	特に変わらない	わからない
全　体		2,016	23.7%	14.1%	2.0%	15.5%	21.0%	33.8%	13.5%
業態別	地方銀行	542	17.0%	7.6%	1.5%	18.1%	27.9%	34.7%	10.0%
	第二地銀	247	29.1%	18.6%	2.8%	14.6%	21.5%	27.9%	13.8%
	信用金庫	971	24.6%	15.0%	2.1%	14.7%	18.8%	35.6%	14.7%
	信用組合	249	29.7%	20.1%	1.6%	13.3%	14.1%	30.5%	16.5%

⑶　BCP 策定割合の把握と事業性評価の取り組み

　図表9-5は，問8で尋ねた事業性評価への取り組みについての自己評価別に，問19において BCP 策定企業の割合が「わからない」と回答した人の比率を計算してみた結果である。たとえば，事業性評価にしっかりと取り組めているかどうかという問いに対して「強く当てはまる」と回答した金融機関のうち取引先企業の BCP 策定状況がわからないという回答したものが58.1％を占めている。逆に，事業性評価にしっかりと取り組めているかどうかという問いに対して「ほとんど当てはまらない」あるいは「全く当てはまらない」と回答した金融機関のうち，取引先企業の BCP 策定状況がわからないと回答したものはそれぞれ57.8％，42.9％と58.1％よりも低い値をとっている。しかし，これらの差異は，統計的に有意ではないので，事業性評価の進捗度合いと BCP の策定状況の把握は相関していないといえる。

　本来，事業性評価の一部に BCP 策定状況が組み込まれていれば事業性評価に取り組んでいる金融機関ほど「わからない」の回答は少ないはずである。しかし，表に示したように，そうした傾向はみられない。このことは，現在までのところ，多くの金融機関において BCP の要素が事業性評価に組み込まれていないことを意味しているのであろう。

　図表9-6では，図表9-5と同様に，事業性評価への取り組みの自己評価別に，取引先企業が BCP を策定した理由を尋ねた問21において「貴社からの要請・支援」が「非常に重要」もしくは「重要」であったと回答した人の比率を計算してみた。事業性評価への取り組みへの自己評価の高い金融機関ほど，自らの「要請・支援」が企業の BCP 策定に重要であったと考えていることがわかる。

図表9-5　事業性評価への取り組みの自己評価別の BCP 策定割合の不把握率

	強く当てはまる	ある程度当てはまる	ほとんど当てはまらない	全く当てはまらない	わからない
比率	58.1%	54.6%	57.8%	42.9%	57.1%
回答者数	358	1,856	275	28	42

図表 9 - 6　事業性評価への取り組みの自己評価別に,「貴社からの要請・支援」が「非常に重要」もしくは「重要」であった比率

	強く当てはまる	ある程度当てはまる	ほとんど当てはまらない	全く当てはまらない	わからない
比率	42.3%	26.9%	18.0%	23.1%	5.3%
回答者数	345	1,754	261	26	38

図表 9 - 7　事業性評価への取り組みの自己評価別に,「金融機関からの要請・支援がない」ことが BCP 不策定の理由だと考える比率

	強く当てはまる	ある程度当てはまる	ほとんど当てはまらない	全く当てはまらない	わからない
比率	25.9%	35.7%	39.0%	16.7%	15.9%
回答者数	359	1,870	277	30	44

　図表 9 - 7 は, 事業性評価への取り組みの自己評価別に,「金融機関からの要請・支援がない」ことが BCP 不策定の理由だと考える比率を計算してみた結果である。これは図表 9 - 6 と表裏の関係にある結果でもあるが, 事業性評価への取り組みができている金融機関ほど, この選択肢を選んでいないことがわかる。

　たとえば, 事業性評価への取り組みがなされているかという質問に対して「強く当てはまる」と回答した金融機関で,「金融機関からの要請・支援がない」ことが取引先企業の BCP 策定が進まない理由になっているという回答は25.9%で,「ほとんど当てはまらない」の39.0%と比べてかなり低い。しかし, 事業性評価への取り組みがしっかりできている金融機関でも, 自然災害リスクが十分に事業性評価に組み込まれておらず, 自己の役割を「過小評価」しているだけなのかもしれない。

　図表 9 - 8 は, 事業性評価への取り組みの自己評価別に, 問27において BCP 策定支援態勢が「積極的」と考える人の比率を示している。事業性評価にしっかりと取り組めている金融機関ほど, BCP 策定支援態勢が「積極的」である。BCP の策定支援も事業性評価に基づく支援活動の一部に含まれている金融機関もあると考えられる。

図表 9 - 8	事業性評価への取り組みの自己評価別の，BCP 策定支援態勢が「積極的」と考える人の比率

	強く当てはまる	ある程度当てはまる	ほとんど当てはまらない	全く当てはまらない	わからない
比率	39.6%	29.5%	16.2%	26.9%	5.0%
回答者数	346	1,820	272	26	40

3　職員の事業性評価の能力の状況

> 問9．貴支店の法人営業担当者の持つ事業性評価の能力として，それぞれ当てはまるものを選んでください。複数の職員がいる場合は，平均的な傾向をお答え下さい。
> (1)　現在の能力の水準（金融業界全体と比較した相対的な位置づけ）
> (2)　3年前（2016年3月期末時点）と比べた能力の変化状況

　図表 9 - 9 は法人営業担当者の事業性評価能力についての回答結果をまとめたものである。「平均的」が6割程度あるが，「やや劣っている」と「劣っている」の合計が25％ほどあり，「優れている」と「やや優れている」の合計を上回っている。

　業態別の傾向としては，全体の結果と比べると地方銀行と第二地方銀行では「優れている」「やや優れている」とした割合が高く「やや劣っている」「劣っている」の割合が低くなっている。一方で，信用金庫と信用組合では全く逆の結果となっている。「優れている」と「やや優れている」の合計をみると地方

図表 9 - 9	法人営業担当者の事業性評価能力の現在の水準

		回答者数	優れている	やや優れている	平均的	やや劣っている	劣っている
全　体		2,554	2.3%	12.4%	60.8%	22.1%	2.4%
業態別	地方銀行	612	4.9%	22.2%	54.4%	17.6%	0.8%
	第二地銀	322	2.2%	19.9%	62.4%	14.9%	0.6%
	信用金庫	1,279	1.6%	7.7%	63.2%	24.6%	3.0%
	信用組合	337	0.6%	4.7%	62.3%	27.9%	4.5%

銀行（27.1％）や第二地方銀行（22.1％）が20％を上回っているのに対し，信用金庫（9.3％）や信用組合（5.3％）は10％を下回っている。「やや劣っている」と「劣っている」の合計をみると，地方銀行（18.4％）と第二地方銀行（15.5％）は20％を下回っているのに対して，信用金庫（27.6％）と信用組合（32.4％）は30％に近い値となっている。このことより地方銀行と第二地方銀行は法人営業担当者の事業性評価の能力を高く評価しており，信用金庫と信用組合は低く評価している傾向がある。

　異なった観点からみるために，事業性評価の能力についての回答を業態別ではなく，問6（図表7-5）で質問した支店の正規職員数ごとに集計したものを**図表9-10**に示した。表をみると，統計的に有意でない部分が一部に含まれるものの，支店人数が増えるにつれて「優れている」と「やや優れている」の合計の割合が高くなっていくのに対して，「やや劣っている」と「劣っている」の合計の割合が低くなる傾向が見受けられる。この傾向が特に顕著なのが支店の正規職員数が「11人〜15人」と「16人〜20人」との差および「16人〜20人」と「21人〜30人」との差の部分である。金融機関の支店規模でみると人員規模が大きい店舗ほど，法人営業担当者の事業性評価の能力を高く評価しているという結果となった。一定規模の店舗になると，経験の豊富な上司や同僚からの指導を受けることもでき，業務の分担も可能で専門性を磨くことができ，さまざまな事業法人との取引を通じてOJTの機会も増えるなど，事業性評価能力を高める機会があるのだと思われる。小規模店舗の多い金融機関において

図表9-10　現在の能力の水準（支店の正規職員数別）

	回答者数	優れている	やや優れている	平均的	やや劣っている	劣っている
5人以下	224	1.3%	8.5%	59.8%	23.2%	7.1%
6人〜10人	973	1.2%	8.9%	60.5%	26.4%	2.9%
11人〜15人	776	2.3%	10.1%	63.9%	22.3%	1.4%
16人〜20人	306	3.9%	19.6%	57.5%	17.6%	1.3%
21人〜30人	178	4.5%	25.8%	58.4%	10.7%	0.6%
31人〜50人	69	4.3%	30.4%	56.5%	8.7%	0.0%
51人以上	21	14.3%	14.3%	61.9%	4.8%	4.8%

は，オンライン研修や情報の共有などその不利な点を克服する工夫が必要であろう。

　図表 9-11 は法人営業担当者の事業性評価の能力が 3 年前と比較してどのように変化しているかをまとめたものである。「かなり向上」が地方銀行では他の業態と比べ高い割合となっており，「かなり向上」と「やや向上」を合計した結果も69％で，他の業態を10％ポイントほど上回っている。また問 9(1)の事業性評価能力の水準では地方銀行に続き第二地方銀行が「優れている」と「やや優れている」で高い値をとっていたが，本問において第二地方銀行は「かなり向上」や「やや向上」で信用金庫と信用組合とあまり変わらず，「やや悪化」では他の業態を上回る結果となっており，地方銀行と他の 3 業態とで結果に大きな差がみられ，特に地方銀行で法人営業担当者の能力の向上がより進んでいることが示されている。問 9(1)と(2)の個票データに対し相関係数を計算したところ0.44と比較的高い値をとっており，3 年前と比較した事業性評価能力の向上の程度と現在の事業性評価能力の高さにはある程度正の相関があることがわかった。

　2017年 1 月実施の前回調査では，本設問と同様の趣旨で，「法人営業担当者の能力の変化状況（3 年前と比べた貴社内での変化)」について尋ねている。図表 9-11 の下段には，その前回調査の結果も示している。前回調査の全体の

図表 9-11　3 年前と比べた能力の変化状況

		回答者数	かなり向上	やや向上	横ばい	やや悪化	かなり悪化
全　体		2,559	7.7%	52.4%	32.4%	7.0%	0.4%
業態別	地方銀行	613	16.8%	52.2%	24.3%	6.2%	0.5%
	第二地銀	323	4.0%	55.4%	30.3%	10.2%	0.0%
	信用金庫	1,282	5.0%	51.0%	36.8%	6.7%	0.5%
	信用組合	337	5.0%	54.9%	32.9%	6.5%	0.6%
前回調査		2,838	5.3%	38.2%	39.9%	14.3%	2.4%
業態別	地方銀行	604	6.3%	41.4%	34.6%	14.6%	3.1%
	第二地銀	363	4.1%	33.6%	45.5%	14.6%	2.2%
	信用金庫	1,469	5.2%	36.8%	41.5%	14.4%	2.2%
	信用組合	386	4.7%	41.5%	38.1%	14.0%	1.8%

結果をみると「かなり向上」が5.3％，「やや向上」が38.2％である。これに対し本調査では「かなり向上」が7.7％，「やや向上」が52.4％となっており，「かなり向上」と「やや向上」の合計の割合は本調査が前回調査を16.6％ポイント上回っている。前回調査から本調査の間の2年半ほどの間に，地域金融機関の法人営業担当者の能力向上が加速的に進んでいることが明らかとなった。特に，「かなり向上」の回答が地方銀行で6.3％から16.8％へと上昇していることが特徴的である。

　次に問9(1)と同様に問9(2)についても，金融機関の支店の正規職員数ごとに集計をしたものが**図表9-12**である。「かなり向上」あるいは「かなり向上」と「やや向上」の合計についても，一部有意ではない部分があるものの，支店あたりの正規職員数が増えるごとに高い値をとることがわかる。特に「16人～20人」と「21人～30人」の間および「21人～30人」と「31人～50人」の間で大きく割合が高くなっており，支店の規模が大きくなるに従い，事業性評価の能力の向上が進んでいる結果となった。

　これらの結果から，組織規模の小さい協同組織金融機関よりも組織規模の大きい地方銀行の方が事業性評価に関する研修制度が充実しており，また支店規模が大きいと法人営業の担当者に対する周囲のサポートが手厚いなど，職員の事業性評価に関する能力を向上させる方向に有利に働いている可能性が考えられる。現在，一部の金融機関では，法人営業を特定の支店に集約する動きがみられるが，顧客との距離が遠くなる弊害がある一方で，事業性評価の能力を高める効果もあることがわかる。

図表9-12　**3年前と比べた能力の変化状況（支店の正規職員数別）**

	回答者数	かなり向上	やや向上	横ばい	やや悪化	かなり悪化
5人以下	226	3.1%	42.5%	45.6%	7.5%	1.3%
6人～10人	975	4.2%	52.7%	35.7%	7.1%	0.3%
11人～15人	776	8.0%	54.6%	30.8%	6.2%	0.4%
16人～20人	305	13.1%	49.8%	26.6%	9.8%	0.7%
21人～30人	179	15.6%	54.2%	24.6%	5.6%	0.0%
31人～50人	70	14.3%	64.3%	15.7%	5.7%	0.0%
51人以上	21	47.6%	33.3%	14.3%	4.8%	0.0%

4　人事評価や人事政策の状況

(1)　人事評価制度の変化

> 問10.　貴社の人事評価や人事政策は，過去3年以内（2016年4月〜）に変化がありまし
> たか。

　図表9-13は過去3年以内に人事評価や人事政策に変化があったかどうかを
まとめたものである。「大きな変化があった」と「多少の変化があった」の合
計をみると，最も割合の高い地方銀行で83.1％，最も割合の低い信用金庫でも
63.6％を示しており，多くの金融機関において人事評価や人事政策に何らかの
変化があったことを示している。また，「大きな変化があった」をみると地方
銀行の29.5％は他の業態に比べかなり高い割合となっている。

　問9(2)の3年前と比べた法人営業担当者の事業性評価能力の変化状況（業態
別）を示した図表9-11で，特に地方銀行でこの3年間において職員の事業性
評価能力が進んでいるという結果が得られていることを踏まえると，多くの地
方銀行が人事評価を改善しながら法人営業担当者の事業性評価の能力を向上さ

図表9-13　人事評価や人事政策の変化（業態別）

		回答者数	大きな変化があった	多少の変化があった	ほとんど変化していない	全く変化していない	わからない
全　体		2,572	16.8%	52.8%	26.6%	2.9%	1.0%
業態別	地方銀行	616	29.5%	53.6%	15.1%	1.1%	0.6%
	第二地銀	326	9.2%	58.3%	31.0%	1.5%	0.0%
	信用金庫	1,289	12.5%	51.1%	31.3%	4.0%	1.2%
	信用組合	337	16.9%	52.5%	25.2%	3.6%	1.8%
前回調査		2,839	11.3%	33.9%	46.2%	5.9%	2.6%
業態別	地方銀行	576	9.0%	44.6%	41.7%	3.0%	1.7%
	第二地銀	373	13.7%	30.3%	48.0%	6.2%	1.9%
	信用金庫	1,491	10.9%	31.9%	48.0%	6.4%	2.8%
	信用組合	394	13.2%	29.7%	44.7%	8.4%	4.1%

せていると考えられる。

　図表9-13には2017年1月実施の前回調査の結果も示している。これによると，全体でみた場合，「大きな変化があった」が11.3％，「多少の変化があった」が33.9％であった。これに対し本調査では「大きな変化があった」が16.8％で，「多少の変化があった」は52.8％と前回調査を上回っている。また「大きな変化があった」と「多少の変化があった」の合計を何らかの変化があった割合とすると，変化があった比率は前回調査を24.4％ポイント上回っている。前回調査と本調査の比較により，この2年あまりの期間において地域金融機関はその業態にかかわらず人事評価や人事政策を大きく変化させており，問9(2)の結果と合わせると，この2年あまりの期間において進んだ人事政策の変化が法人営業担当職員の能力向上に寄与している可能性が考えられる。

　次に人事評価や人事政策の変化を預金総量別（問2）にも調べてみた（図表は省略）。「大きな変化があった」と「多少の変化があった」の合計割合についてみると預金総量が「1兆円以下」では6割台であるのに対し，「1兆円〜3兆円」では70.5％，「3兆円〜5兆円」では80.9％，「5兆円以上」では89.2％と割合が高くなっている。預金規模の大きい金融機関ほど人事評価や人事政策に変化があった割合が高い。

(2)　加点主義と減点主義

> 問11．貴社の人事評価は，加点主義と減点主義のどちらですか。

　図表9-14は人事評価において減点主義をとっているか加点主義をとってい

図表9-14　人事評価の加点主義と減点主義

		回答者数	減点主義	どちらかというと減点主義	どちらかというと加点主義	加点主義	どちらでもない	わからない
全　体		2,576	4.2%	19.8%	33.4%	7.3%	29.5%	5.9%
業態別	地方銀行	616	2.4%	14.1%	35.1%	4.2%	39.0%	5.2%
	第二地銀	328	3.7%	19.8%	36.0%	10.7%	22.9%	7.0%
	信用金庫	1,288	5.2%	22.8%	31.4%	7.5%	28.3%	4.7%
	信用組合	336	3.9%	19.0%	35.1%	8.9%	22.9%	10.1%

図表9-15　人事評価の加点主義と減点主義

		減点主義			加点主義			わからない
	回答者数	減点主義の性格が強く、従来よりもその傾向が強まっている	減点主義の性格が強く、従来から変化はない	減点主義の性格が強いが、従来よりもその傾向が弱まっている	加点主義の性格が強いが、従来よりもその傾向が弱まっている	加点主義の性格が強く、従来から変化はない	加点主義の性格が強く、従来よりもその傾向が強まっている	
前回調査	2,798	6.0%	17.5%	13.7%	3.8%	26.1%	12.8%	20.1%
業態別　地方銀行	568	3.2%	14.6%	18.5%	5.1%	27.1%	16.2%	15.3%
業態別　第二地銀	370	6.2%	17.0%	15.7%	3.5%	27.0%	8.1%	22.4%
業態別　信用金庫	1,462	6.6%	19.0%	12.9%	3.4%	24.4%	12.4%	21.3%
業態別　信用組合	393	7.1%	17.0%	7.9%	3.6%	30.3%	14.0%	20.1%
2017年若手中堅	1,034	11.3%	20.8%	13.8%	2.1%	7.9%	9.5%	34.5%
2014年行員調査	400	12.8%	24.3%	16.5%	1.3%	8.5%	8.0%	28.8%

るかについて金融機関の業態別に集計したものである。「減点主義」と「どちらかというと減点主義」の合計と、「どちらかというと加点主義」と「加点主義」の合計とを比べると、全体に占める割合は加点主義の方が高くなっており、業態にかかわらず減点主義よりも加点主義を採用している割合が高いことが見受けられる。また地方銀行、第二地方銀行と信用組合では「どちらかというと加点主義」と「加点主義」の合計が「減点主義」と「どちらかというと減点主義」の合計が20％ポイント以上上回っているのに対し、信用金庫では10％ポイントほどとなっており、業態間で差がみられる結果となった。

　これまでの調査でも、質問の仕方が異なるが減点主義か加点主義かを尋ねている。その結果について**図表9-15**に示している。今回の調査では「どちらでもない」を新設し、その回答が多いために、加点主義の回答率は前回の42.7％から40.7％への、わずかな減少になっているが、仮に「どちらでもない」や「わからない」を除いたベースで計算し直すと、加点主義の割合は前回の53.4％から63.0％まで約10％ポイントの増加となっており、全体的には加点主

義的な方向に変化していることが読み取れる。

⑶　BCP 支援した職員の評価

> 問32．貴支店の職員の努力によって，取引先企業が新たに BCP を策定したり，BCP を改善したりできた場合，当該職員はどのように評価されますか。

　図表 9 -16は，職員の BCP 支援面での努力の評価について質問した結果をまとめたものである。全体では，「融資と結びついた場合には，評価される（6.0％）」と「融資と結びつかなくても，評価される（38.9％）」の合計の方が，「ほとんど評価されない（17.6％）」と「全く評価されない（7.2％）」の合計よりも大きくなっている。特に，「融資と結びつかなくても，評価される」と回答した割合の高さは，職員の人事評価制度において加点主義が減点主義を上回っていることを明らかにした図表 9 -15と整合的である。他方，「わからない」と回答した割合が 3 割を占めており，BCP そのものへの認知度が地域金融機関の現場で高くないことがうかがわれる。

　業態別では，「全く評価されない」と回答した割合は，小さい方から，地方銀行，第二地方銀行，信用金庫，信用組合の順になっている。地方銀行では，「融資と結びつかなくても，評価される」と回答した割合が52.3％を占めており，取引先の BCP 策定に対して積極的に対応している地方銀行が少なくない。

　図表 9 -17は，問26において，BCP を勧めない理由として金融機関自身の「ノウハウや人材が不足している」を選択したか否かの別に，BCP 支援の人事

図表 9 -16　職員の BCP への働き掛けの努力評価

		回答者数	融資と結びついた場合には，評価される	融資と結びつかなくても，評価される	ほとんど評価されない	全く評価されない	わからない
全　体		2,547	6.0%	38.9%	17.6%	7.2%	30.3%
業態別	地方銀行	612	4.2%	52.3%	11.9%	2.8%	28.8%
	第二地銀	326	7.4%	41.1%	22.7%	4.6%	24.2%
	信用金庫	1,276	6.8%	34.7%	19.7%	8.5%	30.3%
	信用組合	325	4.6%	28.0%	14.8%	13.2%	39.4%

図表 9 -17　BCP を勧めない理由として金融機関自身の「ノウハウや人材が不足している」を選択したかと，BCP 支援の人事上の評価の違い

	貴社のノウハウや人材が不足している	
	非選択者	選択者
融資と結びついた場合には，評価される	6.4%	5.2%
融資と結びつかなくても，評価される	40.9%	34.7%
ほとんど評価されない	15.8%	21.3%
全く評価されない	6.8%	8.1%
わからない	30.1%	30.6%
回答者数	1,721	826

　上の評価の違いを整理してみた。たとえば，「融資と結びつかなくても，評価される」は，ノウハウ・人材不足の金融機関では34.7％しか選択されていないが，非選択（つまり，不足していない）金融機関では40.9％と高くなっている。人材不足金融機関では，逆に「ほとんど評価されない」や「全く評価されない」が多い。

　職員の立場からいえば，BCP 支援に努力しても評価されないのでは，BCP 支援に取り組む動機は弱くなってしまう。それでは，いつまで経っても BCP 支援のできる人材は育たないのも当然であろう。金融機関の経営者には，BCP 支援の重要性を認識して職員の意欲を高めるような人事評価制度を構築することが求められる。

　図表 9 -18は，問 8 において尋ねた「職員にとってやりがいのある職場である」の自己評価別に，BCP 支援の人事上の評価の違いを整理してみた結果である。やりがいのある職場ほど，「融資と結びつかなくても，評価される」傾向がみられる。

図表 9 -18　「職員にとってやりがいのある職場である」の自己評価別の BCP 支援の人事上の評価の違い

	強く当て はまる	ある程度当 てはまる	ほとんど当て はまらない	全く当ては まらない	わからない
融資と結びついた場合 には，評価される	6.7%	6.1%	3.5%	0.0%	4.9%
融資と結びつかなくて も，評価される	53.1%	38.2%	19.5%	10.0%	25.6%
ほとんど評価されない	10.8%	18.6%	22.1%	40.0%	15.9%
全く評価されない	3.1%	7.4%	15.9%	40.0%	7.3%
わからない	26.4%	29.7%	38.9%	10.0%	46.3%
回答者数	360	1,960	113	10	82

5　事業性評価での連携の状況

(1)　連携している外部機関・外部専門家

> 問41．貴支店が，事業性評価を推進するために連携している外部機関・専門家をお答え ください。（複数回答可）

　問41では，事業性評価を推進するために（支店レベルで）連携している外部機関・専門家について尋ねてみた。具体的には，図表 9 -19に示したような選択肢をあげて複数選択してもらったところ，上位 5 者は，公認会計士・税理士（43.1％），中小企業診断士（33.7％），REVIC などの政府支援組織（25.5％），シンクタンクやコンサルティング会社（25.2％），政府系金融機関（24.2％）であった。

　業態別にみると，地方銀行，第二地方銀行，信用金庫，信用組合の順で公認会計士・税理士との連携が進んでいる。中小企業診断士との連携については業態間で違いはない。さらに，地方銀行は，他の業態の金融機関と比較して REVIC などの政府支援組織，シンクタンクやコンサルティング会社，他の民間金融機関と連携している傾向がある。信用金庫は相対的に商工団体，大学や

図表 9 -19 連携している外部機関・専門家

	全体	業態別			
		地方銀行	第二地銀	信用金庫	信用組合
回答者数	2,541	614	321	1,271	328
公認会計士・税理士	43.1%	54.1%	46.4%	39.3%	33.8%
中小企業診断士	33.7%	34.7%	28.3%	35.6%	30.2%
REVIC などの政府支援組織	25.5%	45.8%	36.8%	15.6%	15.2%
シンクタンクやコンサルティング会社	25.2%	54.9%	24.6%	14.2%	12.5%
政府系金融機関	24.2%	29.2%	18.7%	23.5%	22.6%
商工団体	19.2%	15.1%	13.1%	23.9%	15.2%
地方自治体やその外郭団体	18.3%	16.8%	17.1%	20.3%	13.7%
連携先はない	10.7%	5.0%	8.7%	13.9%	10.7%
大学や研究開発組織	9.3%	8.6%	9.3%	11.3%	2.4%
他の民間金融機関	7.5%	10.9%	9.7%	5.9%	4.9%
弁護士	4.9%	3.1%	5.3%	5.8%	4.3%
有力な取引先企業	2.2%	2.3%	1.6%	2.8%	0.9%
弁理士	1.8%	0.5%	1.9%	2.8%	0.3%
その他	3.4%	2.1%	4.4%	3.8%	3.0%
わからない	9.2%	8.8%	7.8%	9.7%	9.8%

研究開発組織と連携することが多い。

(2) 日本政策金融公庫との協調・連携

問42. 日本政策金融公庫との協調の状況についてお答えください。（複数回答可）

図表 9 -20は金融機関と日本政策金融公庫との協調の状況を示している。それによると，金融機関の51.0％は日本政策金融公庫との協調融資のスキームを持っており，また44.3％は協調融資のスキームの活用実績があると回答している。

信用金庫や信用組合は日本政策金融公庫との協調融資のスキームを他の業態

図表9-20　日本政策金融公庫との協調の状況

	全体	業態別			
		地方銀行	第二地銀	信用金庫	信用組合
回答者数	2,543	616	320	1,272	328
協調融資のスキームを持っている	51.0%	44.6%	43.1%	55.6%	52.4%
協調融資のスキームの活用実績がある	44.3%	38.3%	39.1%	46.1%	53.4%
営業現場では，競合することが多い	10.3%	14.4%	9.7%	9.2%	6.7%
協調して企業再生に成功したことがある	7.9%	5.0%	6.3%	9.7%	7.9%
公庫の資本性ローンを活用したことがある	7.3%	8.9%	5.9%	7.9%	3.0%
対象企業などの棲み分けが必要である	4.3%	5.7%	6.6%	3.3%	3.4%
その他	2.8%	7.6%	1.3%	1.5%	0.6%
協調の実績はない	11.7%	17.5%	15.0%	8.6%	10.1%
わからない	6.9%	8.1%	10.0%	5.4%	7.0%

の金融機関と比較して相対的に多く持っていたり，その活用実績がある。地方銀行は，相対的に日本政策金融公庫と営業現場で競合することが多かったり，協調の実績はない支店が多い。

> 問43. 協調の実績と今後の希望について，下記の①〜④の各分野で，「協調実績がある」もしくは「（今までは実績がないが）今後の協調を希望する」場合はチェックをご記入ください。
> ①創業分野での協調
> ②再生分野での協調
> ③本業支援分野（海外展開，ビジネスマッチング，専門家派遣など）での協調
> ④事業承継分野での協調

問43では，日本政策金融公庫との協調の実績と今後の希望について尋ねてみた。

図表9-21によると，「①創業分野」について日本政策金融公庫との協調実績がある金融機関は42.4％であり，今までは実績がないが今後の協調を希望する金融機関は41.4％である。創業分野に関する協調は，実績も関心も高い。地方銀行と第二地方銀行では今後の協調を希望する割合が高く，信用金庫や信用組合はすでに協調実績がある割合が高い。

「②再生分野」について日本政策金融公庫との協調実績がある金融機関は

図表 9 -21　　日本政策金融公庫との協調の実績と今後の希望

		回答者数	協調実績がある	今後の協調を希望	実績も希望もない
① 業態別	全 体	2,616	42.4%	41.4%	16.2%
	地方銀行	634	32.0%	48.6%	19.4%
	第二地銀	330	35.5%	46.7%	17.9%
	信用金庫	1,303	47.7%	37.8%	14.6%
	信用組合	341	48.1%	37.2%	14.7%
② 業態別	全 体	2,616	26.3%	55.3%	18.4%
	地方銀行	634	27.9%	55.0%	17.0%
	第二地銀	330	18.2%	61.2%	20.6%
	信用金庫	1,303	28.9%	54.3%	16.8%
	信用組合	341	20.5%	54.3%	25.2%
③ 業態別	全 体	2,616	15.5%	62.2%	22.4%
	地方銀行	634	20.3%	56.2%	23.5%
	第二地銀	330	13.0%	69.1%	17.9%
	信用金庫	1,303	15.0%	64.2%	20.8%
	信用組合	341	10.0%	59.5%	30.5%
④ 業態別	全 体	2,616	10.4%	67.4%	22.2%
	地方銀行	634	15.5%	59.3%	25.2%
	第二地銀	330	6.4%	71.5%	22.1%
	信用金庫	1,303	9.7%	70.2%	20.1%
	信用組合	341	7.6%	67.4%	24.9%

(注)　①創業分野での協調，②再生分野での協調，③本業支援分野（海外展開，ビジネスマッチング，専門家派遣など）での協調，④事業承継分野での協調。

26.3％であり，今までは実績がないが今後の協調を希望する金融機関は55.3％である。すでに協調している金融機関よりも今後再生分野での協調を希望する金融機関が多い。信用金庫，地方銀行，信用組合，第二地方銀行の順で再生分野について協調実績がある。

　「③本業支援分野」について日本政策金融公庫との協調実績がある金融機関は15.5％であり，今までは実績がないが今後の協調を希望する金融機関は62.2％である。すでに協調している金融機関よりも今後本業支援分野での協調を希望する金融機関が圧倒的に多い。地方銀行，信用金庫，第二地方銀行，信用組合の順で本業支援分野について協調実績があると回答する金融機関の割合

が高い。

「④事業承継分野」について日本政策金融公庫との協調実績がある金融機関は10.4％であり，今までは実績がないが今後の協調を希望する金融機関は67.4％である。協調実績は少ないが，関心は極めて高い。地方銀行，信用金庫，信用組合，第二地方銀行の順で協調実績があると回答する割合が高い。

> 問44. 取引先企業に日本政策金融公庫の利用を勧めたことはありますか。

図表9-22によると，約8割の金融機関が，日本政策金融公庫の利用を勧めたことが「よくある」あるいは「時々ある」と回答している。金融機関の業態別では，信用組合，信用金庫，第二地方銀行，地方銀行の順で「よくある」「時々ある」と回答した割合が高い。

> 問45. 問44. で「よくある」または「時々ある」を回答した方にお尋ねします。勧めた理由を選んでください。（複数回答可）

図表9-23は，日本政策金融公庫の利用を勧めたことが「ある」という回答者に対してその理由を尋ねた質問への回答結果である。地域金融機関の66.3％は必要な資金量をまかなうことができなかったときに日本政策金融公庫の利用を勧めている。59.9％は金融機関自身では提供が難しい資金（長期や固定金利など）を日本政策金融公庫なら提供できるとし，45.6％は日本政策金融公庫との関係を構築することが取引先企業にとって有益であるからだと回答している。

特に信用金庫や信用組合は「貴社だけでは必要な資金量をまかなうことができなかった」ときに日本政策金融公庫の利用を勧めると回答する割合が高い。

図表9-22　日本政策金融公庫の利用を勧めたこと

		回答者数	よくある	時々ある	ほとんどない	全くない	わからない
	全　体	2,545	13.9%	64.4%	16.0%	2.7%	2.9%
業態別	地方銀行	614	5.4%	57.8%	26.9%	4.2%	5.7%
	第二地銀	320	5.0%	71.3%	17.5%	3.4%	2.8%
	信用金庫	1,274	18.3%	65.9%	12.0%	1.6%	2.1%
	信用組合	330	21.2%	64.5%	10.0%	3.0%	1.2%

図表 9 -23 日本政策金融公庫の利用を勧めた理由

	全体	業態別			
		地方銀行	第二地銀	信用金庫	信用組合
回答者数	1,977	383	242	1,069	277
貴社だけでは必要資金を量的にまかなうことができなかった	66.3%	54.3%	59.5%	72.3%	66.1%
貴社では提供が難しい資金（長期や固定金利など）を日本政策金融公庫なら提供できる	59.9%	66.8%	63.6%	56.8%	59.2%
日本政策金融公庫との関係を構築することが取引先企業にとって有益である	45.6%	47.5%	37.6%	45.4%	50.2%
勧めることで貴社が日本政策金融公庫と良好な関係を築ける	14.2%	7.6%	9.9%	16.7%	17.0%
取引先が他の民間金融機関から借り入れるぐらいなら，日本政策金融公庫の方が望ましい	5.7%	5.5%	5.0%	5.9%	5.8%

また信用金庫や信用組合は，利用を勧めることで日本政策金融公庫と顧客が良好な関係を築けると考える金融機関が，地方銀行や第二地方銀行に比べて多い。地方銀行や第二地方銀行が日本政策金融公庫の利用を勧める場合は長期や固定金利などを理由とする割合が高い。

問46. あなたは，日本政策金融公庫の中小企業貸出をどのように評価しますか。（複数回答可）

　問46では，日本政策金融公庫の中小企業貸出の評価を尋ねている。**図表 9 -24**によると，地域金融機関の53％は日本政策金融公庫の提示する金利が低すぎると感じている。経済全体で資金需要が乏しい中で，低金利に晒されている地域金融機関にとって日本政策金融公庫は貸出に関しては手強い競争相手にみえている。一方で，地域金融機関の46.4％は民間金融機関との協働姿勢が強まっていると感じていて，たとえば問43で調査したような創業，再生，本業支援，事業承継などの分野についての協働が進展する可能性を示している。

　信用金庫や信用組合では，「日本政策金融公庫は民間金融機関との協働姿勢が強まっている」，「企業の相談に積極的に乗っている」，「事業性を評価する力が高い」と考える支店長が相対的に多い。地方銀行や第二地方銀行は「日本政

図表9-24　日本政策金融公庫の中小企業貸出の評価

	全体	業態別			
		地方銀行	第二地銀	信用金庫	信用組合
回答者数	2,566	617	326	1,282	333
提示する金利が低すぎる	53.0%	65.8%	61.0%	45.9%	48.6%
民間金融機関との協働姿勢が強まっている	46.4%	33.7%	45.4%	51.6%	50.8%
企業の相談に積極的に乗っている	24.1%	15.6%	18.4%	28.7%	28.2%
金利以外の条件が借り手に有利すぎる	13.0%	15.9%	12.9%	11.2%	14.7%
事業性を評価する力が高い	7.1%	1.9%	6.4%	8.2%	13.2%
企業に対する取引先紹介に熱心	3.0%	1.0%	2.8%	3.7%	4.8%
企業訪問の頻度が高い	0.8%	0.5%	0.6%	0.6%	2.1%
わからない	6.1%	6.3%	6.7%	6.1%	5.1%

策金融公庫が提示する金利が低すぎる」と感じている傾向がある。図表9-20
で示されたように地方銀行は，日本政策金融公庫と営業現場で競合することが
多く，相対的に協調実績が少なく，図表9-22で示されたように4業態の中で
は最も日本政策金融公庫の利用を勧めない傾向がある。

　図表9-23で示されたように信用金庫や信用組合は「貴社だけでは必要な資
金量をまかなうことができない」ときに日本政策金融公庫の利用を勧めると回
答する割合が高い一方で，地方銀行が日本政策金融公庫の利用を勧める場合は
長期や固定金利などを理由とする割合が高い。信用金庫や信用組合が単体で貸
すことができない融資額でも地方銀行は貸すことができるが，貸出対象とする
顧客が日本政策金融公庫の対象とする顧客と重なっているため，日本政策金融
公庫の提示する金利がリスクに比べて低すぎると感じているのであろう。

(3)　信用保証協会との連携

問47. 信用保証制度や信用保証協会について当てはまるものを選んでください。（複数
回答可）

　問47では，信用保証協会や信用保証制度に関する意見を尋ねてみた。その結
果が図表9-25にまとめられている。

図表 9 -25　**信用保証制度や信用保証協会について**

	全体	業態別			
		地方銀行	第二地銀	信用金庫	信用組合
回答者数	2,576	619	326	1,287	336
信用保証協会と普段からコミュニケーションが密に取れている	47.6%	49.8%	43.9%	47.2%	49.4%
事業性評価と信用保証の利用は両立できる	41.0%	47.5%	39.3%	40.5%	32.7%
保証料の負担が大きいので，取引先企業には勧めにくくなっている	37.4%	38.0%	46.3%	36.5%	31.3%
信用保証協会の企業支援の取り組みは充実している	28.4%	23.9%	28.2%	30.5%	28.9%
再生支援の局面で，信用保証協会が障害になることはない	21.8%	27.6%	19.6%	21.1%	16.4%
信用保証協会から引き続き信用保証を多く活用するように求められている	19.2%	13.4%	16.6%	22.2%	21.1%
信用保証協会からプロパー融資を求められることが多くなった	13.7%	7.6%	18.7%	16.1%	11.6%
貴社として，なるべくプロパー融資で対応することとしている	11.7%	19.5%	7.4%	6.6%	20.5%
信用保証協会の手続きには時間がかかりすぎる	10.4%	6.6%	7.1%	12.2%	13.7%
信用保証協会からの情報発信が充実してきた	7.8%	4.0%	4.9%	9.6%	10.4%
信用保証に関する手続きは可能な限り，IT 化すべきである	6.6%	7.8%	9.2%	6.0%	3.9%
金融庁からは信用保証の利用を全般的に抑制するように指導されている	0.5%	0.6%	0.9%	0.5%	0.3%
わからない	2.3%	2.7%	1.8%	2.3%	2.1%

　地域金融機関支店長の47.6％は「信用保証協会と普段からコミュニケーションが密に取れている」，41.0％は「事業性評価と信用保証の利用は両立できる」としており，多くの地域金融機関支店長は信用保証の利用に好意的なようにみえる。一方で，37.4％の支店長が「保証料の負担が大きいので，取引先企業に

は勧めにくくなっている」と考えており，近年の信用保証の利用の低迷の理由を示している。

　業態別にみると，いずれの業態でも「信用保証協会と普段からコミュニケーションが密に取れている」は4割台の高い比率となっている。地方銀行では「事業性評価と信用保証の利用は両立できる」と考える支店長が多い。また，地方銀行支店長は他の業態と比較して「再生支援の局面で，信用保証協会が障害になることはない」と考えている。第二地方銀行では，他業態と比較して，「保証料の負担が大きいので，取引先企業には勧めにくくなっている」，「信用保証協会からプロパー融資を求められることが多くなった」と感じている。

　一方，信用金庫や信用組合は「信用保証協会から引き続き信用保証を多く活用するように求められている」と感じている。信用組合や地方銀行では，「なるべくプロパー融資で対応することとしている」との回答も多い。

6 地域金融機関や中小企業金融のあり方について

> 問48. 地域金融機関や中小企業に関する下記の①〜⑤の内容について当てはまるものを選んでください。
> ①経営に問題を抱えた企業を支えるのは金融機関の使命である
> ②金融機関は地方創生に貢献すべきである
> ③営業現場で事業性評価の考え方は定着してきている
> ④中小企業は事業計画（BCP以外）を持つべきである
> ⑤きちんとした会計を行うことは中小企業の経営力を高める

　図表9-26によると，地域金融機関全体として，「経営に問題を抱えた企業を支えるのは金融機関の使命である」に対して「強く共感する」「ある程度共感する」と答えた割合は99％であり，極めて高い。同様の調査を実施した前回調査（家森［2018］）では「強く共感する」と答えた割合は47.2％，「ある程度共感する」と答えた割合は50.4％で合計97.6％とほぼ同様であった。しかし，「強く共感する」に注目すると，2013年1月に実施した家森・冨村・高久［2015］では「強く共感」が32.5％であったが，2017年1月に実施した家森［2018］では「強く共感する」と回答した割合は47.2％に増加し，2019年5月に実施した

| 図表 9 -26 | ①経営に問題を抱えた企業を支えるのは金融機関の使命である |

		回答者数	強く共感する	ある程度共感する	ほとんど共感しない	全く共感しない	わからない
全　体		2,585	68.4%	30.6%	0.4%	0.0%	0.5%
業態別	地方銀行	620	77.6%	21.0%	0.2%	0.0%	1.3%
	第二地銀	327	65.7%	33.9%	0.3%	0.0%	0.0%
	信用金庫	1,292	68.5%	30.7%	0.5%	0.0%	0.2%
	信用組合	338	54.4%	44.4%	0.3%	0.3%	0.6%
前回調査		2,863	47.2%	50.4%	1.9%	0.1%	0.4%
業態別	地方銀行	617	48.5%	48.9%	1.5%	0.2%	1.0%
	第二地銀	372	45.7%	51.6%	2.4%	0.3%	0.0%
	信用金庫	1,478	49.4%	48.6%	1.6%	0.1%	0.3%
	信用組合	391	38.1%	58.6%	2.8%	0.0%	0.5%

今回の調査では「強く共感する」と回答した割合は68.4％まで上昇している。2013年以降，地域金融機関の使命に関しての考え方に大きな変化があったことがわかる。

　経営に問題を抱えた企業を支えることが地域金融機関の独自性として全国的に浸透しているといえよう。

　図表 9 -27によると，「金融機関は地方創生に貢献すべきである」に対して「強く共感する」「ある程度共感する」と答えた割合は98.2％であり，極めて高い。前回調査でも同様の質問を実施し，「強く共感する」と答えた割合は49.9％，「ある程度共感する」と答えた割合は47.2％で合計97.1％であった。2017年1月に実施した前回調査と比較して2019年5月に実施した今回の調査では「強く共感する」と回答した割合の方が明らかに高く，問48①の企業支援に対する考え方と同様に地方創生に対する考え方も2年間の間に大きく変化したことがわかる。

　金融機関の業態別では，地方銀行，第二地方銀行，信用金庫，信用組合の順で「強く共感する」と回答した割合が高い。前回調査では，第二地方銀行や信用金庫，信用組合は「強く共感する」よりも「ある程度共感する」と回答した割合の方が高かったが，今回の調査では「強く共感する」と回答した割合の方が高い。

図表9-27　②金融機関は地方創生に貢献すべきである

		回答者数	強く共感する	ある程度共感する	ほとんど共感しない	全く共感しない	わからない
全　体		2,583	61.0%	37.2%	1.1%	0.0%	0.7%
業態別	地方銀行	620	77.6%	20.2%	0.8%	0.0%	1.5%
	第二地銀	327	59.9%	38.5%	1.5%	0.0%	0.0%
	信用金庫	1,291	55.8%	42.9%	0.9%	0.0%	0.4%
	信用組合	337	51.3%	45.4%	2.4%	0.0%	0.9%
前回調査		2,870	49.9%	47.2%	1.8%	0.1%	1.0%
業態別	地方銀行	616	59.4%	39.3%	0.8%	0.0%	0.5%
	第二地銀	372	46.0%	50.0%	3.5%	0.0%	0.5%
	信用金庫	1,484	48.4%	48.8%	1.7%	0.1%	1.1%
	信用組合	393	44.0%	51.4%	1.8%	0.5%	2.3%

図表9-28　③営業現場で事業性評価の考え方は定着してきている

		回答者数	強く共感する	ある程度共感する	ほとんど共感しない	全く共感しない	わからない
全　体		2,584	20.4%	68.5%	8.4%	1.0%	1.8%
業態別	地方銀行	620	29.2%	64.2%	4.8%	0.0%	1.8%
	第二地銀	327	27.5%	65.7%	5.5%	0.9%	0.3%
	信用金庫	1,292	15.8%	71.4%	9.8%	1.5%	1.5%
	信用組合	337	14.2%	68.5%	12.2%	0.9%	4.2%
前回調査		2,863	6.1%	63.0%	21.7%	2.9%	6.3%
業態別	地方銀行	614	7.8%	71.7%	13.5%	2.1%	4.9%
	第二地銀	372	8.6%	69.9%	14.2%	2.7%	4.6%
	信用金庫	1,480	4.7%	61.0%	25.3%	3.2%	5.8%
	信用組合	392	6.1%	50.8%	27.6%	3.3%	12.2%

　図表9-28によると，地域金融機関全体として，「営業現場で事業性評価の考え方は定着してきている」に対して「強く共感する」「ある程度共感する」と答えた割合は88.9％であり，非常に高い。前回調査では「強く共感する」と答えた割合は6.1％，「ある程度共感する」と答えた割合は63.0％で合計69.1％であった。2017年1月に実施した前回調査と比較して，2019年5月に実施した今回の調査では「ほとんど共感しない」と回答した割合が大きく低下した一方で

図表9-29　④中小企業は事業計画（BCP以外）を持つべきである

		回答者数	強く共感する	ある程度共感する	ほとんど共感しない	全く共感しない	わからない
全　体		2,581	24.0%	64.2%	6.3%	0.4%	5.1%
業態別	地方銀行	618	39.3%	52.1%	3.6%	0.2%	4.9%
	第二地銀	327	23.2%	67.9%	4.9%	0.0%	4.0%
	信用金庫	1,292	17.8%	69.0%	7.4%	0.4%	5.3%
	信用組合	336	20.2%	64.0%	8.6%	1.2%	6.0%

図表9-30　⑤きちんとした会計を行うことは中小企業の経営力を高める

		回答者数	強く共感する	ある程度共感する	ほとんど共感しない	全く共感しない	わからない
全　体		2,583	62.2%	36.4%	0.7%	0.0%	0.7%
業態別	地方銀行	619	70.4%	27.8%	0.5%	0.0%	1.3%
	第二地銀	327	67.3%	32.1%	0.3%	0.0%	0.3%
	信用金庫	1,292	58.5%	40.2%	0.9%	0.1%	0.2%
	信用組合	337	56.1%	41.5%	0.9%	0.0%	1.5%

「強く共感する」と回答した割合が大幅に上昇しており，この2年間に考え方に変化があったことを示す。

　金融機関の業態別では，地方銀行，第二地方銀行，信用金庫，信用組合の順で「強く共感する」と回答した割合が高い。

　「④中小企業は事業計画（BCP以外）を持つべきである」と「⑤きちんとした会計を行うことは中小企業の経営力を高める」は，前回調査しなかったものである。

　まず，図表9-29によると，地域金融機関全体として，「中小企業は事業計画（BCP以外）を持つべきである」に「強く共感する」「ある程度共感する」と答えた割合は88.2%であり，とても高い。

　金融機関の業態別では，地方銀行，第二地方銀行，信用組合，信用金庫の順で「強く共感する」と回答した割合が高い。金融機関職員は中小企業に対して事業計画を持つべきだと考えているといえる。

　図表9-30によると，地域金融機関全体として，「きちんとした会計を行うこ

とは中小企業の経営力を高める」に「強く共感する」「ある程度共感する」と
答えた割合は98.6％であり，極めて高い。

　金融機関の業態別では，地方銀行，第二地方銀行，信用金庫，信用組合の順
で「強く共感する」と回答した割合が高い。

◉注

1　事業継続力強化計画基本方針では，資金繰り対策（リスクファイナンス対策）として，
　「具体的には，たとえば，適切な自己資金の確保，融資枠の手配や自然災害等の発生後に
　活用できる融資制度の確認，損害保険や火災共済への加入等」をあげている。

◉参考文献

小川光・津布久将史・家森信善［2016］「地方自治体職員から見た地方創生の現状と課題—
　産業振興行政担当者に対する意識調査の概要—」RIETI Discussion Paper Series 16-J-
　064。

小川光［2018］「地方公共団体における BCP 策定の動向」『地方財政』6月号，pp.4-10。

野田健太郎・浜口伸明・家森信善［2019］「「事業継続計画（BCP）に関する企業意識調査」
　の結果と考察」RIETI Policy Discussion Paper Series 19-P-007。

家森信善編［2018］『地方創生のための地域金融機関の役割—金融仲介機能の質向上を目指
　して』中央経済社。

家森信善・浅井義裕［2016］「自然災害ショックと中小企業のリスクマネジメント—東日本
　大震災の経験をもとにして—」，小川光編著『グローバル化とショック波及の経済学—
　地方自治体・企業・個人の対応』有斐閣，pp.163-189。

家森信善・小川光・柳原光芳・播磨谷浩三・津布久将史・尾崎泰文・相澤朋子・海野晋悟・
　浅井義裕・橋本理博［2020］「「自然災害に対する中小企業の備えと地域金融機関による
　支援についての調査」の結果と考察」RIETI Discussion Paper Series 20-J-002。

家森信善・浜口伸明・野田健太郎［2019］「BCP の取り組みを促す上での金融機関の役割の
　現状と課題：RIETI「事業継続計画（BCP）に関する企業意識調査」をもとにして」
　RIETI Discussion Paper Series 19-J-037。

家森信善・冨村圭・高久賢也［2014］「地域金融の現場からみた地域密着型金融と中小企業
　金融の現状と課題—地域金融機関支店長向け実態調査の結果報告—」RIEB Discussion
　Paper Series 2014-J04。

家森信善・冨村圭・尾島雅夫・朱彤［2017］「地方創生に関する地域金融の現状と課題—
　2017年・金融機関本部向け調査の概要報告—」RIEB Discussion Paper Series 2017-J10。

家森信善・米田耕士［2015a］「地域金融の現場からみた地域密着型金融の現状と課題—金融
　機関職員アンケート2014の概要—」RIEB Discussion Paper Series 2015-J08。

家森信善・米田耕士［2015b］「金融機関職員の視点から見た地域密着型金融の現状と課題—

　職員のモチベーションと人事評価の側面を中心に—」『国民経済雑誌』第212巻第 5 号。

家森信善・米田耕士［2016］「地方創生と地域金融機関との協働に関する会計・法律専門家
　の取り組みの現状と課題—2016年調査結果の概要—」RIEB Discussion Paper Series
　2016-J05。

家森信善・米田耕士［2017a］「中小企業支援における会計・法律専門家と地域金融機関の協
　働の実態と課題—2016年専門家アンケート調査に基づいて—」『国民経済雑誌』第215巻
　第 2 号。

家森信善・米田耕士［2017b］「金融機関職員から見た金融機関の人材マネジメントの現状と
　課題—2017年「若年および中堅の金融機関職員の意識調査」の結果の概要—」RIEB
　Discussion Paper Series 2017-J08。

Berg, G. and J. Schrader［2012］Access to credit, natural disasters, and relationship
　lending. *Journal of Financial Intermediation*. 21 (4): 549-568.

第10章

金融機関アンケートから浮かび上がる
BCP 策定・改善に関する
金融機関支店長の特徴

1 はじめに

　第Ⅲ部の「自然災害に対する中小企業の備えと地域金融機関による支援についての調査」の特徴の1つは，取引先企業の BCP に関して金融機関支店長（もしくは，それに準じる人）に調査していることにある。本アンケート調査では，1つの銀行の複数の支店に調査票を送付しているケースもあることから，回答者（支店）が別であっても銀行に関する質問は同じ結果になるはずである。したがって，所属銀行に関する質問の回答を用いて分析をする場合は，重複している可能性があることに注意が必要である。そこで，本章では，銀行の特徴を分析するというより，本調査から得られる金融機関支店長の特徴を検証することに目的がある。
　第2節では，分析方法に関して説明する。第3節では，得られた結果から解釈を加える。第4節では，結論を述べる。

2 計量分析の方法

　本章では，問36「一般的に，中小企業が BCP の策定や改善に取り組むようになるには，次のどの主体による要請や支援が効果的だと考えますか。（複数回答）」という質問で，選択肢「メインバンク」を選んだ回答者の傾向を分析する。金融機関の支店長である回答者が，BCP 策定・改善の効果的な要請・支援主体として，メインバンクを選択するということは，メインバンクが顧客企業の BCP の策定・改善における課題解決の支援を行うことの必要性を認識

しており，自ら行動しようとしていると考えられるからである。

　回答支店長がメインバンクを効果的な支援主体だと選択する要因の候補は，大きく2つに分類できる（**図表10-1**）。

　1つ目は，直接的要因である。これには，回答支店長にBCPや取引先企業の状況を尋ねた質問や取引先企業のBCP策定に結びついた職員の評価に関する質問などの項目が入るほか，図表10-1に示したような項目を含めた。2つ目は，間接的要因である。これには，回答支店長の支店の特徴や支店長の企業や地域への考え方を尋ねた質問のほかに，図表10-1に示したような項目を含めた。

　本章の推定モデルでは，BCP策定・改善の効果的な要請・支援主体として，メインバンクを選択した場合には「1」をとりそれ以外の選択肢を選択した場合には「0」をとるダミー変数を被説明変数にし，説明変数に図表10-1の変数を含める。推計方法は，ロジット推計である。

　なお，重要度を尋ねた質問を説明変数に含める場合，必要に応じて，次のような設定や変更を行った。たとえば，アンケート設問の中で，ある項目に対する重要度を尋ねている場合，回答者は「非常に重要」，「重要」，「多少は重要」，「重要ではない」，「わからない」から選ぶことになる。原則としてそのそれぞ

図表10-1　本章の分析に利用するアンケート調査項目

直接的要因	• 支店長の考え（金融機関）（問15③，問18②） • 既策定の理由（金融機関，優遇措置）（問21⑤，⑧） • 災害の記憶（問24） • 未策定の理由（金融機関）（問25選択肢5） • 金融機関としての取り組み（問27） • BCP策定の職員評価（問32） • BCP策定支援の認知（問33，問37(1)，問38(1)）
間接的要因	• 支店の特徴（問1，問2，問6，問7(2)） • 支店長の考え（問4，問5，問8，問14，問15の③以外，問16，問18の②以外，問48） • 金融機関の能力・人事評価（問9(1)，問9(2)，問10，問11） • 災害不安と企業活動への影響（問13） • 既策定の理由（問21の⑤，⑧以外） • 未策定の理由（問25の選択肢5以外）

れについてのダミー変数（「わからない」を除く）を使って推計するが，「非常に重要」の結果が有意ではない場合などには，「非常に重要」または「重要」を選択した場合（これをまとめて「相当に重要」と略称する）に「1」をとる新しいダミー変数を用いることとした。

3 結果と解釈

以下では，支店長がBCP支援においてメインバンクが主役となると考えているはどのような場合なのかという観点で，推計結果について解釈を行っていく。

(1)　直接的要因の結果

直接的な要因の推計のうち，1％水準で有意な係数が得られた部分を抜粋したのが**図表10-2**である。

①　既策定の理由

問21の取引先企業がBCPを策定した理由として，⑤の貴社（金融機関）からの要請・支援の重要性で，「相当に重要」（「非常に重要」または「重要」の回答）と認識する場合，メインバンクが効果的な要請・支援主体になる確率を

図表10-2　メインバンクとして効果的な要請・支援主体となる決定要因（その1）

問21　⑤ 相当に重要	問25 5．金融機関か らの要請がない	問32 評価する	問33 危機関連保証の 認知	問37 BCP関連保証の 認知
0.116***	0.186***	0.0644***	0.0727***	0.0674***
(0.0424)	(0.0346)	(0.0194)	(0.0206)	(0.0207)

（注1）問21⑤の「相当に重要」ダミーは，「1．非常に重要」もしくは「2．重要」と回答した場合を1としている。

（注2）問32の「評価する」ダミーは，「1．融資と結びついた場合には，評価される」と「2．融資と結びつかなくても，評価される」のいずれかを回答した場合を1としている。

（注3）ロジットモデルを用いて推定。上段は平均限界効果を表し，下段の（　）内は不均一分散修正済み標準誤差を表す。*** は，有意水準1％で統計的に有意にゼロと異なることを表す。紙面の都合上，一部の結果を省略している。

11.6％引き上げることがわかった。すでに BCP 支援を実施したことがある支店長は他の企業の BCP 策定・改善支援についても積極的であると理解できる。成功体験の重要性がうかがえる。

②　未策定の理由

　問25の取引先企業が BCP を策定しない理由として，「5. 金融機関からの要請・支援がない」を選択したケースにおいて，メインバンクが効果的な要請・支援主体になる確率を有意に18.6％引き上げることがわかった。つまり，逆説的であるが，BCP に関する金融機関の影響力を自覚している支店長ほど，BCP 支援に積極的であるといえる。

③　BCP 策定の職員評価

　職員の努力によって，取引先企業が新たに BCP を策定したり，BCP を改善したりできた場合の評価についての質問（問32）に，「評価する」（「1. 融資と結びついた場合には，評価される」もしくは「2. 融資と結びつかなくても，評価される」の回答）と回答する場合，効果的主体になる確率が有意に6.44％引き上げられる。

　BCP 支援に対する職員評価が実施されていることによって，支店長が BCP 支援に積極的に取り組むことになるようである。したがって，本部として営業店に BCP 支援に積極的に取り組ませたいと考える場合，職員評価への組み入れは効果的であると予想される。

④　BCP 策定支援の認知

　問33の危機関連保証制度の創設に関する認知（危機関連保証）や，問37(1)の地域の信用保証協会の BCP 関連の保証制度に関する認知（BCP 関連保証）の状況が，効果的主体になる確率への影響に関しての結果をみてみる。

　危機関連保証を知っている場合，効果的主体になる確率を有意に7.27％引き上げ，保証協会の BCP 関連保証を知っている場合，効果的主体になる確率を有意に6.74％引き上げることがわかった。

　このように BCP に関連する制度の金融機関内での研修は，支店長の BCP 支

援への意識を高めることに役立つと考えられる。

(2)　間接的要因の結果

　間接的要因の推計のうち，1％水準で有意な係数が得られた部分を抜粋したのが**図表10-3**である。

①　支店長の考え（取引先企業と金融機関）

　問14の①の自然災害のリスクを取引先企業の事業性を評価するときに，どの程度重要視しているかを尋ねた質問で，「1. 非常に重要」と「2. 重要」を合わせた選択肢（「相応に重要」と呼ぶ）を選んだ場合，効果的な主体となる確率が有意に7.11％引き上がることがわかった。支店長は，自然災害の影響が大きければBCPの必要性が高いことを認識し，そのことが支店長のBCP支援の意欲を高めている可能性がある。

②　既策定の理由

　問21の取引先企業がBCPを策定した理由として，③国や地方自治体からの要請に関して，「非常に重要」と「重要」を1つにした選択肢（「相応に重要」と呼ぶ）を選んだ場合，確率を11.3％引き下げることがわかった。

　メインバンク以外の企業と関わる関係機関が重要であると思う支店長は，金

図表10-3　メインバンクとして効果的な要請・支援主体となる決定要因（その2）

問14　① 相応に重要	問21　③ 相応に重要	問21　⑨ 相応に重要	問25 10. 経営層が重要性 を認識していない
0.0711***	-0.113***	0.0837***	0.0661***
(0.0237)	(0.0294)	(0.0280)	(0.0200)
問25 11. 社長の頭の中に BCPがある	問25 14. 費用や人材， ノウハウ不足		
-0.118***	0.0535***		
(0.0322)	(0.0199)		

（注）図表10-2の注を参照。

融機関が自ら動かなくてもよいと考えているのであろう。しかし，企業と関連する主体と金融機関が連携することで，より効果的となり得ることに注意が必要である。たとえば，県・市町村または商工会議所等の業界団体が主導してBCP策定・改善支援のセミナーを開く場合，金融機関が取引先企業に参加を勧めたり，同席したり，後日に参加企業をフォローしたりするなどの取り組みを強化することで，金融機関以外の取引先企業関係者との協働は可能である。

　最後に，⑨BCPの重要性についての経営層の認識において，「非常に重要」と「重要」を1つにした選択肢（「相応に重要」と呼ぶ）を選んだ場合，確率を8.37％引き上げることがわかった。

③　未策定の理由

　問25の取引先企業がBCPを策定しない理由として，「11. 危機の対応は社長の頭に全て入っており，あえてBCPを策定する必要がない」を選択した場合，メインバンクが効果的な主体になる確率を11.8％引き下げることがわかった。

　BCPが社長の頭にあるからといって，安心ではなく，社長が不在になった時の危機対応も考える必要がある。そのことからも，金融機関による説得的なBCP策定・改善の支援が重要である。

　「10. 経営層がBCPの重要性を認識していない」や「14. 策定費用や人材，ノウハウが不足」を選択した場合，効果的な主体となる確率が，それぞれ6.11％，5.35％引き上がる。未策定・未改善の取引先企業の課題を認識している支店長は，BCPの策定支援に積極的であるといえる。前述の結果，取引先企業がBCPを策定した理由において，⑨BCPの重要性についての経営層の認識が「非常に重要」または「重要」と答えた支店長は積極的に支援に取り組んでいるようであったことを踏まえれば，経営者の理解の醸成も必要である。

4　おわりに

　本章の分析結果をまとめると，BCPの重要性に対する支店長のマインドの醸成や知識の獲得が実現すれば，BCP策定・改善の積極的な支援行動がとられる傾向が強いことがわかった。以下では結果を踏まえて，支店長（職員）が

所属する各金融機関に望まれる対応に関してまとめる。

　メインバンクとして企業の BCP 策定・改善の支援に効果的な役割を果たす支店長は，企業の課題解決に積極的なマインドを持っているということがわかっている。BCP 策定・改善の支援につながるマインドは，金融機関が取引先企業の BCP 策定・改善の必要性を理解していること，取引先企業と関係する他機関と連携するということ，である。

　しかしマインドだけでは不十分である。支店長（職員）が，取引先企業に課題解決に向けた適切な情報を持っていることも必要である。企業の BCP 策定・改善行動を促すことができる外部の制度に関する知識を持っている支店長は，BCP 支援の効果的主体となる傾向があることがわかっている。

　これらのマインドが醸成され，知識が獲得されれば，地域金融機関の支店長（職員）は取引先企業や地域の課題解決に効果的に取り組むことができ，それが好循環して，次の BCP 支援にも積極的になることが期待できる。そして最後に，期待された効果的な支援行動の役割を果たした支店長（職員）を適切に評価する制度を整備しておくことは，非常に重要である。

第Ⅳ部

第Ⅱ，Ⅲ部の調査結果に
対するコメント

第11章

BCP への過小投資とその対策
―理論的な観点からの調査結果の解釈―

1 BCP への過少投資の問題

　BCP 策定を含めた企業の事業継続への取り組みは，社会的に最適な水準より一般に下回る傾向がある。その理由は次節以降に述べるように，外部経済性の存在や，事業リスクと市場競争，社会的セーフティネットによるモラルハザード，などである。図表 2-2，2-3 では，従業員が少ない企業群ほど，BCP 策定状況や BCP レベルが低下することが示されている。また図表 2-5 では，業種別に BCP 策定状況が異なることが示されている。それらは，企業の規模や業種によって，最適な取り組みの水準や，取り組みを妨げる要因の強さが異なることによると考えられる。本章では，まず事業継続の最適な水準を考え，企業の事業継続への投資が過少になる理由と，企業の規模や業種との関係，そして過少投資への対策を検討する。

2 事業継続の最適な目標水準

　事業継続とは，重要な事業が，災害や事故などの理由を問わず中断しない，あるいは中断しても許容時間内に許容水準に回復できるようにする取り組みである。重要な事業ごとの，中断が許容される時間と，回復すべき操業水準は，事業継続の目標になる。目標を高い水準に設定するほど，事業は中断しにくくなるが，対策のためのコストは増える。したがって事業継続の水準は，事業が中断しないことの便益と対策の費用を，最適にするように決めることになる。
　ただしその費用対効果は，自社だけにとっての費用と便益ではなく，取引先

や社会に及ぶ影響を考慮に入れなければならない。たとえば，事業が中断して製品やサービスの供給が止まると，自社だけでなく顧客にも損失が発生する。サプライチェーンのさらに下流につながる企業にも，上流の供給者にも損失は発生しうる。インフラ事業のように顧客が広範な場合は，事業の継続は地域の経済や社会機能を守ることになる。

　事業継続の取り組みによって守られる他者の便益は，それに対価が支払われない限り外部経済性と呼ばれるものである。企業が自己の利益のみを追求するなら，対価のない他者の便益は利益最大化の対象に含まれず，無視される。しかし社会にとって最適な事業継続の水準は，自社だけにとっての私的な費用対便益ではなく，外部経済性を含めた社会的な費用対便益を最適にする水準である。したがって社会的に最適な水準まで事業継続性を高める努力をすることは，企業の社会的責任の1つといってよい。

　このことを図式的に説明する。**図表11-1**は，横軸に企業の事業継続への投資量，縦軸にその便益と費用をとったグラフである。便益は限界便益，すなわち投資量の追加1単位当たりに増加する便益である。費用も同様に限界費用，すなわち投資量の追加1単位当たりに増加する費用である。事業継続への投資によって得られる自社の便益が「私的限界便益」である。投資量の増加に対して追加便益は逓減すると考えられるので，図では右下がりの線で表されている。その私的限界便益に，他者の便益を加えたものが「社会的限界便益」である。

図表11-1　事業継続の外部経済性と投資量

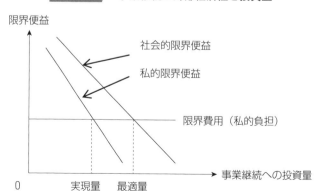

したがって同じ投資量に対して，社会的限界便益は私的限界便益より大きくなる。「限界費用」は，事業継続投資の単位当たり一定と考えて，水平線で表されている。

　限界便益が限界費用を上回る限り，追加の投資による費用対便益はプラスなので投資がなされる。横軸方向に原点から「実現量」（私的限界便益が限界費用と交差する点に対応する投資量）まで，その状況が続く。実現量は，事業継続投資の私的な費用対便益を最適にする水準であり，自由な経済活動にまかせておけば，実現量の投資がなされる。ただし社会的に望ましい投資量は，社会的限界便益が限界費用と交差する点に対応する「最適量」で，「実現量」より多い水準である。つまり企業が行う事業継続の水準は，外部経済性のために，社会的に最適な水準より過少になる傾向がある。

3 事業リスクと市場競争

　前節で述べた外部経済性の他にも，本節以降で述べる事業リスクと市場競争，企業の有限責任制度などの要因によって，事業継続の水準は過少になる可能性がある。

　市場競争が激しい産業では，1社だけが事業継続への投資を増やすと，その企業だけコスト競争力が低下し，市場競争から脱落するリスクを増やす。リスクの増分は，その企業にとっての期待利益を減少させる要因になる。つまり図表11-1の私的限界便益はリスク分だけ低下し，私的な費用対便益を最適にする「実現量」がより左に移り，事業継続への投資量は減少すると考えられる。

　また，競争の激しい市場では，そもそも利益率が低くなりがちで，それは事業を継続して得られる私的便益が小さいことを意味する。同業他社との競争が激しくても，取引先が事業継続への取り組みを評価して，取引価格や取引量を増やすなら，事業継続への投資は私的便益を向上させうる。しかし取引先も激しい市場競争に直面するなどして利益率が低い場合は，取引先の事業継続のインセンティブも弱いため，事業継続への取り組みを評価しない可能性がある。そのような取引関係が支配的な産業は，サプライチェーン全体が事業継続性の弱い企業の集団になり，災害等に対して脆弱な産業になる可能性がある。

　逆の見方をすると，独占的なシェアや競争力を得るなどして利益率が高い企業は，儲かる事業を止めないために，事業継続へのインセンティブが高くなる。そして取引先にも事業継続への取り組みを求め，サプライチェーンを止めないようにする。そのようなリーダー的な企業がいる産業は，全体として事業継続への取り組みが進みやすい。そのような例は，自動車産業や半導体産業などにみられる。皮肉なことだが，産業全体として価格競争が激しいと，市場競争の効率性は高まるが，社会としては災害に弱くなり，逆に，超過利潤を得る企業がある方が災害に強くなる可能性がある。

4 企業規模と業種の影響

　一般に規模が小さい企業ほど利益率が低いと仮定すると，規模が小さいほど事業継続投資へのインセンティブが相対的に弱くなるだろう。また，事業継続の対策に固定費的な部分があれば，規模が小さい企業ほど，対策のコストは比較的高くなる。したがって規模が小さいほど，BCPの策定状況やレベルは低くなる可能性があり，そのような関係が図表2-2と図表2-3からうかがえる。また，図表2-5から，BCP策定済みの企業の割合が低い5業種をあげると，卸売，小売，不動産・物品賃貸，宿泊・旅行サービス・飲食サービス，医療・福祉である。いずれも多数の小規模な事業者が競争している産業である。

　外部経済性と業種の関係を考慮すると，一般にインフラ事業は中断による外部経済性が大きい。図表2-5では，BCP策定済みの企業の割合が高い業種は，金融・保険（1位），情報通信（2位），建設，電力・ガス・熱供給・水道（4位）など，インフラ事業が多い。インフラ事業は規模の大きい企業が多いが，事業の社会的影響（外部経済性）の大きさから，事業継続の取り組みが法令などで求められることも多い。

5 社外からの要請

　事業継続の取り組みを，取引先など社外から求められる場合には，取り組みが進む可能性のあることが，いくつかの図表からうかがえる。たとえば図表

2−6では，BCP策定の理由として「社外からの要請」があげられている。関連して図表5−14では，BCP策定や改善の要請元として，取引先が最も高い割合であげられている。また図表4−2では，取引先からの要請が，保険会社や経済団体からの要請と並んで，BCPのレベルに大きな正の影響を与えることを示している。図表2−7では，逆にBCPを策定しない理由として，2〜4位に「法令や規則等の要請がない」「取引先からの要請がない」「金融機関からの要請がない」と，社外からの要請がないことをあげている。図表3−10では，オンリーワンの競争優位を持つ企業がBCP策定の予定を持たない理由として，2，3，5位にやはり，「法令や規則等の要請がない」「取引先からの要請がない」「金融機関からの要請がない」をあげている。

　業種別にみると，図表2−5でBCP策定済みの企業の割合が高い4業種は，金融・保険，情報通信，建設，電力・ガス・熱供給・水道である。いずれも，社会インフラとして事業継続が法令や省庁から要請されたり，業界団体がガイドラインを作成していたりする業種（建設業）である。

6　社会的セーフティネットとモラルハザード

　企業の有限責任制度は，企業の財務的な下方リスクを分散させ，企業が積極的に事業リスクをとって経済成長を促進させる効果がある。その一方でリスクマネジメントの視点からは，企業の下方リスクが限定されるので，企業が損失回避のために防災や事業継続に投資するインセンティブを弱めるという問題がある。これは図表11−1では，事業継続への取り組みによる私的限界便益が低下することに相当する。それによって事業継続投資の「実現量」は，より左方に移る。一方で，有限責任制度は損失を投資家や社会に移転するので，社会全体として損失は変わらない。したがって事業継続の社会的な最適水準は変わらないままである。

　企業の有限責任制をはじめ，保険や，政府による被災企業への支援などの社会的セーフティネットは，事業継続投資へのインセンティブを低下させる可能性がある。これらはいずれもモラルハザード現象である。モラルハザードによるインセンティブの不足は，セーフティネットが作動するような，企業の存続

がかかる大規模な損害が生じうる災害や事故に関して，特に大きな問題になる。また，同じ規模の災害に対しては，財務的な負担力の弱い企業ほど，事業継続投資へのインセンティブがより不足することになる。

7　過少投資への対策

　前節までに，企業の事業継続への取り組みが過少になりがちな理由を述べた。過少投資への対策としては，次のようなものを組み合わせることが考えられる。

① 　市場からのインセンティブ（取引先が取引条件に BCP 策定を含めるなど）
② 　法令
③ 　基準認証
④ 　教育，世論，安全文化の醸成
⑤ 　企業の社会的貢献としての自発的な取り組み

　②法令は，強制力をもたせることができる。しかし事業継続の最適な水準と対策は，事業の性質や取引関係など個別の要因によって変わる。そのため法令による一律な規定になじみにくい。事業継続のために特に重要な対策は，事業法などで規定される場合がある。その場合でも，必要な対策をすべて規定しているとは限らない。また法令は，変更の手続があまり機動的ではない。③基準認証は，法令より機動的に運用できるが，強制力は弱い。①取引先の要求する事業継続の取り組みは，個別の事情を反映したものになりやすい。しかし特定の取引先の要求は，社会全体として最適なものとは限らない。

　上述の対策①〜③は，広い意味での契約としての性質をもち，事前に規定した状況における企業の義務を定めるものである。それに対して④と⑤は，企業の自発的な取り組みや，社会の便益を考慮する一般的な習慣や態度である。実効性は社会規範や当事者の自主性に依存することになるが，規定していない状況にも適応できる柔軟性がある。以上のように，対策にはそれぞれの長短があるので，組み合わせて補完することが有効であろう。

　いずれの対策を用いるとしても，事業継続の最適な水準と対策を判断するためには，社会的な費用対効果を知る必要がある。ただし社会的な便益は，正確な算定が難しい。数量的な説明でなくても，企業として配慮すべき社会的影響を考慮し，適切な対策がなされていると認められる説明ができれば，説明責任を果たすことにつながるだろう。適切な対策の水準を自社で判定することが難しい場合には，専門家の意見を参考にする方法がある。業界で事業継続のガイドラインを作る方法もある。同業であれば事業継続の条件が似ているので，企業はガイドラインと共通化できる部分を取り入れることができる。

8 政策や金融機関による支援

　自己の利益を最大化しようとする企業は，私的な費用対効果を最適にする水準まで事業継続投資を行う。しかし事業継続の外部経済性が大きい場合は，社会的な費用対効果を最適にする水準に比べて，事業継続への過少投資が起きやすい。過少投資への対策がなされている分野もある。たとえばインフラ関連の事業者に対しては，事業法を含む規制で事業継続への取り組みを求められることが多い。サプライチェーンにリーダー的な企業がいる場合は，取引先に事業継続への取り組みを求めることがある。他社に代替ができない事業を行う企業は，概して利益率は高くなり，事業継続の私的最適な水準が高くなる。

　問題として残されるのは，社会やサプライチェーンの中で欠かせない事業を行い，しかも他社が代替できない存在でありながら，事業継続の取り組みが進まない企業である。そのような企業は，単独で事業継続に取り組むことが難しい，中小規模の事業者に多い。特に，財務的な余裕の少ない企業だけで構成されるような産業にありがちである。そのほか，事業継続の重要性は承知しながらも，より切迫した業務に人員などを割かざるを得ない，医療・介護の事業者などにもみられる。

　中小企業の事業継続に対して，金融機関や政策ができる支援としては，事業者が連携して取り組むことへの支援が考えられる。連携・相談先は図表5-15では，親会社（1位），取引先（2位），同業者（3位）などがあげられている。連携は同業者やサプライチェーンの単位のほか，地域の単位でも考えられる。

図表4-14では，中小企業の地域連携のために必要なこととしてあげられる割合は，「自治体や商工会議所の指導」が最多になっている。そのような連携は，金融機関が取引先に呼びかける，または中核企業に金融機関が協力するような形で実現できる場合があるだろう。業種別の事業継続ガイドライン作成の支援も有効であろう。

　図表9-1では，金融機関が取引先企業の事業性を評価する際のリスクの重要度を示している。そこであげる，①自然災害，②機械設備の事故，③サプライチェーンの断絶，④情報セキュリティ，⑤不正・内部統制上の問題，⑥人事・労務上の問題，⑦経営者の死亡・重篤な病気，の中で「非常に重要」なリスクとする割合は，①自然災害が最も低い。しかしこれをもって，自然災害への対策およびBCPの効果が低いとは判断できない。なぜなら，自然災害への対策やBCPの多くの部分が，リスクを問わず経営資源の代替性や強靱性を高めるもので，②機械設備の事故，③サプライチェーンの断絶，④情報セキュリティ，などの対策にも共用できるからである。

9 事業継続のための対策

　事業継続のための具体的な対策は企業によりさまざまであるが，基本的な性質は，業務の代替可能性，被害の予防，被害からの回復力，に大別できる。代替可能性は，人員や設備などの経営資源に予備や代替性を持たせることで，物資の備蓄もこれに含められる。代替可能性は，交通・通信手段，供給元や流通チャネルについても考える。人員や設備の多能化や，業務や資材の標準化も，経営資源の組み替えによる事業継続の可能性を広げるので，広い意味での代替性である。

　経営資源の代替や備蓄は，実際の災害時に確実に効果を発揮しやすい対策である。しかし多重投資にすると費用が大きいので，防災以外の用途と共用するなどして稼働率を維持する工夫が有効であろう。代替は必ずしも社内だけで準備する必要はなく，社外の資源を共用する方法もある。中小企業であれば，むしろ自社単独ではなく，地域や同業のネットワーク，取引先との連携を活かして対策を作ることが現実的であろう。非常時の設備の相互利用や業務の代替な

どが考えられる。近くの異業者や遠くの同業者との連携は，取引の競合や同時に被災する可能性が低い。

　代替以外の方法でも，被害を予防するための，設備の強靱化，教育，セキュリティ対策などがある。被害を受けても修復する回復力を高めておく方法もある。回復力は，教育・訓練，普段からのトラブル対応の経験の積み重ね，支援ネットワーク，などによって強化される。

　予防対策は成功すれば，一般に事後対応より効果が高い。しかし予防に失敗することもあるので代替可能性や回復力も重要である。対策はどれか1つに限る必要はない。そして1つでは不十分な対策でも，複数を組み合わせることで事業継続の水準を高めることができる。

10　おわりに：視点を変えると

　災害に強い産業構造を考えるなら，事業継続への取り組みだけでなく，事業が中断しても大きな影響を受けない産業構造を作ることも有効である。十分な在庫（備蓄）を持つこともその方法の1つである。在庫という用語は，最小化すべきものという連想をさせるが，同じものが視点を変えれば備蓄になる。平常時だけの前提ではなく，災害時も含めた最適な在庫のあり方を考える必要がある。

　また，製品やサービスの代替手段が豊富にあって，どの業務が止まっても社会に大きな問題がないようにできれば，きわめて災害に強い社会になる。建築物の設計では，内部のどこからでも複数の避難経路があるように，間取りや出入口を配置する。どの部分が通行不能になっても，避難経路が確保できるようにする思想である。それを産業構造に応用するなら，どの業務が止まっても代替の供給が可能であるように，製品の設計や取引関係を作る。そのような視点を，サプライチェーンの思想や産業政策として考慮してもよい。

第12章

BCP策定支援現場からみた現状と今後の方向性
—損保業界人としての経験から—

　「事業継続計画（BCP）に関する企業意識調査」は幅広い見地から企業における BCP とリスクファイナンスの捉え方やその導入が進まない要因などについて深く考察されている。筆者はこれまで損害保険業界に身を置きながら企業の BCP 策定やリスクファイナンスの支援をしてきたが，この BCP の調査結果から浮かぶいくつかのポイントに対して見解を述べたい。

1 BCPの完成度と実効性

　今回の「事業継続計画（BCP）に関する企業意識調査」を見て感じるのは，果たして BCP について正しく理解した上で回答がなされているのかという懸念である。BCP という言葉は何か特別なプロジェクトチームが作成した大計画書を連想させるが，どんな企業でもある程度の災害対応や事業継続に関する対策や考えはあるはずであり，そういった部分が多少でもあれば，BCP 策定済と回答してよいのではないだろうか。BCP のエッセンスを社内に保有しているにもかかわらず BCP 未策定と回答している可能性もあるのではないか。

　また一方で，自然災害に対する防災対策を行っていることで BCP を策定していたと回答するケースも考えられる。実際に安否確認のルールを決めて年に数回の練習を行っていることだけで，BCP を策定していると認識している企業も少なくない。

　したがって，第2章にも記載があるとおり，BCP の策定率と実効性，完成度については議論の余地が大きい。

　ここで BCP とは何かについて考えてみたい。内閣府の事業継続ガイドラインでは BCP とは「大地震等の自然災害，感染症のまん延，テロ等の事件，大

事故，サプライチェーン（供給網）の途絶，突発的な経営環境の変化など不測の事態が発生しても，重要な事業を中断させない，または中断しても可能な限り短い期間で復旧させるための方針，体制，手順等を示した計画」としている。また「BCP策定や維持・更新，事業継続を実現するための予算・資源の確保，事前対策の実施，取組を浸透させるための教育・訓練の実施，点検，継続的な改善などを行う平常時からのマネジメント活動」を事業継続マネジメント（Business Continuity Management：BCM）と呼んでいる。

　さらに，BCM[1]と防災活動はアプローチが異なるため，BCMは防災活動の単なる延長ではなく別なものだとしている。ただし，防災活動は災害による被害を軽減するための対策を講ずるものであり，内容的にBCMと重なる部分[2]も多く，企業はBCMと防災活動を並行して推進すべきであるとしている。

　したがってBCP（BCM）と防災活動は異なる概念で取り組むべきだが，BCPの現地復旧戦略と防災活動の拠点被害を防御・軽減・復旧する点は重複しており決して切り離すことができないということになる。特に倫理的な観点や安全配慮の面で人命安全を第一に掲げ防災活動に取り組むことが，事業継続を行う上での人的経営資源の確保に直結する。日本は災害が多い国であり防災活動によって被害を軽減させることが効果的な事業継続に結びつく傾向が強いため特に，双方の重複する部分が比較的に大きくなる。したがって，BCPの実施状況を把握するためには純粋なBCPに関する要素，BCPと防災活動で重複する部分の要素，それぞれについて，検証を行う必要があると考える。ただし，逆に防災活動でBCPと重ならない部分を考えてみると，その要素は実はあまり思いつかない。これは自然災害（拠点被害）を想定した場合には防災活動が時系列的にみたすべての活動の根幹となり，広義のBCPといえるからである。

　業種ごとの策定率（図表2-5）をみると，金融業・保険業はサンプル数が少なく実態を正確に反映していない可能性もあるが，策定率が50％と低い。金融庁は「保険会社向けの総合的な監督指針」[3]を制定して保険業の適切な運営を監督しているが，この指針の中で保険会社は平時より業務継続体制を構築し，危機管理（Crisis Management：CM）マニュアル及び業務継続計画（BCP）の策定等が必要だと規定している。対象企業の回答者が組織内で，このような

法規制について認識していなかった可能性もある。

2 BCP策定に必要なスキルとノウハウ

　BCPを策定しない理由（図表2-7）としては，「スキル・ノウハウがない」がトップとなっている。BCMは継続的改善が重要であり，BCPやBCMに100点満点はあり得ない。未策定とは何をもって未策定だと判断したのか，この議論がおそらく必要だろう。筆者が企業のBCM運用やBCP策定の支援を行う中で感じるのは，BCPを文書として完璧な文書に仕上げて初めて「策定済み」だと認識している企業が多いことである。先述のとおり，内閣府の事業継続ガイドラインでは，災害発生後に人命安全の確保に向けた初動防災体制の整備から重要事業と優先業務を目標期間内に復旧させる戦術や戦略を構築して文書化したものが事業継続計画（BCP）だと記されている。

　社内でBCPの窓口となるのは多くの場合，総務人事部門であるが，どういうスキルやノウハウが彼らに求められるか考えてみたい。

　災害発生時の人命安全の確保に向けた安否の確認，負傷者の救護，設備の安全確認，備蓄品の配布，帰宅や出社の判断といった初動防災体制などは総務人事部門の所掌範囲である。一方で，重要事業や優先業務については，人事総務部門の業務であれば把握は可能であるが，営業部門や製造部門といった現場の業務について人事総務部門の人間が主体的に検討することはほぼ不可能である。したがって，組織全体のBCPを策定するためには，各部門における検討結果を取りまとめ，全体調整を行うファシリテーションスキルがまず求められる。また各部門に対して優先業務や目標復旧時間，事業中断リスクを回避するための戦術や戦略を検討させるため指示を行うスキルや知識も必要となる。ただし，そういったスキルや知識があったとしても，部門特有の専門性がない組織全体のBCPの担当者が，各部門で検討した内容の妥当性について評価することは事実上難しいであろう。

　実際には，工場などの製造現場においては，停電対策，異物混入対策，社員のシフト体制など，日頃から検討，整備されていることが多く，各製造工程を分解して優先業務として選定する作業をあらためて実施する必要性を感じてい

ないことも多く，また工程ごとの停止時の復旧マニュアルなどはすでに整備されている，あるいは経験上，現場の社員が把握していることも多い。工場の現場は日頃から営業部門と連携して顧客からの急な発注量の変更要請に対応するように調整しており，現場には感覚的に災害などに対するリスク感度が高いことが多い。

　したがって，教科書通りに事業影響度分析（BIA：Business Impact Analysis）やリスクアセスメント（RA：Risk Assessment）に基づいた戦略や対策を，あらためて最初から検討してBCPにまとめ上げ文書化するまでもなく，すでにBCPのパーツは社内の至る所に転がっているといえる。このパーツが存在するだけでも企業の事業継続の要求には一定レベルで応えているはずである。この場合にはBCPは部分的に策定済み，あるいは存在していると呼んでもよいのではないか。このようにBCP未策定の理由におけるスキルやノウハウの不足とは，どのような部分を指しているのか，深く検討してみる価値があると考える。

3　BCP策定の動機

　BCPの開示をしている企業は全体の8.9％で76.5％は非開示となっている（図表3-2）。BCPはその企業のリスクを分析した上で重要事業が中断する可能性を把握，代替戦略などを記載したものである。これはいわゆる有事の際の企業戦略そのものであり，社外秘にすべきものである。BCPをきちんと策定しているので，大規模災害に見舞われても，事業に与える影響は最小限に抑えることができることを外部にアピールするという狙いがあるのであれば，策定している「事実」あるいは，事業継続方針を部分的に公表することでよい。

　開示媒体は最多が納入先への情報提供，次が自社のホームページとなっている（図表3-4）。ホームページに開示している企業は，一般消費者向け（B to C）の事業要素が強い業種で，おそらく詳細までは開示せず，BCP策定の事実と方針などをアピールしているのではないかと推察される。現在，上場する企業は有価証券報告書の中で「事業等のリスク」を開示・公表している。これまでは具体的な内容の記載はないが，2020年度以降，リスクの顕在化の可能性，

事業への影響，対応策，経営方針との関連性などをさらに詳細に記載することが求められる可能性がある。今後はBCPにおける戦略・対策と「事業等のリスク」に対する対応策をリンクさせて検討することが求められるであろう。一方で納品先への情報提供と回答した企業の場合は，サプライチェーンの一部を構築する業種で顧客よりサービス品質保証契約（SLA：Service Level Agreement）等の契約の中にBCPのいくつかの項目を開示するよう要求されているケースが多いと推察される。

　BCPの策定の責任者は社長，運用段階は部長が多い傾向がみられる（図表2-12）。やはりBCPの策定のリーダーシップを発揮するのはトップの役割であり，策定後のBCM運用については部長レベルに一任というのは納得感がある。

　BCPの策定後の更新有無について6割が未更新としている（図表2-17）。ここで更新の意味をどのように捉えているのか不明だが，通常であれば人事異動を反映し，訓練などを通じて現在の対策の有効性を見直した上で，BCPを定期的に加筆修正することがイメージされる。この中のどのステップまでを更新と捉えて回答しているのか掘り下げて確認してみたいところである。2005年頃から業界団体，自治体，各省庁がBCP関係のガイドラインを相次いで公表してきたことで，BCPのコンセプトは急速に普及してきた。この流れとともに文書としてのBCP作成のハードルは下がったが，内容的に本質を理解していない企業にとっては単なる計画書として放置されているケースがあるのではないだろうか。

4 ┃ BCPの対策とリスクファイナンス

(1)　リスク感度と企業行動

　自己資本比率別のBCP策定率（図表2-10）や自己資本比率別のBCPレベル（図表2-11）を参考にして，BCPの対策を検討する上でリスクファイナンスや保険との関連を絡めて考えてみたい。まず，自己資本比率とBCPの策定率の比較を行っているのは興味深い。自己資本比率が高いということは，借入

金等，貸借対照表上の「負債」の比率が低く財務的な体力があり，すなわち倒産リスクも低い企業といえる。

　このような企業の行動パターンを推測してみたい。

- 自己資本比率が高く資金的な余裕がある企業は
  - →　耐震補強などの BCP 対策が充実している。
  - →　事業中断リスクに対する保険に加入する必要がない。
  - →　保険料を負担して保険加入することが可能。

逆に言うと

- 自己資本比率が低く資金的な余裕がない企業は
  - →　対策用の資金余裕がなく保険に加入して資金対策をする。
  - →　保険加入するコストも削減している。

　このように，当然であるが企業のリスク感度によって企業行動は変わる。一般的にリスクが顕在化する可能性を低減させる対策を十分に講じている場合は，さらなる対策を導入するニーズが低くなり，逆に対策が不十分な場合は，さらなる対策を導入するニーズが高くなるはずである。

(2)　資金需要の分類と保険での対応

　大規模災害によって施設設備に物的被害が生じた場合に，必要となる資金源として「保険」と回答した企業について考えてみたい（図表 4 -20）。実際に大規模災害で被害にあった企業の資金需要は①建物・設備などの修理費用，②事業中断期間の売上減少，③応急処置・事業継続費用，④損害防止費用・再発防止費用などに分類される。

①　建物・設備の修理費用

　火災保険，企業財産保険などによって，火災や台風や河川の氾濫などによる風水害の被害に対応が可能となる。しかしながら地震や噴火，津波については火災保険，企業財産保険のカバー対象外であり，別に地震によるカバーを手配する必要がある。この地震カバーについては，一般的に保険料率も高く，普及率は高くない。

②　事業中断期間の売上減少

　火災保険や企業財産保険にカバーを追加することで支払いの対象にすることができるが，火災や風水災によって建物や設備が被災している場合にのみ対象となり，建物などに被害がない場合には保険の支払い対象にはならないので注意が必要である。また地震カバーについては特別な対応が必要となる。

③　応急処置・事業継続費用

　災害発生直後に被害調査を行う際の費用，緊急輸送や応援要員の宿泊・交通費，資材のレンタル費用，追加燃料費用等となる。また事業中断が発生した際に，代替拠点で生産を継続するために追加で発生した材料の緊急購入費用，輸送費用などが該当する。これらの費用は，②と同様に火災保険や企業財産保険にカバーを追加している場合で，かつ建物などに被害がある場合に保険の支払いの対象となる。

④　損害防止費用・再発防止費用

　事前に被災する可能性，あるいは再度被災する可能性を下げるために必要な費用であり，一般的には保険のカバーの対象にはならない。これらにはハード対策として建物の耐震補強，嵩上，発電機の準備，土嚢の購入，備蓄品の準備などがあり，ソフト対策としては社員の意識向上に向けた研修，災害発生を防止するマニュアルの作成などがある。

　このように，資金の需要のパターンは企業によって異なっており，このことは昨今の大規模災害で被害を受けた企業の被害事例と復旧状況をみても，同様のことがいえる。「保険」を復旧資金の重要な資金源として回答する企業が多いが，やはり，特に地殻変動系の災害が多い日本の場合は，地震・噴火・津波による建物設備の損害，事業中断の売上減少，応急処置・事業継続費用に対する保険カバーの保険料率の高さと保険市場からの保険引き受け力が限定的であることが特徴的である。また，自社の建物設備が被災しなくても，電力・ガス・輸送手段などのインフラが途絶した場合や，サプライヤーや納品先のカスタマーの被災によって事業中断が発生するケースも最近多くみられるようになってきた。こういったことを念頭に事業影響度分析とリスクアセスメントを

適切に実施して，社内外の経営資源のどこにリスクがあるのか，万一想定されたシナリオが顕在した場合にどの程度の財務的な影響があるのか，事前に十分認識しておくことが重要となる。

　再発防止や損害防止といった事前対策を十分に行っている企業は物理的な被害を受ける可能性は低いはずであり，また事業の継続に必要な経営資源の二重化やバックアップの対応も事前に行っていれば事業中断リスクも下がるはずである。必然的に保険に依存せざるを得ない度合いも低くなる。こういった企業の事前努力に応じたリスク量を従来以上により的確に保険料率に反映させるスキームの導入が必要である。

5 BCP 策定の方向性：地域（エリア）vs サプライチェーン

　第3章では，競争優位の要因と BCP 策定の有無についても分析されている（図表3−5）。オンリーワンのブランド力や技術力があり，マーケットシェアも大きな企業はサプライチェーンの要となると同時に顧客に対して競争優位に立つことが多い。こういった場合にその顧客としては製品の安定供給体制に向けて複数購買先を見つけたいが，なかなか困難な場合も多いと思われる。そして立場的に相手に対して BCP 策定の要求も出しにくいと思われる。したがって，このような企業にとっては外部からの影響によって BCP を策定するインセンティブが働かないということが起こり得る。

　しかし，自社の工場が被災してサプライチェーンに多大な影響を及ぼした経験がある企業は自社の立場と BCP の重要性を認識して全社的に BCM に取り組んでいる。競争優位と BCP の策定については，被災経験の有無や業種，大手サプライチェーンからの要請，納品先への情報開示などの関係を検証すると興味深い傾向がわかるかもしれない。

　一方で地域独占的なサービスを提供する企業は，広義のインフラ企業でもあり，地域経済を維持する上でも事業継続力を求められることになり，地域との連携をとる意味での BCP を策定しておく必要がある。

　社会からみて企業が BCP を作成する必要性については主に2つの方向性がある。1つは大規模災害に対し，行政から地域経済の維持が要請されている

ケース，もう1つはサプライチェーン途絶を回避するために取引先等から要請
されているケースである。しばしば問題となるのは，ある企業から見て同一地
域に所在するステークホルダーは，大規模災害に被災する同質性は共有するも
のの，それぞれ業務を継続する上で基準となるビジョンや戦略の方向性が異な
るために最終的に利害が一致せず，個々の企業や組織の取り組みの総和が地域
としてのレジリエンスに結びつかない点である。この場合は企業や組織の取り
組みを「地域（エリア）に対する取り組み」と「組織固有の戦略的な取り組
み」の2方向の要素に分解して抽出して検証する必要があるではないか。その
ためには，事業影響度分析（BIA）からリスクアセスメント，対策までの一連
の流れをBIA（地域）とBIA（戦略）などに分解して検討することが必要か
と思われる。そして策定されたBCP（地域）とBCP（戦略）の傾向を分析す
ることは今後のレジリエントな社会の構築に向けて有益な研究テーマとなろう。

●注

1　「従来まで一般的に取り組まれてきた防災活動とも関係が深いが，中心的な発想やアプ
ローチが異なる。BCMにおいては，危機的事象の発生により，活用できる経営資源に制
限が生じることを踏まえ，優先すべき重要事業・業務を絞り込み，どの業務をいつまでに
どのレベルまで回復させるか，経営判断として決めることが求められるが，この点が
BCMと従来の防災活動で大きく異なる。そのため，防災活動の単なる延長としてBCMを
捉えると，その効果を十分に発揮できないおそれがある。」

2　「防災活動とは，基本的に事業所等の拠点ごとに検討され，災害による被害を軽減する
ための対策を講ずるものであり，企業経営の観点からも，今後とも極めて重要である。ま
た，対策の内容にはBCMと重なる部分もある（特に，現地復旧戦略は重なる部分が多い）
ため，企業は，BCMと防災活動を並行して推進すべきである。」

3　「近年，保険会社が抱えるリスクは多様化・複雑化しており，情報化の進展など保険会
社を取り巻く経営環境の変化も相俟って，通常のリスク管理だけでは対処できないような
危機が発生する可能性は否定できず，危機管理の重要性が高まっている。安全・安心や多
様なリスク管理のニーズに応える役割を担う保険会社においては，危機発生時における初
期対応や情報発信等の対応が極めて重要であることから，平時より業務継続体制（Business
Continuity Management：BCM）を構築し，危機管理（Crisis Management：CM）マニュ
アル及び業務継続計画（Business Continuity Plan：BCP）の策定等を行っておくことが必
要である。」

第13章

地域金融機関における
BCP 策定支援の現状と課題
―東日本大震災の実体験も踏まえて―

1 はじめに

　2011年3月11日の東日本大震災の発生から9年が経とうとしている。私ども
のふるさと福島県は地震・津波に加え，東京電力福島第一原子力発電所の事故
により，県全体が甚大な被害を受け，未だ復興の途上にある。福島県を地盤と
する東邦銀行（以下では当行）も，一時は最大29カ店が臨時休業を余儀なくさ
れた。

　また，2019年10月12日には，過去最大級と言われた台風19号が，勢力を保っ
たまま東日本を縦断し，広範囲にわたり大きな被害をもたらした。福島県では，
阿武隈川流域での氾濫，沿岸部における断水などにより，県全域にわたり多数
の人的・物的被害が発生した。当行でも2カ店が浸水被害に遭い臨時休業を余
儀なくされた。

　2つの大きな自然災害を経験し，また，現に地元企業の復興に向けての取り
組みを目の当たりにしている立場として，今回，家森教授らによる「自然災害
に対する中小企業の備えと地域金融機関による支援についての調査」にかかる
研究プロジェクトに携われる機会をいただいたことに大変感謝を申し上げたい。

　第Ⅲ部で紹介された「自然災害に対する中小企業の備えと地域金融機関によ
る支援についての調査」で奇しくもあぶり出されたのは，金融機関の現場の認
識が未だ本プロジェクトが期待する水準に達していないということであろうが，
以下，自らも被災の当事者となり，また，同時に取引先の被災からの復旧・復
興を支援してきた実務者の立場からみて，アンケート結果から感じる点につい
てコメントしたい。

2 調査結果と分析に対するコメント

(1) 災害への備え（問8）

　問8では「営業地盤の状況」について聞いている。⑤「今後，地域で大きな自然災害が発生する可能性が高い」に対し，地域別では，北海道・東北が「ほとんど当てはまらない」と「全く当てはまらない」の合計が41.1%と他の地域に比べて高い比率となっている（図表7-13）。

　「1000年に一度の大地震」ともいわれる東日本大震災の発生から時間が経過したこともあり，災害への備えに対する意識が希薄になっているのではと感じられる。また，近年，大型台風の上陸による風水被害が頻発しているが，北海道・東北地区は，西日本に比べて台風が直撃する頻度は少なく，風水害の脅威に対する認識が低いことも一因にあるものと推察される。

　本アンケートは2019年5月に実施したものであるが，その後，同年10月には台風19号が東北地方でも甚大な被害をもたらしている。あらためて「自然災害はいつどこで起きてもおかしくない」との認識を持ち続けることが重要であると感じた。地球温暖化が叫ばれる昨今，まさに「災害は忘れる前にやってくる」といえよう。そういう当行でも，冒頭で述べた台風19号で浸水被害のあった2カ店では，パソコンや事務機器に加え，債権書類等の重要物や金庫内紙幣も水に浸かる等甚大な被害が発生しており，「重要物は低いところには置かない，保管しない」といった基本的な考え方ができていなかったものと反省しているところである。

(2) 事業性評価と具体的リスクに対する重視度合い（問14）

　問14では，取引先企業の事業性を評価する際に，①自然災害，②機械設備の事故，③サプライチェーンの断絶，④情報セキュリティ，⑤不正・内部統制上の問題，⑥人事・労務上の問題，⑦経営者の死亡・重篤な病気の各リスクをどのくらい重要視しているか聞いている（図表9-1）。

　「非常に重要」と回答した比率を多い順に並べると，1位が「⑦経営者の死

亡・重篤な病気」で最下位が「①自然災害」となる。この結果については概ね違和感がないものと捉えるが，その理由について以下に述べる。

　今や中小企業にとっての喫緊の経営課題は「事業承継」問題といえ，2019年版中小企業白書でも「事業承継や，廃業に伴う経営資源の引継ぎ」について詳しく分析がなされているところである。当行でも本部に専門人員を配置するなどして，お取引先の事業承継問題の解決に向けた支援を行っているところであり，現場の支店長が「経営者の死亡・重篤な病気」を一番のリスクと認識している結果については納得できるものである。

　一方で，自然災害リスクに関しては，いざ大規模災害が発生した場合の影響を鑑みると当然重要視すべき項目の１つであるとは認識するものの，「事業性評価」という括りの中で，自然災害リスクへの対応を結びつける発想に至らないことが結果になって表れているものと考える。

　すなわち，「事業性評価」とは，「財務データや担保・保証に必要以上に依存することなく，借り手企業の事業の内容や成長可能性などを適切に評価」することとされており，また，地域金融機関には，「地域の経済・産業の現状及び課題を適切に認識・分析するとともに，こうした分析結果を活用しさまざまなライフステージにある企業の事業の内容や成長可能性などを適切に評価（事業性評価）した上で，それを踏まえた解決策を検討・提案し，必要な支援等を行っていくこと」が求められている（平成26年９月「金融モニタリング基本方針」）。この場合，企業の持続可能性を見極めようとすれば，当然に自然災害リスクへの耐性も勘案すべきとは認識するが，数ある経営課題の中では，自然災害リスクへの対応が劣後してしまうことも一定程度やむを得ないのではないか。

　また，問14「③サプライチェーンの断絶」については，東日本大震災の際にも，地震・津波等による直接被害の影響で営業ができない期間が長引くことによって自社がサプライチェーンから外されるといった事象が発生しており，金融機関としても，取引先の事業継続という観点から特に重要度が高い項目といえよう。

　令和元年台風第19号（2019年10月）では，福島県内においても多数の被害が発生した。郡山市の中央工業団地では，「団地に加盟する133事業所のうち，（１か月が経過しても）操業再開の見通しを立てられていないのは13事業所に

上る」（2019年11月15日付『福島民報』）。当行がヒアリングを行った被災企業からは，「設備の復旧は保険や補助金，更には銀行融資等により，事業再開には一定の目途が立つが，一旦離れた取引先が戻ってきてくれるかどうかが一番の不安」との声が上がっていた。まさに被災により長期事業停止を余儀なくされている企業にとっては，共通する不安といえよう。

(3)　BCP 策定に係る金融機関からの働きかけ（問17，問22）

　問17では，取引先企業における BCP の有無により，大きな災害が発生した際の取引先に対する金融面での支援検討に変化があるかを聞いている（図表9-4）。

　BCP があることで「提供可能な資金を増額できる」「資金提供以外での前向きの変化がある」「資金提供面でその他の好条件を提示できる」等と回答する支店長が52.7％（「特に変わらない」と「わからない」を除いた回答者の比率）となり，事業者にとってプラスになるとの見方ができる。

　一方で，7つの選択肢の中で最も多いのは「特に変わらない」の33.8％であることや，問22「BCP の策定が当該企業にどのような効果をもたらしていると評価しているか（複数回答可）」で「金融機関からの評価の向上」が20.2％にとどまっていること（図表8-7）を踏まえると，少なくともファイナンス面に関しては企業側の BCP の策定と結びつけては判断されていないことがうかがわれる。大規模災害が発生した場合，多くの金融機関では，BCP の有無如何にかかわらず，設備復旧による事業再開やサプライチェーンの回復に向け，迅速かつ円滑な資金供給を最優先の行動とするものと思われる。

(4)　復旧の資金源（問18）

　問18では，大規模災害により施設・設備に物的被害が生じた場合の復旧資金源について，取引先企業が重要性をどのように認識しているかを聞いている（図表8-3）。

　結果は概ね想定の範囲といえようが，保険，融資，あるいは公的支援のいずれであっても，復旧・復興を考える上で一番重要なことは，「いかに必要な資金をタイムリーかつスピーディーに供給できるか」といった点ではないか。東

日本大震災の際には，保険の調査や補助金他の公的支援の枠組み決定等までに時間を要したことで，事業再開が遅れ，結果として一旦切れたサプライチェーンが戻らなかったケースもあった。

⑸　取引先企業の BCP の整備状況の把握と課題認識（問19）

　問19は，自店をメインバンクとする取引先企業のうち，BCP を策定している企業の割合を聞いている（図表8-4）。

　「わからない」と答えた割合が55.3％と過半数を超えている。また，「5％未満」も23.1％と多く，足し合わせれば約8割を占める。図表9-5では，事業性評価への取り組みの自己評価別の BCP 策定割合の不把握率を分析しているが，結果からは，事業性評価の取り組みの自己評価と BCP 策定割合の不把握率に相関関係はみられず，事業性評価の要素に BCP が組み込まれていないことがわかる。誤解を恐れずにいえば，図表8-6，図表8-10の結果からみても，金融機関は「取引先の BCP の策定状況についてそれほど関心がない」といえるのではないか。BCP 策定支援を行う中で，大規模災害発生においても業務継続可能かどうかを把握し，取引先に対し適切にアドバイスすることは，金融機関にとっての今後の課題といえよう。

⑹　BCP 策定に関する関心（問24）

　問24では，2011年以降に BCP に関する取引先企業の関心が高まっているように感じるかを聞いている（図表8-5）。

　「強く感じる」と「感じる」の合計は46.1％と，「感じない」の34.9％を上回っている。実際，当行では，東日本大震災以前から BCP を策定してはあったが，未曽有の大震災に直面した際，当時の BCP はページ数が多く，有効活用し難かったとの反省から，その後 BCP の見直しを実施している。それでも，令和元年台風第19号による2カ店の被災では約2週間にわたる臨時休業と事務機器・重要書類の保管等で大きな被害を受けており，BCP は，策定のみならず，常時の見直し・メンテナンスについても極めて重要であると実感している。

(7)　取引先企業の BCP についての外部認証評価（問28，問29）

　問28および問29では，取引先企業の BCP について外部から認証評価を受けるよう勧めたことがあるかを聞いている（図表 8 -16，図表 8 -17）。

　「勧めたことがない」「わからない」が大多数を占め，また，「勧めたことがない」理由としては「意識したことがない」が最も多い回答となっている。これは，前述のとおり，取引先の BCP の策定状況に金融機関があまり興味を示していないことの表れである。

　もっとも，BCP 策定に関して取引先のニーズが高まれば，自ずと金融機関の取り組み動機となり，関心も高まるのであろうが，その状況に到達するためには，企業と金融機関双方にとってのインセンティブの付与が必要と感じる。

　しかしながら，金利優遇や BCP 策定にかかる費用補助程度のインセンティブではその効果は小さいものと思われ，たとえば，BCP 策定を要件とした災害時の融資予約（コミットメントライン）のような非常時の資金ニーズに直接的に対応する形の方が両者にとって訴求効果は高いと思われる。

　ただし，その前提としては，企業側においては，大規模災害の直後では金融機関から融資を受けられないかもしれない，という資金調達に関する危機感も必要であるし，金融機関側においては，有事における資金供給も念頭に置きながら日頃から深度ある事業性評価を行い，その一環として BCP 策定を促す，あるいは支援するという，共有認識を構築していくことが必要であろう。

(8)　取引先が新たに BCP を策定した場合等の職員の評価（問32，問48）

　金融機関からみれば，優先度合いは別として，取引先企業が BCP を策定することは，事業継続性の観点からプラスであることは間違いなく，自店の職員が積極的に関与した結果として実が結んだのであれば，当該職員は当然評価されるといえよう。しかしながら，それでもアンケート結果（図表 9 -16）で「わからない」との回答が 3 割にも達するのは，人事評価制度の基準や自己目標の設定対象として BCP 策定支援が位置付けられていないことの表れであろう。また，「ほとんど評価されない」「全く評価されない」「わからない」を足し合わせると55.1％にもなるが，感覚的にはこの値はかなり高いと感じられ，

金融機関によるBCP策定支援については，まだまだ金融機関側のマインドが育っていないものと思われる。

　図表9-18で，「職員にとってやりがいのある職場である」の自己評価別のBCP支援の人事上の評価の違いを集計しているが，結果は，やりがいのある職場ほど，「融資と結びつかなくても，評価される」傾向となっている。これは，裏を返せば，「融資と結びつかなくても評価される」組織は，「やりがいのある職場」になるとも取れる。地元出身者の多い地域金融機関の職員は，やはり仕事を通じて「地域に貢献したい」との思いが強いのではないか。そういった個人個人の矜持に応える組織風土があってはじめて「やりがいのある職場」になるものと思われる。

　問48で，「経営に問題を抱えた企業を支えるのは金融機関の使命である」（図表9-26）や「金融機関は地方創生に貢献すべきである」（図表9-27）に対して，「強く共感する」「ある程度共感する」と答えた割合はいずれも98％超と極めて高い。経営に問題を抱えた企業を支えるのは金融機関の使命であり，地域経済の発展を通して，地方創生に貢献していく姿勢が強く共感されているものと認識される。

(9)　信用保証制度の状況や課題（問34）

　問34では，大規模災害が発生した際の円滑な資金供給手段の1つである信用保証制度が果たす役割等について聞いている（図表8-25）。当行においては2011年3月の東日本大震災から5年間で，1千億円以上の信用保証制度融資を行ったが，そのうちの約9割が震災発生後1年以内に融資を行ったことからも，大規模災害発生直後における迅速かつ円滑な融資対応の1つとして，信用保証制度が果たす役割が大きいものと認識している。

　「信用保証制度の状況や課題」（図表8-25）において「保証協会が過度に甘い審査を行うことが心配」という回答が40％程度を占めるが，大規模災害発生時の保証協会制度が円滑な資金供給を目的としていることを鑑みれば，一定程度の制度融資要件（限度額，保証期間等）の緩和は必要であると考える。なお，自社の設備やサプライチェーンの回復見通しが不透明な中においては，信用保証制度による融資のほか，返済の一時停止などの支援策も重要な選択肢の1つ

といえよう。

⑽　復興支援ファンド（問35）

　問35では，復興支援ファンドについて聞いている。復興支援ファンドの役割については，概ね肯定的な意見が多く，「必要な取引先企業があれば，活用したい」との意見が全体の46.4％（地方銀行では62.4％）を占める一方，「実際に関与したことがある」は2.1％（地方銀行では4.2％）にとどまっている（図表8 -27）。また，そもそも復興支援ファンドの存在を「知らなかった」との意見も58.0％と多く（図表8 -26），ファンドの存在とメリットを積極的に発信していく必要性を感じた。

　2020年 1 月31日には，前年秋の台風15，19号で被災した企業の復興を支援するため，地方銀行20行，日本政策投資銀行，ゆうちょ銀行，商工中金の計23機関が参加して31億7,500万円のファンドを地域経済活性化支援機構（REVIC）と共同で設立している。ファンド活用の幅が広がるよう，今後，当行でも積極的にアナウンスしていきたい。

3 　おわりに

　地域金融機関は，地域経済・金融を支えるインフラとして地域に対する役割も大きいことから，たとえ大規模災害が発生したとしても，被害を最小限に抑え，業務を維持・継続しなければならない。したがって，これまでは，金融機関にとって BCP といえば，まずは自身の BCP 策定が最優先課題となり，早くからその取り組みも進めてきたものと考える。

　一方，中小企業にとっては，BCP の重要性は認識しつつも，数ある経営課題の中で，自然災害対策の優先度は必ずしも高くはないというのが実態ではないか。そもそものマンパワーやノウハウ不足の問題に加え，短期的な収益に結びつかない BCP 策定への経営資源の投入に関して，どうしても優先度が劣後してしまうのであろう。

　しかしながら，この 9 年間で大震災，台風と二度の大規模災害を経験した当行では，サプライチェーンの断絶等により事業継続を断念せざるを得ない取引

先を目の当たりにしてきた。大規模災害への対策は発生してからその重要性を認識することが多いのも事実であるが, 災害が起こる前に BCP 策定を行うことの重要性を本アンケートを通じてあらためて認識したところである。

　地場企業の発展なくして地域金融機関の発展がないのは自明である。地域金融機関の職員は, 地場企業の発展に貢献したいとの思いは強く, その実現のために事業性評価が浸透してきたと考えれば, 今後, 企業の持続可能性を見極めるためにも「(広義の) 事業性評価」の一要素として, 自然災害リスクへの対応を勘案した行動が広がっていくことを期待したい。

第14章

自然災害からの復旧・復興と信用金庫の役割
―信用金庫業界一体となった取り組み―

1 はじめに：信用金庫と自然災害

　信用金庫は，恐慌や凶作などの経済的困窮，大地震，水害，冷害からの復興，銀行の撤退等などの金融事情を背景に，困難な状況に置かれた中小企業や庶民の資金需要に応えるため，地域の人たちによって自発的に設立された。

　このような経緯によって生まれた信用金庫は，相互扶助を基本理念とする非営利の協同組織金融機関である。自然災害に見舞われるなど，地域が困難な問題に直面したときは，信用金庫と地域の人たちが協力して乗り越えてきたという歴史がある。

　たとえば，東京都に本店を置く信用金庫の中には，1923年に発生した関東大震災からの復興を目指し，地元中小商工業者によって設立されたところが多い。東北地方には，1947年のカスリーン台風等によって壊滅的な打撃を受けた地元商工業者が再建復興のために設立した信用金庫が複数存在する。

　また，信用金庫は，信用金庫法によって定款で地区を定めることが義務づけられており，一般的に市町村という狭い地域に店舗を設置し，事業運営を行うという特徴を有している。そのため，地域が自然災害によって被災した場合，信用金庫自らも大きな被害を受けるケースがあり，これまでも単独で解決することが困難な問題については，全国の信用金庫，中央組織である全国信用金庫協会，信金中央金庫等が協力し，被災地の復旧・復興に取り組んできた。

　特に，2011年に発生した東日本大震災では，東北地方を中心に甚大な被害が発生し，東北3県（岩手県，宮城県，福島県）に本店を置く信用金庫の中には，経営・事業運営に大きな影響を受け，被災地の中小企業等への金融サービスに

支障を来たす事態に陥ったところもあった。このとき，信用金庫業界が一体となって，被災信用金庫への物資の供給，被災地の信用金庫取引先が全国の信用金庫で預金を払い出せるスキームの構築，被災4金庫への資本支援の実施等に取り組み，被災地の中小企業が災害から円滑に復旧・復興できるような施策を講じた。

　このように歴史的にみても信用金庫と自然災害との関係性は強い。これからも全国各地で大規模な自然災害が発生する可能性は高く，自然災害に対する備えについて，信用金庫による中小企業への支援の重要性はより一層高まるものと考えられる。

2 信用金庫取引先中小企業と BCP

　信用金庫による中小企業への BCP 策定支援を考察するにあたって，まず，支援の対象となる中小企業が，BCP についてどのような意識を持っているのか確認してみたい。

　BCP に関する企業の意識については，第Ⅱ部の「事業継続計画（BCP）に関する企業意識調査」で，その現状や課題が分析されている。本調査は，2018年10月に実施され，有効回答数2,181社のうち中小企業は1,768社で，全体の81.1％を占めた。回答企業のメインバンクの状況をみると，対象企業の従業員規模を20人以上としているため，地方銀行や大手銀行をメインバンクとしている企業が多く，信用金庫をメインバンクとしている企業は，283社で全体の13.0％であった。

　同調査では，対象企業の規模が比較的大きく，信用金庫をメインバンクとしている企業が少ないため，それを補完する意味で，以前に信用金庫業界で実施した取引先中小企業の BCP にかかるアンケート調査結果の概要を紹介したい。

　信金中央金庫地域・中小企業研究所では，全国の信用金庫の協力を得て，「全国中小企業景気動向調査」を実施している。同調査は，全国約1万6,000先の中小企業を対象に，四半期ごとに実施しており，業況や資金繰りなどの定例調査と，毎回異なるテーマの特別調査で構成されている。回答企業の7割は，従業員20人未満の比較的小規模企業となっている。

　2009年9月に実施した特別調査「中小企業における災害等への取組状況（事業継続計画（BCP））について」では，BCPを作成している企業は，9.7％にとどまった。作成した理由として，「業界団体の薦め（3.7％）」の割合が比較的高かった（作成者の約4割）。一方，作成していない理由としては「よくわからない（36.7％）」が最も高く，次いで「業務多忙で余裕なし（25.0％）」，「当社には必要ない（17.7％）」が高かった。企業規模別にみると，規模が大きいほど作成（作成予定を含む）の割合が高かった。

　2012年3月に実施した特別調査「東日本大震災から1年を経た中小企業経営」では，BCPを作成している企業は，14.5％であった。2009年9月の調査に比べ，作成している企業の割合が上昇しており，東日本大震災以降，BCPの重要性が認識される中で，中小企業においても作成の動きが拡がっている様子がうかがえた。東北地域で19.3％，岩手，宮城および福島の3県で22.5％と，東日本大震災の影響度合いが大きい地域ほど，BCPを作成している企業の割合が高くなっている。一方，作成していない理由として，「当社には必要ない（34.5％）」が最も高く，次いで「BCPについてわからない（25.5％）」，「業務多忙で余裕なし（18.0％）」の順で高かった。2009年9月に実施した調査に比べ，必要ないとする回答は上昇し，わからないと回答した企業は低下した。また，企業を業種別にみると，不動産業（44.1％）と小売業（43.1％）では，半数近い企業がBCPの必要性をあまり感じていない結果となった。

３ 本調査における信用金庫の回答に関する考察

⑴　信用金庫の回答状況

　第Ⅲ部で紹介された「自然災害に対する中小企業の備えと地域金融機関による支援についての調査」は，2019年5月に，地域金融機関の支店長を対象に実施された。送付総数7,000に対して回答数が2,623人，回答率は37.5％であった。

　このうち信用金庫は，発送数2,702に対して回答数が1,303，回答率が48.2％と4業態の中で信用組合の60.7％に次いで高く，回答数に占める割合は49.7％と過半数を占めている。2019年3月末時点の信用金庫の店舗数7,294（本店・

支店の合計）に対して1,303は17.9％に達し，信用金庫の支店長の6人に1人強が本アンケート調査に回答したことになる。

このような回答状況を踏まえ，以下，本アンケート調査結果のうちBCPに関連する「取引先企業が抱える自然災害等のリスク認識」，「取引先企業のBCP（事業継続計画）の整備状況の把握と課題認識」，「貴社のBCP策定支援体制」，「発災後の対応」，「他の支援機関のBCP支援と連携の状況」の5つの論点に絞ってコメントしたい。

(2) 取引先企業が抱える自然災害等のリスク認識（問12〜問18）

問12から問18は，回答者の所属する支店について，「取引先企業の事業性を評価する際に重視するリスク」，「取引先企業がリスクマネジメントに取り組む際に重要視している事項」，「復旧のための資金源への認識」などについて聞いている。

問14では，事業性評価と具体的リスクに対する重視度合いについて聞いている（図表9-1）。地域金融機関全体の回答率を「非常に重要」の比率の高い順に並べると，「経営者の死亡・重篤な病気（44.5％）」が圧倒的に重視されており，「不正・内部統制上の問題（18.7％）」，「サプライチェーンの断絶（17.0％）」，「情報セキュリティ（13.9％）」，「人事・労務上の問題（13.7％）」，「機械設備の事故（11.3％）」が続き，「自然災害（6.7％）」については，質問した7つの観点の中では最も重視されていない。これについては，信用金庫の回答でも，ほぼ同様の傾向を示している。

中小企業経営者は，1人で経営，管理，業務など何役も兼ねているケースが多いため，大企業の経営者と比較して企業内での存在感が大きい。中小企業経営者の健康が損なわれた場合，事業継続の危機を招きかねず，地域金融機関は，そうした中小企業の実情を理解しているため，「経営者の死亡・重篤な病気」を最も重視しているのだろう。

当研究所が実施している「全国中小企業景気動向調査」において，2018年3月に特別調査「経営者の健康管理と事業の継続について」を実施した。同調査の中で，経営者がケガや病気等で1カ月間の休養を余儀なくされたと仮定したとき，業務継続について，「通常通りの業務継続が可能（57.6％）」が最も高

かったが，「主要業務に限り継続可能（23.4%）」，「大幅に業務を縮小した上で継続可能（7.3%）」，「業務継続は不可能（休業，廃業）（5.0%）」と，約半数の企業では業務継続に何らかの支障を来たすと回答している。

　その一方，自然災害については，その他のリスクに比べ顕在化する確率が低いと受け止められているためか，または自然災害を経験したことがない地域では意識が希薄なためか，地域金融機関において重要視されていない。しかしながら，前述した特別調査「東日本大震災から1年を経た中小企業経営」によると，全国よりも，東日本大震災の被害が大きかった東北地域，なかでも岩手，宮城および福島の3県の中小企業のBCP作成比率は高く，大規模な自然災害で被災した経験は，BCPの作成に影響を与えていることがうかがえる。昨今の頻発する自然災害を考慮すると，今後，中小企業によるBCP作成への意識は高まることが予想され，地域金融機関としても取引先中小企業に対して，自然災害に対するリスクマネジメントへの支援を重要視していくことが求められる。

　問15では，取引先企業がリスクマネジメントに取り組む際に重要視している事項について聞いている（図表8-2）。地域金融機関全体の回答率を「非常に重要」と「重要」を合計すると，「トップの認識や能力（92.8%）」が9割を超え最も高く，経営者の役割の重要性が確認できる結果となった。次いで，「事業継続や復旧に必要な資金を調達できる金融機関との関係（83.5%）」が8割を超えており，金融面のリスクマネジメントも重視していると感じている。信用金庫の回答でも，ほぼ同様の傾向を示している。

　問18では，大規模災害によって施設・設備に被害が生じた場合に，それらを復旧させるための資金源について聞いている（図表8-3）。地域金融機関全体の回答率を「非常に重要」の比率の高い順に並べると，「保険（火災・地震・水害など）（62.8%）」が6割を超え最も高く，次いで「金融機関からの融資や支援（返済の停止などを含む）（57.5%）」，「公的支援（53.2%）」が5割を超えている。これについては，信用金庫の回答でも，ほぼ同様の傾向を示している。

　筆者は2019年11月に，2018年7月の西日本豪雨によって被災した岡山県倉敷市真備町を訪問し，同地に店舗を展開している信用金庫と，その信用金庫取引先企業を取材する機会があった。当該中小企業は，被災してから5カ月後の

2018年12月に，周辺地域の事業者の中でも早期に事業の再開を果たしていた。その代表者によると，短期間で建物・設備を復旧できたのは，損害保険に加入していて保険金が支給されたこと，運転資金については，メインバンクであった信用金庫から速やかに調達できたことが大きかったと述べていた。また，当該信用金庫は，被災地の中小企業に対して，貸付金の返済猶予，聞き取りによる事業計画の確認と貸付実行，信用保証や補助金等公的支援制度の活用支援などに取り組んだ。地域金融機関の支店長の回答結果と実際に被災した中小企業，信用金庫の対応が一致しており，復旧の資金源として，保険，金融機関からの融資や支援，公的支援は，特に重要であると考えられる。

⑶　取引先企業の BCP（事業継続計画）の整備状況の把握と課題認識（問19〜問26）

　問19から問26は，「取引先企業のうち BCP を策定している企業の割合」，「2011年以降の BCP 策定に関する関心」，「取引先企業が BCP を策定しない理由」，「BCP 策定を勧めない理由」などについて聞いている。

　問19では，メインバンクとする取引先企業のうち，BCP を策定している企業の割合がおおよそどのくらいか聞いている（図表 8 - 4 ）。地域金融機関全体で55.3％が，信用金庫でも54.8％が「わからない」と回答しており，支店長の半数以上が，取引先企業の BCP 策定状況について十分に把握していない。

　問24では，東日本大震災が発生した2011年以降に，BCP 策定に関する取引先企業の関心が高まっているように感じているか聞いている（図表 8 - 5 ）。「強く感じる」と「ある程度感じる」を合計すると，地域金融機関全体の回答率は46.1％，地方銀行の回答率は60.4％であるのに対し，信用金庫の回答率は40.5％と低い。一方，「感じない」は，地域金融機関全体で34.9％，地方銀行が23.8％であるのに対し，信用金庫は41.1％と高い。信用金庫は，一般的に市町村という狭い圏域に高い密度で店舗展開しているため，大きな自然災害に遭遇した経験がない地域に立地している場合，取引先企業の BCP 策定に対する意識は希薄で，信用金庫と取引先企業との情報交換の場でも話題になりにくいことが想定される。特に，東日本大震災のケースでは，地震の揺れや火災よりも津波による被害が大きく，海に面した地域でないと，実感を持って BCP 策定

に関心が向かわなかったものと推測される。ただし，本アンケートは，2019年5月に実施しており，2019年夏以降，台風や豪雨による大きな風水害が各地で発生し，想定外の事態が起きているので，その後に意識の変化が起きている可能性はあるかもしれない。

問25では，取引先企業がBCPを策定しない理由を聞いている（図表8-9）。地域金融機関全体の回答率を高い順に並べてみると，「経営層がBCPの重要性を認識していない（47.3％）」，「法令や規則上の義務がない（45.6％）」，「策定費用や人材，ノウハウが不足（42.5％）」，「BCPの内容や必要性について外部から説明を受けたことがない（34.5％）」となっており，信用金庫の回答率も，ほぼ同様の傾向を示している。

やはり，中小企業経営においては，経営トップの影響力が大きく，BCP策定支援を行うにあたって，いかに経営者にBCP策定の重要性を認識してもらうかがカギになる。また，中小企業は，日々本業に取り組むだけで精一杯で，BCPを策定するコストや人的資源の負担能力は限定的であるし，売上や収益に直接結びつかないことに時間を割く余裕もない。そうした中小企業に対しBCPを策定する環境を整備するためには，外部のノウハウや支援制度を活用することが効果的であろう。「BCPの内容や必要性について外部から説明を受けたことがない」についても回答率が高かったことを考慮すると，地域金融機関と公的団体が連携し，中小企業の経営者に対して，BCP策定のメリット，ノウハウ，資金面の支援制度について情報提供することが効果であると考えられる。

問26では，金融機関に対して，BCP策定を勧めない取引先企業がある場合，その理由について聞いている（図表8-11）。地域金融機関全体では，「企業に費用や手間がかかる（37.6％）」，「企業の人材では対応できない（36.9％）」，「貴社（金融機関）のノウハウや人材が不足している（35.0％）」といった取引先企業または地域金融機関のコスト面および人材・ノウハウの不足が理由として上位にあがっている。信用金庫についても同様の傾向だが，業態別にみると，地方銀行は企業の費用や手間を理由にあげる割合が信用金庫よりも高く，信用金庫は金融機関のノウハウ・人材不足を理由にあげる割合が地方銀行よりも高い。信用金庫の場合，ノウハウや人材面の不足を外部機関と連携することに

よって補うことが可能であれば，取引先企業のBCP策定支援に積極的に取り組むことができるのではないだろうか。

⑷ 貴社のBCP策定支援体制（問27～問32）

　問27から問32は，「取引先企業に対する貴社（金融機関）のBCP支援体制」，「貴社（金融機関）による外部認証評価の勧め」，「貴社（金融機関）による自然災害への保険加入の勧め」などについて聞いている。

　問27では，取引先企業に対するBCP策定支援体制の自己評価について聞いている（図表8-13）。「非常に積極的」と「やや積極的」を合計すると，地域金融機関全体で29.0％，地方銀行が39.2％であるのに対し，信用金庫は24.5％と低い。信用金庫の取引先企業は，「全国中小企業景気動向調査」の回答企業の属性をみると，その7割が従業員20人未満の比較的小規模企業であり，地方銀行の取引先企業の規模と比べて小さい。取引先企業の規模によって，金融機関に求めるニーズに違いがあり，こうした回答結果の要因の1つになっていることが考えられる。

　これに関連して，問28では，地域金融機関に対して，外部からの認証評価を勧めた経験について聞いている（図表8-16）。「外部認証評価を勧めたことはない」という回答は，地域金融機関全体で59.4％，地方銀行が45.2％であるのに対し，信用金庫は65.1％と高い。地方銀行の取引先企業は，中小企業の中でも相対的に規模が大きく，取引先を多数抱え，製造業の場合，Tier 1（1次下請け）であるようなケースが多い。完成品メーカーから外部の認証を要請されることがあるので，金融機関側からも外部認証の取得を勧奨しているものと考えられる。

　問29では，問28で「外部認証評価を勧めたことはない」と回答した先を対象に，その理由について聞いている（図表8-17）。「貴社（金融機関）のノウハウや人材が不足している」という回答は，地域金融機関全体で29.9％，地方銀行が17.5％であるのに対し，信用金庫は31.4％と高い。信用金庫の場合，取引先企業の規模による要因に加えて，信用金庫自身のノウハウや人材不足も取引先企業のBCP策定支援に影響を及ぼしていると思われる。後者の要因を解決するために，外部機関との連携や中央機関による支援の拡充が望まれる。

　問30では，地域金融機関が取引先企業に対して，自然災害に備えるための保険加入を勧めたことがあるか聞いている（図表8-18）。「希望があれば関連会社や提携会社を紹介する」という回答が，地域金融機関全体で51.5％，信用金庫が51.3％であり，信用組合を除けばどの業態も約5割を占め最も高い回答率となっている。その一方で，「勧めることはない」という回答が地域金融機関全体で15.6％，信用金庫で18.5％を占めている。問18の回答で，被災時における復旧のための資金源として保険が6割を超え，最も回答率が高かったこと（図表8-3）を踏まえれば，信用金庫は，取引先企業の立地する地域や業種，企業規模などを考慮しつつ，もう一歩踏み込んで自然災害への備えとして保険加入を勧奨することが求められよう。

⑸　発災後の対応（問33～問35）

　問33から問35は，「危機関連保証制度への認識」，「大規模災害に対応する信用保証制度の状況や課題」，「復興支援ファンドへの認識」について聞いている。
　問33では，大規模災害が発生した場合への対応として，2018年4月に危機関連保証制度が創設されたことを知っているか聞いている（図表8-23）。「知っている」という回答が，地域金融機関全体で59.3％，信用金庫が57.5％であり，その認知度は6割程度にとどまっている。
　問34では，東日本大震災クラスの大規模災害が起こった場合における，信用保証制度の状況や課題について聞いている（図表8-25）。「貴支店は申し込みに対して迅速に対応できる」という回答が，地域金融機関全体で47.6％，信用金庫で48.7％であり，「保証協会とは日頃からコミュニケーションが十分とれている」という回答が，地域金融機関全体で42.7％，信用金庫で43.9％となっている。このような回答結果から考えて，信用金庫は大規模災害が起こった場合，信用保証協会とスムーズに協業できる関係を構築しているといえる。また，「大規模災害後に，信用保証だけで支援するのは難しい」という回答が，地域金融機関全体で10.3％，信用金庫で12.9％となっている。前述したとおり，西日本豪雨で被災した岡山県の信用金庫とその取引先企業のケースをみても，復旧の資金源として，保険，金融機関からの融資や支援，信用保証や補助金等公的支援が効果を発揮しており，さまざまなスキームの組み合わせが必要になる

だろう。

　問35では，復興支援ファンドの認知度と同ファンドへの期待を聞いている（図表8-35）。復興支援ファンドについて，「知らなかった」という回答が，地域金融機関全体で58.0%，信用金庫が66.3%であり，この回答率が最も高かった。その一方で，復興支援ファンドへの期待については，地域金融機関全体で，「必要な取引先企業があれば，活用したい（46.4%）」，「地元金融機関と連携するべき（33.0%）」，「支援ノウハウがもたらされるので有効（22.2%）」，「エクイティ資金が不足するので有効（10.8%）」が高い回答率を示しており，この傾向は信用金庫においても同様であった。公的機関が関与する復興支援ファンドについて，地域金融機関全体でも信用金庫においても，期待していることがうかがえた。

　参考までに，信用金庫業界では，東日本大震災の被災地の信用金庫取引先に対する資本・資本性資金の供給を目的として，2011年12月，信金中央金庫とグループ会社である信金キャピタル株式会社が共同出資し，復興支援ファンド「しんきんの絆」の運営を開始した。さらに，運営開始と同日，独立行政法人中小企業基盤整備機構との間で業務協力にかかる協定を締結し，同機構が提供する「復興支援アドバイザー制度」等を活用して，「しんきんの絆」の投資先である中小企業に対して経営再建支援を行っている。

⑹　他の支援機関の BCP 支援と連携の状況（問36〜40）

　問36から問40は，「BCP の策定や改善に取り組むために効果的な要因」，「地方自治体の中小企業向け BCP 策定支援策」などについて聞いている。

　問36では，中小企業が BCP の策定や改善に取り組むようになるには，どの主体による要請や支援が効果的か聞いている（図表8-12）。地域金融機関全体の回答率を高い順に並べてみると，「メインバンク（51.4%）」，「政府（税制，補助金などの対応を含む）（46.2%）」，「業界団体や商工会議所などの経済団体（35.8%）」，「顧問税理士・公認会計士（34.7%）」，「自治体（外郭団体を含む）（32.3%）」となっており，信用金庫の回答率も，ほぼ同様の傾向を示している。

　メインバンクや政府の公的支援制度，その他外部関係者に加えて，自然災害からの復旧・復興を図る上で，地方自治体の役割は重要である。問39では，地

域の自治体（都道府県および市町村）に中小企業のBCP支援策に対する効果的な支援策があるか聞いている（図表8-30および8-31）。都道府県については，「どのような支援があるのかわからない」という回答が，地域金融機関全体で71.0％，信用金庫が74.6％であり，市町村については，同じ回答が，地域金融機関全体で76.0％，信用金庫が77.4％と，都道府県に比べさらに高い。信用金庫は，一般的に市町村レベルの圏域に店舗を展開し，事業運営していることを踏まえると，普段から地元の市町村と緊密にコミュニケーションを図り，取引先企業のBCP策定支援策について情報交換できる関係を構築することが求められる。

4 おわりに：地域の持続可能性への関与

　信用金庫は，大地震，水害，冷害からの復興にあたって，地域の中小企業者や住民と協力し取り組んできた。また，狭い地域に高密度で店舗展開しているという特性上，自然災害に見舞われると，本部・支店が同時に被災し，業務継続が困難になる可能性が高い。そこで，被災地の信用金庫単独で解決が難しい問題については，信用金庫業界が一体となって，地域の復旧・復興を支援してきた。

　これからも全国各地で大規模な自然災害が発生する可能性は高い。自然災害時のBCP（事業継続計画）を策定することにより，被災企業が早期に復旧して事業を継続することが可能になれば，地域の中小企業の経営の持続性を高めることにつながり，ひいては地域の持続可能性を確保することにもなるだろう。

　これまでの経験上，被災地では，時間の経過とともに，戻る住民が減少し，住民が少なくなれば再建を躊躇する事業者が増えてくることになる。信用金庫は，地域と運命共同体であり，地域の中小企業者と協力し，防災，減災，事業継続等によって，災害による地域への影響を軽減させる役割を担っている。さらに，復旧・復興の先には，被災後のまちづくりに参画することによって，地域の持続可能性に関与していくことが求められる。

第15章

信用保証協会による
危機時のセーフティネット支援
― BCP 特別保証の経験を中心に―

1 はじめに

　2019年10月16日に静岡県の制度融資である「中小企業災害対策資金」が発動された。2019年10月12日に発生した台風19号による被害を受けた中小企業の災害復興に必要な資金を手当てするためである。災害発生から4日目，3連休の最中であったので営業日で2日目の出来事である。異例の早さである。

　こうした取り組みが実現したのも，静岡県という地域が南海トラフ地震や富士山噴火など大規模災害が想定され，災害に対する事前対策に対する意識が高い地域であることに加え，静岡県信用保証協会としても関係機関と連携しながら，対策を講じてきたことによるものである。

　中小企業災害対策資金は災害発生時のセーフティネット機能の充実を図るため，被災した事業者の保証料負担を最大ゼロにする制度として，2019年4月に静岡県と共同で創設した制度である。制度の概要等は後述するが，制度を創設した中で静岡県総合防災訓練の一環として，8月23日に静岡県および13の県内金融機関と共に同制度の発動訓練を実施しており，それが先般の台風被害に対する迅速な対応につながった。

　いつ起こるかわからない災害に対し，制度などの枠組みを整備するのはもちろんのこと，同制度の広い周知と関係機関との情報伝達経路や手続を忘れないためにも実働に向けた訓練の意義は大きいと感じている。

　本章においては，本信用保証協会が従前から実施している「災害時発動型保証予約システム（BCP 特別保証）」を中心として，現在実施している危機時のセーフティネット支援について述べたいと思う。

2　災害時発動型保証予約システム（BCP 特別保証）

(1)　制度概要

　静岡県は，東日本大震災が発生するかなり前から，東海地震発生の可能性を指摘されてきたこともあり，もともと災害への意識が非常に高い地域である。

　2007年4月，地域金融機関からの激甚災害発生時にスムーズに資金手当てができる保証商品を開発してほしいとの要望を受けて，中小企業者が激甚災害に遭遇した場合に，事業の継続あるいは早期復旧を図るために事前の備えとしての保証予約を行い，実際に災害が発生した場合に迅速な資金手当てをもって経営の安定に資することを目的とした「災害時発動型保証予約システム（BCP 特別保証）」の取扱いを全国初の試みとして開始した。

　本保証は，BCP の策定等，災害に対する備えを充分に行い，今後の事業継続にも意欲的であると認められる中小企業者に対し適用することとしている。実際に激甚災害が発生した場合，災害救助法が適用された地域に事務所または営業所を有し，かつ災害を受けた中小企業者に対し復興のための資金の保証を実施し，金融機関から貸付が実行される仕組みとなっている。

　申請の手順としては，まず，中小企業者から決算書，BCP 等必要書類を添付した事前の申込みを受け付け，次に協会において企業状況や BCP の内容等の審査を行い，取扱い可能と判断されれば「内定通知書」を中小企業者に対し発行をしている（**図表15-1**）。

　この「内定通知書」を2012年4月に現在の「表彰状」のような"見栄えの良い物"に改訂を試みたところ（**図表15-2**），額縁等に入れて会社の応接室に掲示している企業や自社のホームページの「取得規格欄」に ISO 認証の次に BCP 保証内定のバナーを設け，災害時の事業継続のための対策を公表している企業も出てきており，災害や防災に関連して商談が発展したケースや，取引先に対し，将来に備えしっかりとリスク管理をしている企業であると示すことができたことから取引の拡大につながった等副次的な効果もあり，利用者から好評を得ているところである。

図表15-1　BCP 特別保証の事前申込みのイメージ

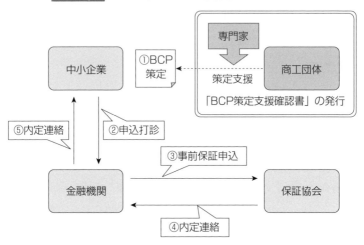

図表15-2　BCP 特別保証の内定通知書

　本保証を利用したことを，自らマスメディア等へPRを行う企業も増えており，知名度向上にも寄与している。

　予約保証の有効期間は1年間であり，更新する場合には，決算書および更新を行ったBCP等の必要書類を用意し，再度申込みをいただくこととしている。

　いつ起こるかわからない激甚災害に対して，有効期間が1年というのは短いとの印象を受けるかもしれないが，そもそもBCP自体が毎年見直す前提であることから，1年間を保証期間として，経過後は再び保証審査を行う形態としている。

　実際に激甚災害が発生した場合，事前内定通知書，罹災証明書および資金使途確認資料を添付の上で本申込みをすると，顧客や決算書等の登録が省略でき，かつ実質的な内容審査がほぼ免除され，即座に保証が行われ，金融機関から貸付が実行されることとなる。適用する保証制度は，既存の災害関係保険を利用した「激甚災害保証」としている。

(2)　適用事業継続計画書について

　創設当初，本保証の適用対象となる事業継続計画書は，①中小企業庁による中小企業BCP策定運用指針および②静岡県経済産業部による静岡県BCPモデルプラン第1版の2つのモデルのどちらかに準拠したものとしていたが，2010年12月には，③静岡県BCPモデルプラン第2版，④社団法人全国建設業協会による地域建設企業の事業継続計画（簡易版）作成例，⑤特定非営利法人事業継続促進機構による中小企業BCPステップアップガイド4.0版の3モデルを追加した。

　続いて，2012年4月には，⑥商工3団体（商工会議所，商工会，中小企業団体中央会）が発行した「BCP策定支援確認書」に添付された事業継続計画，2014年5月には，⑦静岡県BCPモデルプラン第3版を適用している。

　さらに2017年11月には，内閣官房・国土強靱化推進室からの依頼を受け，⑧「国土強靱化貢献団体の認証に関するガイドライン」（内閣官房）に基づく「国土強靱化貢献団体の認証（レジリエンス認証）」を取得した計画が追加され，年々対象モデルが増えている。

　災害に対する準備にしっかりと取り組むことで，県内中小企業者の事業の継

続性を高めたいという想いから，各計画書の信頼性を考慮しつつ，適用範囲を広げているところである。追加している経緯をみてみると，外部団体からの要請によるものが多く，このあたりからも年々BCP策定に対する注目度が上がってきていることがうかがえる。

(3)　利用実績

　本保証の取扱い実績は，**図表15-3**のとおりである。

　取扱いを開始してからしばらくは，本保証およびBCP自体の認知不足，および金融機関に本保証を取り扱うための商品や枠組みがなかったことなどにより取扱件数は伸びなかったが，年々利用企業は増加し，2018年度は169企業，144億円となり，2019年度も同水準でご利用いただいている。東日本大震災以降の災害に対する意識の向上とともに，本信用保証協会の周知活動や4度にわたる適用BCPプランの追加効果もあり，利用実績は着実に伸びている。特にここ数年は，度重なる他地域での地震や台風・大雨の被害もあり，災害への備えとしてBCPの注目度が非常に向上してきていることを実感している。

(4)　利用企業の状況

①　業　種

　2018年度の利用先169企業の業種の内訳は，製造業が最も多く65企業，続いてサービス業が43企業，建設業が33企業，卸・小売業が28企業，ソフトウエア業が2企業となっており，概ね偏りなく利用されている印象があるが，その中でも工場，作業所等の生産設備を有する製造業の利用が多い傾向にある。

　東日本大震災では，現地で被災した企業の操業が停止しただけではなく，部品の供給が滞ったことでサプライチェーンが分断され，静岡県内の企業の事業活動にも大きな影響が出たことから，そのための備えは欠くことができないとの認識が広がったことも一因にあると考えている。

②　地　域

　静岡県を東部・中部・西部に3区分して地区別にみると，静岡市を中心とした県中部の利用が96企業，浜松市を中心とした県西部の利用が51企業，沼津市

図表15-3　BCP 特別保証の利用実績と適用事業計画の変遷

年　度	企業数・金額	適用事業計画の変遷
2008年度	2企業・2億円	2007年4月取扱い開始 • 中小企業 BCP 策定運用指針（中小企業庁） • 静岡県 BCP モデルプラン第1版（静岡県経済産業部）
2009年度	7企業・5億円	
2010年度	13企業・8億円	2010年12月　第一次改定　3計画追加 • 静岡県 BCP モデルプラン第2版（静岡県経済産業部） • 地域建設企業の事業継続計画（簡易版）作成例（一般社団法人　全国建設業協会策定） • 中小企業 BCP ステップアップガイド4.0版（特定非営利活動法人　事業継続推進機構） （2011年3月　東日本大震災）
2011年度	26企業・22億円	
2012年度	59企業・43億円	2012年4月　第二次改定　1計画追加 • 商工団体（商工会議所，商工会，中小企業団体中央会）が発行した「BCP 策定支援確認書」の添付された事業継続計画
2013年度	83企業・62億円	
2014年度	96企業・71億円	2014年5月　第三次改定　1計画追加 • 静岡県 BCP モデルプラン第3版（静岡県経済産業部）
2015年度	124企業・87億円	
2016年度	124企業・89億円	
2017年度	145企業・100億円	2017年11月　第四次改定　1計画追加 •「国土強靱化貢献団体の認証に関するガイドライン」（内閣官房）に基づく「国土強靱化貢献団体の認証（レジリエンス認証）」を取得した計画
2018年度	169企業・141億円	
2019年度 （12月末）	124企業・86億円	

　や三島市，伊豆地区のある県東部においては22企業となっている。
　静岡県内では，地域住民の危機意識に特段の差はないものと認識しているが，地域によって本保証の利用状況には大きな差が生じている。これは，市区町の関わり方や金融機関または商工会議所，商工会，中小企業団体中央会等の商工団体の BCP 策定に対する理解や推進に向けた取り組みに温度差があるためと考えられる。

③　利用先の規模

　利用先を従業員規模別でみると，5人以下が30企業，6人から10人以下が19企業，11人から50人以下が83企業，51人から100人以下が27企業，100人超が10企業であった。

　中規模以上の企業の利用に偏ると想定していたが，比較的小規模な企業からも利用されている状況にある。

④　業　歴

　業歴別では，業歴5年以内では3企業，6年から10年以内が3企業，11年から20年以内が16企業，21年以上が147企業となっており，業歴が長い企業の利用が多い。創業から日が浅い企業は，将来の備えよりも日々の事業活動を意識していると推測され，一方で，業歴が長い企業は，事業自体は概ね安定しており，災害等の不測の事態に対しても意識が高い傾向がうかがえる。

⑸　広報および周知活動

　本保証の推進という面では，本信用保証協会の年度経営計画に利用推進を重点課題として掲げ，金融機関，商工団体の説明会に参加するほか，保証月報および協会ホームページへの掲載，新聞広告，リーフレットの作成など積極的に広報および周知活動を実施している。

　しかしながら，第5章（図表5-6）でも紹介されたように，中小企業庁によると中小企業のBCP策定率は15.5％であり，策定中や策定計画中を含めても3社に1社の割合であり，本信用保証協会の利用企業数約4万社に対しては，2018年度のBCP特別保証の利用企業は169社と0.4％の利用率となっている。

　また，今回実施された地域金融機関の支店長向けのアンケート調査（自然災害に対する中小企業の備えと地域金融機関による支援についての調査）結果を家森教授が分析しているが，第8章において「5. 信用保証と自然災害への対応」の中で信用保証協会に求められている役割と課題が明確に書かれている。

　図表8-21および図表8-22において，BCP関連の保証制度の認知度と利用度が示されており，地域の信用保証協会にBCP関連の保証制度が「ある」と答えた37.9％のうち，16.2％が利用したことが「ある」と答えており，実質的

に6.1％の利用度である。

　さらには半数を超える金融機関の支店長がBCP関連の保証制度があるか「わからない」と答えているなど，これらを踏まえるとまだまだ周知や制度推進の余地はあると感じている。

　BCP特別保証は，平常時においては，保証料がかからない仕組みになっており，激甚災害が発生して相応の被害に遭ったときにはじめて，正式な申込みから保証承諾を経て貸付実行がなされ，その結果，保証料負担が発生することとなっている。裏を返せば，今後激甚災害が発生しなければ，本保証による貸付も実行されず，保証料も発生しない。

　本保証は，保証利用の増加を期待したものではなく，県下中小企業者にとって将来の不測の事態に備えるBCPの策定は意義があるものと考え，本保証の利用をきっかけにBCPを広く浸透させたいとの想いから，その推進を図っている。実際，2018年度末の利用企業169企業のうち74企業は，本保証以外の保証利用のない企業であり，こういった面からも，BCP策定支援を通じた社会貢献という姿勢で取り組んでいるということをご理解いただけると思う。

　中小企業者にとってBCPの策定は，時間や手間がかかることと考えられており，本保証の利用は，まだ一部の企業にとどまっているのが現実である。

　しかし，BCPの策定は敷居が高いイメージが先行しているが，実際は特別難しいものではなく，中小企業者にとっては策定作業に伴って事業全般の見直しも行えるなどのメリットがあると，専門家には認められている。

　今後，こうしたメリットも含めてBCPの策定を広めるべく，一層の広報活動を通じて，積極的に情報発信していきたいと考えている（**図表15- 4**）。

3 　復興支援にかかる保証制度

　大規模な経済危機や自然災害の発生時に，不可抗力による企業の倒産や雇用の喪失を防止するため，国や県と連携した制度のほか，本信用保証協会独自の事前予約制度（BCP特別保証），災害時に発動する短期保証制度や条件変更対応など，迅速な対応ができる体制を整備している（**図表15- 5**）。

　第8章の「5.信用保証と自然災害への対応」の図表8 -25は大規模災害が起

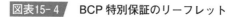

図表15- 4　BCP 特別保証のリーフレット

こった場合における信用保証制度の状況や課題を尋ねた結果であるが，大規模
災害時に信用保証は必要ないと回答したのはわずか0.8％となっており，信用
保証制度の果たす役割の大きさがうかがえる。また，日頃から金融機関と信用
保証協会がコミュニケーション（対話）を十分にとることで，双方における迅
速な対応が可能となるなど，いざという時に力を発揮できる環境づくりも必要
と感じた。

　本信用保証協会が取り組んでいる危機時のセーフティネット支援について，
ここ数年のトピックスとして2つの制度を紹介する。

　まず1つ目は，2016年12月の中小企業政策審議会基本問題小委員会金融ワー
キンググループで取りまとめられた「中小企業・小規模事業者の事業の発展を
支える持続可能な信用補完制度の確立に向けて」を受けて，2018年4月に創設
された「危機関連保証」である。大規模な経済危機等の有事の際にあらかじめ
適用期限を原則1年と区切った上で，迅速に発動する新たなセーフティネット
制度である。一般の保証枠と別枠で100％保証となっている。

　前述した第8章の「5.信用保証と自然災害への対応」の図表8 -23および図

図表15-5　**危機時のセーフティネット支援に係る制度概要一覧**

ケース	保証制度の概要
災害発生前	【BCP 特別保証】（2007年 4 月） • BCP 策定企業に対する事前予約制度（ 1 年ごとの更新が必要） • 以下の「激甚災害保証」に対応
災害発生時 （激甚災害指定）	【激甚災害保証】（別枠・100％保証） • 資金使途：経営の再建に必要な資金 • 限度額： 2 億 8 千万円，期間：10年以内
災害発生時 （災害救助法適用）	【災害時金融支援短期保証】（2017年 4 月制定） • 資金使途：自然災害に伴う事業継続に必要な運転資金 • 限度額：月商の 1 カ月以内（無担保 8 千万円以内） • 期間： 6 カ月，返済方法：一括返済のみ 【災害時における緊急条件変更】（2017年 4 月制定） • 自然災害に伴い，既存借入金の返済に支障が生じている場合 • 元金返済据置： 6 カ月以内 【セーフティネット保証（ 4 号）】 • 資金使途：経営の安定に資する資金 • 限度額： 2 億 8 千万円，期間：10年以内
県制度融資に係る 信用保証料補助	【中小企業災害対策資金】（2019年 4 月制定） • 資金使途：直接被害を受けた事業者の運転・設備資金 • 限度額： 5 千万円，期間：10年以内 • 活用制度：普通保証，セーフティネット 4 号，激甚災害保証 • 保証料補助：セーフティネット 4 号，激甚災害保証は事業者負担 　なし（※普通保証は災害指定前の本制度利用の借換えの場合のみ）
大規模な経済危機や 災害により全国レベ ルで著しい信用収縮 が生じた場合 （経済産業大臣告示）	【危機関連保証】（2018年 4 月制定） • 資金使途：経営の安定に必要な事業資金 • 限度額： 2 億 8 千万円，期間10年以内 • 危機指定期間：経済産業大臣が認める日から 1 年以内の期間

　表 8 -24において危機関連保証の認知度は，59.3％であり，さらには適用期間が原則 1 年間に限定されていることについての認識はその約半数となっている。平時において利用しない制度への関心の低さがうかがえる。

　次に 2 つ目は，本章の冒頭でも紹介した静岡県制度融資「中小企業災害対策資金」である。2019年 4 月に創設しており，セーフティネット 4 号または激甚災害保証を利用する場合は，静岡県からの補助により信用保証協会を利用する信用保証料の事業者の負担を「ゼロ」としているのが特徴である。

4 おわりに

　静岡県では，南海トラフ巨大地震発生による地震，津波被害に加え，富士山噴火による連続災害の可能性も憂慮されている。

　当信用保証協会では，県内中小企業者の事前対策として引き続き BCP 特別保証の利用促進を図り，県下中小企業者が1社でも多く BCP の策定を行うことにより，将来の不測の事態に備えて安心して日々の事業活動を行い，取引先や金融機関からも信頼されて，従業員の雇用の維持等相乗効果がより一層高まることを願っている。

　また，復旧対策および復興対策として，各種保証制度の整備および実際の被害を想定した訓練等による運用体制の充実を図り，万が一の事態が起こった場合にも県内中小企業者の事業継続に向けて，迅速かつ適切な対応ができる備えを怠らないようにしていきたい。

　最後に，今回の調査結果に基づき，貴重な意見をお寄せいただいた研究者の方々に感謝するとともに，BCP をはじめとする危機時のセーフティネット支援だけでなく，平時の取り組みとしても県内中小企業者の経営の安定を支援し，静岡県の社会，経済に貢献すべく，信用補完制度の積極的な運用を誓いつつ，本章の結びとしたい。

第16章

本書のまとめと残された課題

1 はじめに

　本書では，独立行政法人経済産業研究所地域経済プログラム「人口減少下における地域経済の安定的発展の研究」（2018年1月15日〜2019年12月31日，以下本章ではRIETI研究とする）の成果に基づいて，企業が大規模災害等によって経営環境の激変に見舞われた場合にその影響を吸収して事業を継続するために何が必要とされるのかを考察した。本書が分析の対象として主に念頭に置いたのは中小企業である。経営規模が小さい中小企業は，影響の大きさが予想できたとしてもごく稀にしか発生しない事象に対する事前の備えに経営資源を割く余裕がないのが実情である。

　とはいえ，中小企業が経営環境の激変に備える事業継続計画（BCP）を策定し，レジリエンス[1]を強化する必要性は高まっている。近年台風や局地的豪雨がもたらす被害は大規模になり，毎年のように繰り返し日本のどこかで発生している。RIETI研究実施期間中でも，平成30年北海道胆振東部地震，同年7月豪雨，令和元年台風19号等，日本各地は次々と激甚災害指定災害に見舞われた。更新が進んでいない地方の防災インフラで想定されている設置基準は低いものであり，その綻びを露呈させるような大規模災害を「想定外」と見過ごすような経営判断を見直すべきである。

　また，中小企業は系列の垣根を越えてグローバル・サプライチェーンに組み込まれ，サプライヤーの数が絞り込まれている。中小企業の外的ショックに対する脆弱性に対処せず生産活動が寸断すれば，影響が連鎖的に広範囲に広がってサプライチェーン全体の「システミック・リスク」に発展する。内閣府が作

成した「事業継続ガイドライン」において「事業継続は，顧客への供給維持，自社の雇用確保，サプライチェーン強化等の視点から，全ての企業・組織が取り組むべきものであり，これは社会的責任の観点からも必要との認識が広がるべきである」と述べられているように，企業の社会的責任（CSR）としてBCP を捉える考え方もある。

　ただし，このような状況だけをみていては，中小企業の BCP は単に個々の事業者およびサプライチェーンの事業者群の経営上の問題であって，公共の目的に資する政策の議論の対象とは思われないであろう。

2 政策の対象としての BCP

　中小企業は地域の産業集積を形成し，他の企業との直接取引や取引以外の協力を通じて，自社に足りない経営資源を地域の他の企業との連携に依存する場合が多い。このため中小企業が被災から回復するためには地域の企業が一体になって復旧することが重要である。個々の事業者の判断に委ねると，そのような外部性を考慮しないため BCP への取り組みが過小な水準にとどまる。地域の事業者と協働で備えを進めておくことが各事業者の回復を助けることを認識し，他の事業者との連携のもとで各事業者の BCP を地域にとって最適な水準に近づける必要がある。このように地域の雇用を守り，災害に強い地域を形成することに資する政策を論じることは公共的な意義がある。

　地域経済の強靭性は，地域産業の構成的要因（compositional factors），集団的要因（collective factors），地域固有要因（contextual factors）という「3つのC」の影響によって決定される（Martin and Sunley [2015]）。構成的要因とは，たとえば成長期，成熟期，衰退期のどのフェーズにある産業の企業が多いか，ということを指す。**図表16-1** に示したように，成長期の産業集積は回復力が強く本来の成長経路に戻りやすい。しかし，地域産業が本来徐々に成熟から衰退に向かうはずの状況にあったならば，災害により一気に衰退するかもしれない。他にも，被災工場の再建において他地域への移転を選択できる進出企業の多さや，体力が弱い中小企業の多さも構成的要因としてあげることができる。集団的要因とは，地域に存在する企業間協力・連携の強さのことであ

図表16-1 地域の強靱性の概念図

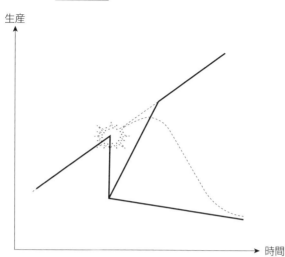

（出所）筆者作成。

る。地域の企業，労働者，組織が協力して災害の影響を受け止め，対応を調整する能力を示している。地域固有要因は地域固有の政策および文化的な特質のことである。原住地における再建にこだわる地域への愛着に加えて，地域を取り巻く外部の協力体制や公的支援・介入も含まれる。

　地域の強靱化を促進するための政策とは，地域固有要因を踏まえて，災害に直面してもより強い回復力を持つように地域産業の構成的要因を変えていくことや，協力が行われるように集団的要因に働きかけることである。前者については取引関係を含む個々の事業者がBCPやリスクファイナンスを整備しておくことが重要であり，後者については事業者の脇を固める行政，企業組合・連合組織，地域金融機関等の機能を強化することが求められる。

　RIETI研究期間中に，「中小企業の事業活動の継続に資するための中小企業等経営強化法等の一部を改正する法律」（中小企業強靱化法）が制定され，2019年7月16日に施行されたことは，まさにこのような地域経済における中小企業の重要性を背景とする。この法律で想定されている中小企業の関係者として，リスクコントロールにかかわるサプライチェーンの親事業者，地方自治体，

商工団体のほかに，リスクファイナンスにかかわる金融機関，保険会社が含まれている。RIETI 研究においてもステークホルダーとして地域金融機関の役割について特に注目した。

3　BCP への関心が低い中小企業

　レジリエンスを強化する方策は，第１章で述べたように平時の事前対策，災害直後の復旧対策，中長期的な復興対策の３つの段階がある。企業にとって事前対策の基盤となるのが BCP であり，被災から回復するための資金繰りをあらかじめ検討しておく行為がリスクファイナンスである。この２つは事前対策の両輪をなす。

　東証上場企業の財務情報を用いて，東日本大震災後の非製造業企業の売上額の回復を分析した Matsushita *et al.* ［2017］は，BCP 策定済みであった企業とそうでない企業の間で震災によって受けた直接の損失に差がみられなかったが，その後２年間で後者の売上は前者を約10％下回ったことを示している。また，製造業企業について BCP およびリスクファイナンスの有無による東日本大震災の影響の違いを分析した松下・秀島［2014］では，BCP は直接被害による資産の減少と，売上の低下を抑制する効果があったこと，リスクファイナンスを実施していなかった企業は震災後借入金が10～15％大きくなったことが見出されている。

　このように BCP やリスクファイナンスを通じた事前の準備が災害の影響を減じることに役立つと言われているものの，企業の関心はいまひとつ盛り上がってこない。BCP が実効性を高めるためには，経営者の積極的関与，ビジネスモデルの変化に対応した不断の見直し，BCP にかかわる人員とノウハウの充足，適切な教育訓練機会の提供，復旧・復興の資金確保との連動等，取り組むべき課題が多い。しかし経営資源が限られている中小企業の BCP 策定比率は低い水準にとどまっている。

　RIETI 研究において実施したアンケート調査の結果によれば，BCP を策定済み，あるいは策定中と答えた企業は全体の28.4％であり，策定率を30％とする既往の調査の結果とほぼ一致する。企業規模が大きくなるほど策定率が高く

なる傾向もこれまで行われた調査と同じである。ただし，策定済みと答えている場合でも，内閣官房国土強靱化推進室が実施しているレジリエンス認証の認証項目に基づいて作成したBCPの19の項目のうち実施されているものは平均して半分以下の6.85にとどまっている。経営トップが関与していないとBCP実践の水準がさらに低いことも明らかになった。

　BCPを策定しない理由は，内的要因として人材・ノウハウの不足，外的要因として法令，取引先，金融機関等の外部からの要請がないことがあげられている。中小企業はリスクを予測する能力にも限界を感じている。しかし，RIETI研究を通じて，そのような考え方は経営トップのリーダーシップによって変わるものであり，BCPを策定することによってこれまで見えていなかったリスクが見えてくると考えられることが明らかになった。被災の経験，地域連携の存在もBCP策定傾向を高める。この調査結果は，Sawada *et al.* [2017]が経営トップの認識や被災経験の違いが中小企業の保険加入に影響を及ぼすと述べていることと符合する。中小企業では「復旧と事業継続のために必要な資金調達」にも社長の人的ネットワークが重要であると考えられている。

4　BCPを策定する理由と必要な支援策

　第4章で述べたように，BCP策定済みの企業が明らかにしている策定の理由は，大企業では，CSR，株主からの評価，内部管理などの要因が大きいのに対して，中小企業は，補助金，金融機関からの信頼性，資金繰りなどの実利的な要因が多い。

　BCP策定企業にとって，リスクファイナンスとしての保険，金融機関からの融資，経営者やその親族などの資金，公的支援の重要性は，非策定企業と比べて低い。BCPによってリスクコントロールが進んだ分，リスクファイナンスの必要性が低下するという代替性があることを示していると考えられる。一方で，BCP策定企業は親会社，グループ会社からの支援を重要と考えている。これらは事前のリスクコントロールの密接なパートナーであり，被災した場合の相談先としても優先されている。

　BCPは設備・機械の転倒・落下や浸水被害の防止のための設置場所の変更

や非常時要員と連絡網の確認のような日常的な工夫に始まり，工場の高台移転やバックアップ施設の確保といった，より大がかりな投資を必要とすることも含めて，予想される災害の被害を許容範囲に抑える防災対策として考えられてきた。しかし近年では，BCP は自社の事業の重要度に応じた復旧の優先順位を決めておいたり，事前防災にかける資源配分の強弱にメリハリをつけたりする過程で，BCP における事業の見直しが経営の効率化にもつながるという経営戦略上の効果があることが指摘されるようになっている。

　政府および，自治体，産業団体では，ガイドラインの提示や BCP 策定の啓発活動，レジリエンス認証制度の設立を行っている．さらに税制上の優遇制度，補助金，資金貸付，信用保証，等でも BCP 策定を促している．株主，取引金融機関（メインバンク），顧問税理士からの要請も BCP 策定傾向を強める。外部との連携が BCP 実践のレベルを上げることも分かっている。BCP の評価を適切に実施し，レベルアップへの指導を経済団体や地域の関係機関で進める。これにより開示→評価→インセンティブ→指導のサイクルを確立することができる。

　「オンリーワンのブランド力」，「オンリーワンの技術力」，「大手サプライチェーンに属する」，「地域独占的なサービスを提供している」を自社の競争優位として明確に認識する企業ほどBCP を策定する傾向が強い。このような認識を持ちながら，人材・ノウハウ不足等の内的要因により BCP 策定に至っていない企業こそが支援するべき対象である。策定中（策定予定を含む）企業は地元の商工会議所など経済団体，税理士・公認会計士・中小企業診断士等を BCP 策定に関する連携先としてあげている。自治体・商工会議所の指導，わかりやすい目標の設定，人材紹介や金融機関によるインセンティブの付与がBCP 策定を促進するとも考えられ，このような地域連携を支援することが求められる。

　BCP の一部としてサプライチェーンにおける供給責任を果たすために他社に代替生産を依頼することに関して，自社のノウハウの流出を懸念して躊躇がみられる。この点には配慮が必要である。事前に企業間で代替生産を取り決めておく信頼関係の醸成にも地域連携の枠組みが有効かもしれない。

　各企業がBCP を社会的にみて望ましいレベルに引き上げるために，啓蒙，

レベルアップ，戦略的取り組み（企業価値向上）へのそれぞれの段階で支援することが効果的である。

5 リスクファイナンスの重要性と地域金融機関の役割

　担保となる資産が毀損されてしまう大規模災害では，金融機関は日ごろの付き合いを通じて得た情報に基づいて当座必要とされる融資を行う。このため，リレーションシップバンキングが災害時の資金繰り制約を緩和するのに役立つという実証研究もあり（Berg and Schrader［2012］），地域金融機関が地域の復興に期待される役割は大きい。ただし，被災地域内に営業範囲が限定されている金融機関は融資ポートフォリオの信用リスクの高まりと貯蓄の減少により資金を供給する能力が低下するため，隣接した地域を含む広域に取引関係を持っているか，広域的に営業するグループ内金融機関から資金調達が可能な金融機関は復興資金を供給する能力が高いことも指摘されている（Koetter *et al.*［2020］）。企業側の視点に立てば，金融機関との関係を地理的に広域化しておくことが，災害時に資金調達を容易にするということもできる。

　本書では，リスクファイナンスとリスクコントロールの間に代替性があるとすると，リスクファイナンスを供給する地域金融機関は，BCP を中心とするリスクコントロールと一体的に取引先企業のリスクマネジメントに働きかけるインセンティブを持つのではないかと考えた。しかし，RIETI 研究の結果，金融機関からの働きかけは弱く，事業性評価の中で災害リスクを考慮し，BCP を保証料や金利の引き下げなどのインセンティブに反映させるような仕組みも働いていないことがわかった。第Ⅲ部の分析では，金融機関の人材・ノウハウの不足がその理由であると指摘されている。中小企業がメインバンクとする地方の信用金庫では特にそうであろう。企業側も BCP によって「金融機関からの信頼性が増す」「資金繰りが好転する」とは考えていない。BCP の連絡・相談先としての金融機関の順位は低い。

　近年，地方銀行の間で取引先企業が BCP を策定する際のコンサルティング事業を提供する動きが出始めている。技術的な相談に乗るだけでなく，BCP を策定し事業継続体制を整備するための私募債の取り扱いや BCP 策定を条件

とした融資商品も提供されるようになっている。このほかにも，一部の地銀では震度6強の地震や豪雨が発生すると自動的に元本の返済が免除される特約付きの融資や，大規模水害の発生に備えた融資枠（コミットメントライン）も取り扱われるようになっている。また一部の信用保証協会は，BCP策定済みの企業に保証料を割引する制度を提供している。

　しかし，実際にはBCP策定を条件とした地銀の優遇商品の活用頻度は低い。災害リスクコンサルティング業務についても，ほとんどの地域金融機関では提供できていない。地銀は取引先企業の事業性評価の中でBCPを評価しておらず，地域金融機関の支店長の多くは地元の自治体のBCP支援策について知らないのが実情のようである。

　第5章で論じたように，リスクファイナンスとして公的支援を期待している企業はBCP策定率が最も低い。このことからわかるように，いざとなったら公的支援に頼ればよいと考えて何も対策をとっていないモラルが低い経営者が存在することも事実であろう。こうした風潮が広がれば，実際に災害に見舞われた際に公的支援のための財政規模が膨らむか，地域産業が崩壊してしまうか，どちらかの可能性がある。取引金融機関は保険会社と連携してより積極的にリスクマネジメントおよびリスクファイナンスに企業が取り組むように働きかけることが望まれる。

6　おわりに

　本書で論じたように，人口減少社会に突入した日本において安定した地域社会を維持するために，地域経済を災害に対してより強靱にし，産業集積を形成する中小企業が災害に対する事前の準備を強化することが求められる。しかし中小企業自身のBCPやリスクファイナンスへの関心は高くなく，地域金融機関は事業性評価の中で災害リスクを取り入れていない。

　政府はこれまでBCP策定のためのガイドラインの提示や認証制度の設立，地方自治体や商工団体と連携した啓発活動などを行ってきた。地域金融においては地銀がBCP策定のコンサルティングや関連優遇商品を提供し，信用保証協会の優遇措置も打ち出されてきた。こういった制度的拡充が成果につながっ

ていくことが望まれる。

2019年7月16日施行された中小企業強靱化法の活用も期待される。中小企業強靱化法は中小企業の災害対応力を高めることを目的としている。中小企業は国が定める事業継続力強化計画基本方針および作成指針に適合する「事業継続力強化計画」の認定を経済産業大臣から受けて支援を受けることができる。「作成指針」において，地方公共団体が提供するハザードマップを参照し，また過去の自然災害等の発生状況を考慮して，想定される自然災害等を記載することが求められている．さらに自然災害等の発生が事業活動等に与える影響については，人員，建物・設備，資金繰り，情報，その他に区分して，影響の内容と対策の取り組み内容を記載し，連携型の場合は連携の態様と取り組み内容についても記載する。中小企業強靱化法による支援を受けるためにBCPの策定は必須ではないが，申請書にレジリエンスに関する認証を得ていること，および中小企業BCP策定運用指針に基づきBCPを策定していることを記入する欄が設けられているため，審査の際に参考にされていると思われる。

2020年1月に全国で，単独型で3,223事業者が，連携型で19事業者が認定を受けた。中小企業に対して与えられる支援は，信用保証枠の追加，低利融資，防災・減災設備への税制優遇，補助金の優先採択，等である。

本書が，思うように進まない地域産業の強靱化に対して問題提起をする役割を果たせたとすれば幸いである。本書に参加した執筆者は求められる地域経済産業政策と金融行政の在り方について，さらに研究を進める所存である。

◉注

1　国連国際防災事務局（UNISDR［2009］）はレジリエンスを「災害が引き起こす危険に曝されている組織，コミュニティ，社会が，危険の影響を持ちこたえ，吸収し，対処して，かつ危険の影響から即応的かつ効率的に回復し，必要な基礎的な組織と機能を守り，あるいは再構築する能力」と定義している。

◉参考文献

松下哲明・秀島栄三［2014］「東日本大震災が上場製造業企業の財務数値に及ぼした影響—BCPとリスクファイナンスの効果」『土木学会論文集F6（安全問題）』70（1）: 33-43.

Berg, Gunhild, and Jan Schrader [2012] Access to credit, natural disasters, and relationship lending. *Journal of Financial Intermediation*. 21: 549-568.

Koetter, Michael, Felix Noth, and Oliver Rehbein [2020] Borrowers under water! Rare disasters, regional banks, and recovery lending. *Journal of Financial Intermediation*. オンライン公開 https://doi.org/10.1016/j.jfi.2019.01,003

Martin, Ron and Peter Sunley [2015] On the notion of regional economic resilience: conceptualization and explanation. *Journal of Economic Geography*. 25: 1-42.

Matsushita, Noriaki, Eizo Hideshima, and Hitoshi Taniguchi [2017] The mitigation effect of BCP on financial damage - An empirical study of the non-manufacturing industries in the Great East Japan Earthquake -. *Journal of JSCE*. 5: 78-86.

Sawada, Yasuyuki, Tatsujiro Masaki, Hiroyuki Nakata, and Kunio Sekiguchi [2017] Natural disasters: Financial preparedness of corporate Japan. RIETI Discussion Paper Series 17-E-014, Research Institute of Economy, Trade and Industry.

United Nations International Strategy for Disaster Reduction (UNISDR) [2009] *Terminology on Disaster Risk Reduction*. Geneva, United Nations.

● 執筆者紹介

家 森 信 善	神戸大学経済経営研究所教授	編集，第2〜4，5，6〜9章
浜 口 伸 明	神戸大学経済経営研究所教授	編集，2〜4，5，16章
野 田 健太郎	立教大学観光学部教授	編集，第1，2〜4，5章
相 澤 朋 子	日本大学商学部専任講師	第6〜9章
浅 井 義 裕	明治大学商学部准教授	第6〜9章
海 野 晋 悟	香川大学経済学部准教授	第6〜9，10章
小 川 光	東京大学大学院経済学研究科教授	第6〜9章
尾 﨑 泰 文	釧路公立大学経済学部教授	第6〜9章
津布久 将 史	大東文化大学経済学部講師	第6〜9章
橋 本 理 博	名古屋経済大学経済学部准教授	第6〜9章
播磨谷 浩 三	立命館大学経営学部教授	第6〜9章
柳 原 光 芳	名古屋大学大学院経済学研究科教授	第6〜9章
大 林 厚 臣	慶應義塾大学大学院経営管理研究科教授	第11章
小 野 高 宏	三菱商事インシュアランス株式会社 リスクコンサルティング室長	第12章
東邦銀行審査部		第13章
松 崎 英 一	信金中央金庫 地域・中小企業研究所長	第14章
富 田 晋 也	静岡県信用保証協会経営企画部 企画課課長代理	第15章

（注）ゴシック数字は，当該章についての責任執筆者。

■編著者紹介

家森　信善 (やもり　のぶよし)

神戸大学経済経営研究所教授，経済学博士(名古屋大学)

1988年神戸大学大学院博士前期課程修了。姫路獨協大学助教授，名古屋大学教授，同総長補佐などを経て，2014年より現職。現在，金融庁・金融審議会委員，金融仲介の改善に向けた検討会議有識者メンバー，財務省・財政制度等審議会専門委員，中小企業庁・中小企業政策審議会臨時委員，地域経済活性化支援機構(REVIC)社外取締役などを務めている。近著に『地方創生のための地域金融機関の役割』(中央経済社，2018年)，『信用保証制度を活用した創業支援』(中央経済社，2019年)，『地域金融機関による事業承継支援と信用保証制度』(中央経済社，2020年)，*Roles of Financial Institutions and Credit Guarantees in Regional Revitalization in Japan* (Springer 2019)などがある。

浜口　伸明 (はまぐち　のぶあき)

神戸大学経済経営研究所教授，地域科学Ph.D.(ペンシルバニア大学)

1995年ペンシルバニア大学大学院博士課程地域科学専攻修了。日本貿易振興機構アジア経済研究所研究員 (1987年~2004年)，神戸大学経済経営研究所助教授 (2004年~2007年)を経て現職。経済産業研究所ファカルティフェロー・地域経済プログラムディレクターなどを務めている。近著に『復興の空間経済学』(日本経済新聞出版社，2018年)，*Innovation with Spatial Impact: Sustainable Development of the Brazilian Cerrado* (Springer, 2019)などがある。

野田　健太郎 (のだ　けんたろう)

立教大学大学院ビジネスデザイン研究科・観光学部教授，商学博士(一橋大学)

1986年日本開発銀行(現　日本政策投資銀行)入行，2014年より現職。政府業務継続に関する評価等有識者会議委員，レジリエンス認証審査委員会委員等を歴任。銀行では防災格付融資などを開発。内閣府事業継続ガイドライン策定に寄与。著書に『事業継続マネジメントBCMを理解する本』(日刊工業新聞，2006年)，『事業継続計画による企業分析』(中央経済社，2013年)，『戦略的リスクマネジメントで会社を強くする』(中央経済社，2017年)などがある。

大規模災害リスクと地域企業の事業継続計画
中小企業の強靱化と地域金融機関による支援

2020年10月1日　第1版第1刷発行

編著者	家　森　信　善
	浜　口　伸　明
	野　田　健太郎
発行者	山　本　　　継
発行所	㈱中　央　経　済　社
発売元	㈱中央経済グループ パブリッシング

〒101-0051　東京都千代田区神田神保町1-31-2
電話　03 (3293) 3371 (編集代表)
　　　03 (3293) 3381 (営業代表)
http://www.chuokeizai.co.jp/
印刷／文唱堂印刷㈱
製本／㈲井上製本所

©2020
Printed in Japan

＊頁の「欠落」や「順序違い」などがありましたらお取り替えいた
しますので発売元までご送付ください。(送料小社負担)
ISBN978-4-502-35641-4 C3033

JCOPY 〈出版者著作権管理機構委託出版物〉本書を無断で複写複製 (コピー) することは，
著作権法上の例外を除き，禁じられています。本書をコピーされる場合は事前に出版者著
作権管理機構 (JCOPY) の許諾を受けてください。
　JCOPY 〈http://www.jcopy.or.jp　eメール：info@jcopy.or.jp〉

本書とともにお薦めします

新版 経済学辞典

辻　正次・竹内　信仁・柳原　光芳〔編著〕　　四六判・544頁

本辞典の特色

- 経済学を学ぶうえで，また，現実の経済事象を理解するうえで必要とされる基本用語約 1,600 語について，平易で簡明な解説を加えています。

- 用語に対する解説に加えて，その用語と他の用語との関連についても示しています。それにより，体系的に用語の理解を深めることができます。

- 巻末の索引・欧語索引だけでなく，巻頭にも体系目次を掲載しています。そのため，用語の検索を分野・トピックスからも行うことができます。

中央経済社

いま新しい時代を切り開く基礎力と応用力を兼ね備えた人材が求められています。

このシリーズは，各学問分野の基本的な知識や標準的な考え方を学ぶことにプラスして，一人ひとりが主体的に思考し，行動できるような「学び」をサポートしています。

教員向けサポートも充実！

ベーシック＋専用HP

中央経済社